"当代经济学创新丛书"编委会

主　编　夏　斌

编　委（以姓氏笔画为序）

韦　森　田国强　白重恩　许成钢　杨瑞龙　姚　洋

National Economics Foundation
北京当代经济学基金会

当代经济学创新丛书
[全国优秀博士论文]

规模还是效率
政企联系与我国民营企业发展

于蔚 著

上海三联书店

"当代经济学创新丛书"

由当代经济学基金会（NEF）资助出版

总　序

经济学说史上,曾获得诺贝尔经济学奖,被后人极为推崇的一些经济学"大家",其聪慧的初露、才华的表现,往往在其年轻时的博士论文中已频频闪现。例如,保罗·萨缪尔逊(Paul Samuelson)的《经济分析基础》,肯尼斯·阿罗(Kenneth Arrow)的《社会选择与个人价值》,冈纳·缪尔达尔(Gunnar Myrdal)的《价格形成和变化因素》,米尔顿·弗里德曼(Milton Friedman)的《独立职业活动的收入》,加里·贝克尔(Gary Becker)的《歧视经济学》以及约翰·纳什(John Nash)的《非合作博弈》,等等。就是这些当初作为青年学子在博士论文中开启的研究领域或方向,提出的思想观点和分析视角,往往成就了其人生一辈子研究经济学的轨迹,奠定了其在经济学说史上在此方面的首创经济学著作的地位,并为日后经济学术思想的进一步挖掘夯实了基础。

经济学科是如此,其他社会科学领域,包括自然科学也是如此。年轻时的刻苦学习与钻研,往往成为判断日后能否在学术上取得优异成就,能否对人类知识的创新包括经济科学的繁荣做出成就的极为重要的第一步。世界著名哲学家维特根斯坦博士论文《逻辑哲学导论》答辩中,围绕当时世界著名大哲学家罗素、摩尔、魏斯曼的现场答辩趣闻就是极其生动的一例。

世界正处于百年未遇的大变局。2008 年霸权国家的金融危机,四十多年的中国增长之谜……传统的经济学遇到了太多太多的挑战。经济学需要反思、需要革命。我预测,在世界经济格局大变化和新科技革命风暴的催生下,今后五十年、一百年正是涌现经济学大师的年代。纵观经济思想史,历史上经济学大师的出现首先是时代的召唤。亚当·斯密、卡尔·马克思、约翰·梅纳德·凯恩斯的出现,正是反映了资本主义早期萌芽、发展中矛盾重重及陷入发展中危机的不同时代。除了时代环境的因素,经济学大师的出现,又有赖于自身学术志向的确立、学术规范的潜移默化、学术创新钻研精神的孜孜不倦,以及周围学术自由和学术争鸣氛围的支撑。

旨在“鼓励理论创新,繁荣经济科学”的当代经济学基金会,就是想为塑造、推动未来经济学大师的涌现起到一点推动作用,为繁荣中国经济科学做点事。围绕推动中国经济学理论创新开展的一系列公益活动中有一项是设立“当代经济学奖”和“全国经济学优秀博士论文奖”。“当代经济学创新丛书”是基于后者获奖的论文,经作者本人同意,由当代经济学基金会资助,陆续出版。

经济学博士论文作为年轻时学历教育、研究的成果,会存在这样和那样的不足或疏忽。但是,论文毕竟是作者历经了多少个日日夜夜,熬过了多少次灯光下的困意,时酸时辣,时苦时甜,努力拼搏的成果。仔细阅读这些论文,你会发现,不管是在经济学研究中对新问题的提出,新视角的寻找,还是在结合中国四十多年改革开放实践,对已有经济学理论模型的实证分析以及对经济模型假设条件调整、补充后的分析中,均闪现出对经济理论和分析技术的完善与创新。我相信,对其中有些年轻作者来说,博士论文恰恰是其成为未来经济学大师的基石,其路径依赖有可能就此开始。对繁荣中国经济理论而言,这些创新思考,对其他经济学研究者的研究有重要的启发。

年轻时代精力旺盛,想象丰富,是出灵感、搞科研的大好时光。出版这套丛书,我们由衷地希望在校的经济学硕博生,互相激励,刻苦钻研;希望志在经济学前沿研究的已毕业经济学硕博生，继续努力，勇攀高峰；希望这套丛书能成为经济科学研究领域里的"铺路石"、参考书；同时希望社会上有更多的有识之士一起来关心和爱护年轻经济学者的成长，在"一个需要理论而且一定能够产生理论的时代，在一个需要思想而且一定能够产生思想的时代"，让我们共同努力，为在人类经济思想史上多留下点中国人的声音而奋斗。

夏　斌

当代经济学基金会创始理事长

初写于 2017 年 12 月，修改于 2021 年 4 月

序　言

　　要素资源作为生产经营活动所需的基础投入,是实现企业成长和经济增长的前提条件。经济增长达到的最好状态是实现要素资源高效配置,各类市场主体通过竞争等市场手段平等获取生产要素和商业机会,以此激发市场主体的发展活力和竞争活力,实现经济增长。如果从市场力量的视角来解释经济增长,那么,改革开放以来我国出现的高速增长,一个重要因素是政府越来越多地赋予市场主体自由使用、配置财产的权利,从而使越来越多的资源配置到更有效或最有效的用途上去。

　　从经验层面观察,虽然市场化改革引致了我国经济四十多年的高速增长,但距离最好的资源配置状态还差得很远。我国的商品市场已较为成熟,商品和服务基本实现了市场定价和自主流动,但要素市场发育相对滞后,市场化配置程度不高。在要素资源和商业机会的分配上,广大民营企业仍然因其所有制属性受到不公平对待,在发展中面临制度性障碍。在这种情况下,对社会尤其是对政府有影响力的民营企业纷纷依靠政企联系作为资源获取的替代机制。于蔚博士这部著作《规模还是效率:政企联系与我国民营企业发展》建立了一个以企业为主体的政企联系分析框架,把关注重点从已有文献基于政府视角的研究,转向政企联系对企业决策和企业运行影响的研究,揭示了政企联系影响企业价值的微观机制,展现出他对政企联系这一中国问题的深刻洞察力。

1

于蔚博士这部著作从政企联系的资源效应——政企联系不仅有利于企业获取资金支持缓解融资约束,还有利于其突破准入壁垒获取更好的商业机会——入手,剖析建立政企联系之后民营企业行为决策的变化,及其对微观企业乃至整体经济长期运行效率的影响。政企联系的资源效应一方面有利于企业扩大投资、做大规模,另一方面会抑制企业创新、有损于企业的生产经营效率。规模扩张增进企业价值,而效率减损则损害价值。由于政府仍在关键资源的配置中起主导作用,规模扩张对企业价值的正向影响超过效率减损的负向影响,因此民营企业不惜损失效率也要做大规模。现实中,政府往往"以规模为纲"来挑选优胜企业,进一步强化了企业做大规模的冲动。

于蔚博士这部著作对当前的我国经济改革和民营经济发展具有重要的政策含义。在现有的制度环境下,我国的民营企业把建立政企联系作为重要的企业战略,倾向于借助政企联系获取各种稀缺资源和商业机会,通过大量投资实现规模扩张。这是在现有制度前提下的理性选择,但也把民营经济的发展推向在创新方面"缺心少魂"的困境当中。

于蔚博士的这部著作是其在浙江大学攻读博士学位的论文基础上拓展而成的,曾获北京当代经济学基金会 2016 年首届"中国经济学优秀博士论文奖",大部分已在《经济研究》等期刊上发表,这也说明这部著作的研究水平已经得到了"市场"的检验和肯定,是值得一读的优秀著作。

金祥荣
宁波大学商学院
2022 年 10 月

目　录

图表目录

前　言

我国广大民营企业长期处在资源分配体制性主从次序的底端,企业成长面临诸多制度性障碍。在此背景下,许多民营企业与政府建立联系,通过政企联系来获取关键资源、突破发展瓶颈。现有的政企联系研究多从源于政府理论的"扶持之手—掠夺之手"经典视角出发来分析,关注重点仍在于"政企联系给企业带来了什么",而对于政企联系给企业行为决策造成的影响、政企联系在企业运行和发展中所扮演的角色以及政企联系影响企业价值的微观作用机制,还有待进一步研究。

本书从政企联系的资源效应入手,构建一个以企业为主体的政企联系分析框架,我们称之为"规模扩张效应—效率减损效应"分析视角,重点剖析建立政企联系之后民营企业的行为与决策将会发生哪些变化,以及这些变化又会给企业的运行和发展带来何种影响。

本书研究表明,政企联系具有资源效应,能够给民营企业带来发展所需的关键资源:一是资金获取便利——政企联系有利于企业获取资金支持,缓解融资约束;二是行业准入便利——政企联系有利于企业突破准入壁垒,进入到高盈利行业。政企联系的资源效应会深刻改变民营企业的行为和决策,进而显著影响企业的运行和发展,主要表现为规模扩张效应和效率减损效应。一方面,政企联系帮助企业进入到高利润行业,为企业提供了资金保障,有利于企业扩大投资、做大规模,此即规模扩张效应;另一方面,建立和维持政企联系会挤占企业家用于生产性活动的时间和精力,同时还会抑制企业创新并加重企业的政策性负担,有损于企业的生产经营效率,此即效率减损效应。

政企联系对民营企业价值的影响机制可归纳为规模扩张效应和效率减损效应这一正一负两种效应。前者增进企业价值,后者则损害价值。政企联系究竟是提高还是降低企业价值,取决于两种效应中何者占据主导。本书分析表明,由于行政力量仍在资源配置中发挥重要作用,规模扩张效应对企业价值的正向影响要超过效率减损效应的负向影响,因此企业家具有强烈的争夺资源的动机,不惜损失效率也要做大规模。

此外,本书还基于上述分析视角,以资金获取与行业准入两种便利为切入点,就政企联系将会如何影响企业发展动力转换进行拓展讨论。研究发现,政企联系会促进企业投资、抑制研发,导致企业发展动力受到扭曲,且扭曲效应随着市场化程度提高而减弱,表现出异质性;政企联系的行业准入便利有利于企业增强市场势力,而更强的市场势力强化投资激励、弱化创新激励,是政企联系扭曲企业发展动力的中间机制。

尽管政企联系对于民营企业成长起到了相当大的积极作用,但也应当看到,政企联系在客观上扭曲了企业行为,企业将被锁定在依赖于关系和资源的发展道路上。本书认为,造成企业行为扭曲的根本原因在于,我国的市场经济体系尚不完善,民营企业在发展中特别是在要素资源和商业机会的获取上仍面临许多制度性障碍。要从根本上扭转上述局面,实现民营企业的良性健康发展,就必须加强制度建设,尽快为民营企业成长提供更为健全的正式制度保障,特别是要给予所有企业同等的资源获取机会。构建公平的市场环境、消解政策性歧视,关键是要处理好政府与市场的关系,进一步减少政府对要素的直接配置,真正让市场机制在资源配置中发挥决定性作用。

与现有研究相比，本书可能的贡献主要有三方面：第一，本书有助于厘清政企联系影响企业价值的微观作用机理，进而深化我们对政企联系在民营企业运行和发展中所扮演角色的认识；第二，不同于以往的"扶持之手—掠夺之手"经典分析视角，本书把关注重点转向企业获得政企联系之后的内生反应，这有助于我们认识寻租活动是如何扭曲企业行为，进而影响微观企业及至整体经济长期运行效率的；第三，尽管一些文献讨论了政企联系对企业投资或者创新的作用，但鲜有文献从资金获取与行业准入这两种便利切入，在同一个分析框架下研究政企联系对企业投资和创新的影响，明确回答政企联系与企业发展动力转换的关系，本书作了初步的尝试。

本书的结构安排如下：第一章是导论，主要介绍研究背景和主要观点；第二章回顾政企联系研究领域的理论和经验研究进展；第三章是本书的核心部分，讨论政企联系是如何通过资源效应，帮助民营企业做大规模，同时降低企业生产效率的，并通过理论模型回答，为何企业家不惜蒙受损失效率，也要借助政企联系做大企业规模；第四章至第六章分别检验政企联系的资源效应、规模扩张效应和效率减损效应，此外第六章还就民营企业建立政企联系的经济合理性以及政企联系与企业绩效的关系进行经验考察；第七章以资金获取与行业准入两种便利为切入点，就政企联系对于企业发展动力转换的影响进行拓展讨论；第八章概括本书的基本结论，讨论相应的理论和政策含义。

在浙江大学经济学院攻读博士学位期间，我开始关注我国民营企业的政企联系问题，工作后继续相关研究，并主持了国家自然科学基金青年项目"民营企业寻租、反腐败与经济发展动力转变：基于企业政治关联的视角"（项目编号：71803178）。本书在我博士论文基础上拓展补充课题研究的相关内容，修改完善而成，其中部分研究内容在《经济研究》《浙江社会科学》《中国社会科学报》等学术报刊发表。限于水平，书中仍可能存在许多不足,敬请读者批评指正。

　　感谢我的导师金祥荣教授,是他鼓励我直接攻博,引导我走上学术研究道路。正是恩师悉心指导,我的博士论文获得北京当代经济学基金会首届"中国经济学优秀博士论文奖"(后更名为"当代经济学博士创新项目")。还要感谢汪淼军、罗德明、钱彦敏等诸位师长,在求学和学术道路上给予我指导和帮助。感谢北京当代经济学基金会提供出版资助。感谢上海三联书店李英老师,她为本书出版做了大量工作。最后要特别感谢我的家人,他们给予我充分的理解和信任。

第一章　导　论

第一节　研究背景

放眼世界，非常多的企业都与政府建立了各种形式的紧密联系。无论是在美国、英国、意大利、日本等发达国家和地区，还是在俄罗斯、巴西、巴基斯坦、印度尼西亚、马来西亚、泰国、拉脱维亚等发展中国家和转型经济体，政企联系现象都相当普遍（Broadbent，2000；Khwaja and Mian，2005；Faccio，2006；Claessens et al.，2008；Dombrovsky，2010）。

广泛存在的政企联系现象引起了学界的浓厚兴趣和高度关注。菲斯曼首次明确将这种企业与政府的紧密关系界定为"政企联系"，并分析了印尼时任总统苏哈托（Suharto）给与之相关联的企业带来的价值。自菲斯曼的开创性研究（Fisman，2001）以来，采用企业级微观数据开展的政企联系研究有了空前的发展。研究发现，政企联系能够为企业带来融资便利（Khwaja and Mian，2005）、税收优惠（Adhikari et al.，2006）、政府补贴（Faccio et al.，2006）等一系列"租金"（rents），此即政企联系的"扶持之手"效应（helping hand effect），它有助于增进企业价值（Johnson and Mitton，2003；Faccio，2006；Knight，2006；Claessens et al.，2008；Ferguson and Voth，2008；Faccio and Parsley，2009；Goldman et al.，2009）；但另一方面，政企联系也会加重企业的政策性负担、使企业更易遭受政府掠夺，此即政企联系的"掠夺之手"效应（grabbing hand effect），它会抵消政企联系对企业价值的正面影响（Bertrand et al.，2007；Faccio，2007；Fisman et al.，2012）。

政企联系研究之所以引起广泛的关注，原因在于它为我们理解寻租活动如何影响经济增长提供了一个基于企业主体的微观视角。自从塔洛克(Tullock,1967)关于寻租问题的开创性研究之后,寻租与腐败对于经济发展的影响,已经成为发展经济学和政治经济学研究的热点课题。尽管以施莱弗和维什尼(Shleifer and Vishny,1994,1998)等为代表的学者从理论角度确立了寻租活动对于经济发展的影响机制,但是相关的经验研究却十分有限。现有的少数跨国研究通过主观指标对腐败程度加以衡量,虽然提供了腐败阻碍经济增长的经验证据(Mauro,1995;Méon and Sekkat,2005),却无法精确刻画腐败活动和租金额度,也不能识别出寻租与腐败影响经济发展的微观作用机制。在认识租金规模、租金的具体提供机制以及寻租造成的经济影响方面,以企业作为研究对象的政企联系微观经验研究具有明显优势(Khwaja and Mian,2005)。第一,通过对政企联系如何影响企业价值的考察,我们能够精确刻画企业依靠政企联系获取的租金规模;第二,基于信贷优惠、税收减免、政府补贴等主题的考察,我们能够识别出租金是以何种形式被提供给与政府关系密切的企业的;第三,寻租和腐败之所以会扭曲资源配置、降低经济运行效率,就是因为信贷资金和政府补贴等关键资源被配置到了那些政企联系更强而非生产效率更高的企业。

新世纪的前十余年,我国民营企业家踊跃建立政企联系的现象十分引人注目。越来越多的民营企业家主动参政议政(陈钊等,2008),有很高的"争当人大代表、政协委员"以及"与党政领导人经常联系"的意愿(冯天丽和井润田,2009)。相当多的企业家把政企联系的建立和维护作为重要的企业战略(田志龙等,2003;卫武等,2004;张建君和张志学,2005)。调研显示,民营企业家在同政府打交道、处理与政府官员的关系上花费了许多的时间和精力(张维迎,2001)。

我国的民营企业花费大量时间和精力与政府建立政企联系的现象,为研究寻租活动对微观企业的影响提供了一块很好的试验田。更加重要的是,我国特殊的经济体制可能会为政企联系研究提供新视角和新证据。改革开放四十余年来,尽管我国的商品市场已经基本走向开放,但要素市场的发育却相对滞后,国家部门①仍然在资源配置中起主导作用。在我国当前的经济体制下,政企联系将如何影响民营企业的运行和发展? 在我国经济转型的大背景下,以民营企业为研究对象开展政企联系研究,具有重要的理论价值和现实意义。

我国作为最大的转型经济体,为我们从微观角度来理解腐败与增长研究中的"东亚悖论"现象(the East Asian Paradox)提供了一个非常好的研究案例。与大部分发展中国家中寻租和腐败会抑制经济增长不同,在韩国、印尼等东亚新兴经济体中,"高腐败"与"高增长"现象并存(Wedeman,2002;Rock and Bonnett,2004)。来自寻租理论的解释是,存在政府管制的社会里,寻租和腐败的"润滑剂"功能(Leff,1964;Huntington,1968)有利于优化资源配置。而政企联系研究则有助于我们进一步理解其背后的微观经济基础:通过政企联系,比国有企业更有效率的民营企业获得了更大的发展空间,在实现自身快速成长的同时也改善了社会的整体资源配置效率。事实上,正是民营经济的蓬勃发展推动了我国经济的起飞(黄亚生,2011)。

已有的中国研究表明,民营企业家建立政企联系的主要目的在于,通过政企联系的资源效应来突破限制企业发展的制度性障碍、获取发展所需的重要资源。我国尚未形成完全以市场为主导的资源配置体系,在金融资源和商业机会等关键资源的分配上,依据的不是企业生产效率,而是企业的身份地位。民营企业尽管具有较高的生产效率,却长期处于资源分配体制性主从次序的底端(Huang,2003),在资源获取上受到严重制约,企业发展面临严重困境。而政企联系有助于民营企业增强资源获取能力,在一定程度上帮助企业突破制度瓶颈,实现企业发展。经验研究显示,政企联系可以帮助企业获得融资便利(白重恩等,2005;余明桂和潘红波,2008;罗党论和甄丽明,2008;于蔚等,2012)、税收优惠(吴文锋等,2009)、政府补贴(潘越等,2009;余明桂等,2010)以及规制性行

---

① 国家部门(State Sector),包括国有经济和国家党政机构,参见吴敬琏和马国川(2013)。

来获取资源,也将走上投资驱动的粗放增长路子,而企业的生产效率则会持续下降。更为重要的是,最先走上这条道路的,恰恰是民营企业中那部分最具生产效率的优质企业,这将会严重损伤我国企业的竞争力。鲍莫尔(Baumol,1990)和墨菲等(Murphy et al.,1991,1993)曾指出,一国技术进步和经济增长与否的关键在于,一国中最为优秀的人才是从事生产和创新活动,还是从事寻租活动。上述发现意味着,政企联系尽管在特定的时期内对我国民营企业的发展和宏观经济的增长起到了积极的作用,但长期来看很可能会抑制创新、阻碍增长。

民营企业所偏好的严重依赖于关系和资源而忽视研发创新和企业核心竞争能力建设的发展战略,无论是从企业经营的微观层面来看,还是从民营经济乃至国民经济运行的宏观层面来看,都是不可持续的。而造成民营企业行为扭曲的根源在于,我国的市场经济体系尚不完善,民营企业因其所有制属性在要素资源和商业机会分配上受到不公平对待。要从根本上扭转上述局面,实现民营企业的良性健康发展,就必须加强制度建设,尽快为民营企业成长提供更为健全的正式制度保障,特别是要给予所有企业同等的资源获取机会。构建公平市场环境、消解政策性歧视,关键是要协调处理好"市场之手"和"政府之手",强化竞争政策的基础地位,进一步减少政府对要素的直接配置,真正让市场机制在资源配置中发挥决定性作用。

第三节 研究的方法

本书采取理论分析、数学建模和经验研究相结合的分析方法,在已有经济理论和经验研究结论的基础之上,通过逻辑演绎,为政企联系的资源效应如何影响企业的行为与决策建立起一个统一的理论分析框架,论证政企联系在帮助企业做大规模的同时也降低了企业的生产经营效率。为了直观地呈现出企业家在政企联系规模扩张效应带来的正面影响与效率减损效应带来的负面影响之间所作的最优权衡,我们对理论分析中阐述的核心机制和关键要素进行理论抽象,建立了一个简单的数学模型。借助该数学模型,我们能够以无政企联系情况下的企业生产决策作为"基准点"和"参照系",进而清晰地看到:第一,建立了政企联系的企业在规模方面有何所得、在效率方面又有何所失;第二,规模扩张效应的正面影响超过效率减损效应的负面影响,建立了政企联系的企业心甘情愿地沦为关系和资源依赖型的规模大而效率低的企业。

我们通过实证研究对政企联系的资源效应以及资源效应给企业运行带来的规模和效率两个方面的影响加以检验。实证研究是本书的重要组成部分。如果说经济学研究与其他社会科学研究有什么不同的话,那就是经济学的实证研究坚持了经济学的基本实证框架(陆铭和潘慧,2009)。证据的数量化使得实证研究结果具有一般性和系统性,能够减少经验分析中的表面化和偶然性(钱颖一,2003)。

为了从经验上验证我们的理论假说,必须建立一个企业和企业高管相匹配的微观数据库。在企业层面,这个数据库应当包括公司财务和公司治理信息;在企业高管层面,不仅要包括高管年龄、性别、教育水平等人力资本信息,还要包括政企联系信息,也即企业高管是否具有党政机关或军队任职经历、是否担任过人大代表或政协委员。我们选取沪深两市的非金融类民营上市公司数据作为原始样本,并从国泰安数据库(CSMAR)和锐思数据库(RESSET)中提取公司财务数据和治理数据。企业高管信息则通过手工方式收集。我们主要通过新浪网和凤凰网财经版块的上市公司高管信息栏目,搜集各上市公司历任总经理和董事长的简历信息,从中提取高管的任职期限、出生年份、性别、教育水平以及政企联系信息;并利用百度等搜索引擎对上述信息进行反复检查和比对,减少差错;最后将企业高管数据与企业数据进行匹配。

利用上市公司数据作为我们经验研究的样本,有许多显而易见的好处。首先,上市公司对于财务数据和治理数据的披露已经相当规范,我们能够方便地通过相关数据库获取历年的数据,构建起面板数据库。其次,公司高管任职信息在披露的起始年份上略晚于财务和治理信息,披露的规范性也要差一些,许多公司在早期年份只披露了董事长和总经理的姓名,而他们的个人信息是缺失的,但由于上市公司高管的知名度通常比较高,我们能够通过搜索引擎作比较好的补救,把研究所需的相关信息尽可能地补充完整。

除了上市公司数据之外,大样本的企业级微观数据还有国家统计局的工业企业数据库和全国工商联开展的全国性民营企业大型抽样调查,但这些数据库都不能满足我们的研究需求。工业企业数据并不包含企业家信息。全国工商联民营企业调研数据尽管包含企业家信息,但由于调查未对企业进行追踪,即便将几次调查的数据合并到一起,也仅仅是不同年份截面数据的混合(pooling),无法利用固定效应方法有效处理内生性问题;另外,对于缺失的企业家个人信息,我们几乎无法作任何补救。

以上市公司数据作为研究样本是最为现实的选择。但是,基于民营上市公司的经验证据是否具有一般意义?事实上,任何基于特定范围样本的实证研究都存在外推有效性(external validity)的问题,只要研究的结论并不依赖于样本的特殊属性,那么就是具有一般性的(陆铭和潘慧,2009)。在此,我们以关于政企联系资源效应的实证研究为例进行说明。民营上市公司多是地方上的龙头企业和骨干企业,相比于一般的民营企业,其资源获取能力相对较强。但这并不会影响对政企联系资源效应的识别。只要民营上市公司的政企联系和资源获取能力都具有足够大的变异性(variation),政企联系的资源效应就能够被识别出来。假如对资源获取能力本身就比较强的民营上市公司,我们能够验证政企联系有助于其进一步增强资源获取能力,那么对一般的民营企业而言就更是如此。类似地,后续实证研究发现,建立了政企联系的企业沦为关系和资源依赖型的规模大而效率低的企业,这一现象同样具有很强的一般性。因此,我们的结论适用于关于我国民营企业的讨论,相关政策启示对当前我国经济持续健康发展具有借鉴意义。

通过公开渠道收集企业高管的政企联系信息,难免存在一定的度量误差,但这并不会影响到研究结论的可靠性。按照本书设定的政企联系识别规则,当公开资料明确披露企业高管具有政府或军队任职经历、曾任或现任人大代表或政协委员时,认为该企业建立了政企联系;假如未能从公开资料中查询到这些信息,则认为该企业未建立政企联系。而实际上我们无法区分该企业究竟是确实未建立政企联系,还是虽建立了政企联系却未披露。上述的度量误差问题使得我们可能会低估企业的真实政企联系水平,但只要本书所论述的政企联系的资源效应、规模扩张效应和效率减损效应在企业真实政企联系水平被低估的情况下依然能够得到验证,那么就说明上述效应是真实存在的,假如能够更为精确地衡量政企联系,上述效应将会表现得更为显著。

当代实证研究对内生性问题的处理给予了极大的关注,只有缓解了内生性偏误,政企联系与被解释变量之间的关系才具有"因果含义"(causal interpretation)。在本书所采用的面板数据(panel data)分析中,我们利用固定效应方法(FE)作为主要的回归策略,通过去除时间均值(time de-mean)的方法对企业个体效应加以控制,消除地区间的制度、文化差异以及企业层面难以观测的异质性因素对模型被解释变量的影响,有效缓解内生性偏误。我们通过杜宾-吴-豪斯曼(Durbin-Wu-Hausman)内生性检验策略确认了固定效应回归方法的可靠性。

此外,根据不同的研究需要,本书还采用了一些其他前沿计量方法:在就政企联系缓解融资约束的机制加以识别时,为避免信息不对称内生于政企联系可能给分析结论带来的影响,我们利用联立方程策略,运用三阶段最小二乘法(3SLS)进行稳健性检验;在利用欧拉方程投资模型检验政企联系对企业投资的影响时,采用系统广义矩估计法(SGMM)缓解动态面板估计中的内生性问题;在分析政企联系对企业生产效率水平的影响时,运用随机前沿生产效率分析框架(SFA)排除要素投入变化对分析结果的干扰;在检验民营企业建立政企联系的经济合理性时采用了事件研究方法。

第四节 贡献与不足

与现有研究相比,本书的学术贡献主要表现在以下几个方面:

第一,本书有助于厘清政企联系影响企业价值的微观作用机理,进而深化对政企联系在民营企业运行和发展中所扮演角色的认识。本书认为,政企联系的资源效应对企业价值的影响存在一正一负两种作用机制,其中正向效应来自政企联系的规模扩张效应,也即政企联系有利于企业扩大投资、做大规模;而负向效应来自效率减损效应,也即政企联系会降低企业的生产经营效率。在充分权衡政企联系的规模扩张这一正向效应与效率减损这一负向效应之后,民营企业仍踊跃建立政企联系,倾向于借助政企联系廉价地获取各种稀缺资源,通过企业规模的快速扩张来提高企业价值,而不是通过管理和技术创新来提高企业的核心竞争力,最终将会沦为关系和资源依赖型的规模大而效率低的企业。

第二,不同于以往政企联系研究所采用的源于政府理论的"扶持之手—掠夺之手"经典分析视角,本书建立了一个以企业为主体的政企联系分析框架,把关注的重点从基于政府视角的"政企联系给企业带来了什么"转向企业获得政企联系之后的内生反应,也即政企联系对企业决策和企业运行的影响。基于这个新的研究视角,本书明确指出,政企联系的负面效应主要在于降低了企业生产经营效率、弱化了企业核心竞争能力,这是一种尚未被现有文献充分认识的社会成本。研究视角的转变有助于我们认识寻租活动是如何扭曲企业行为、进而影响微观企业乃至整体经济的长期运行效率的。

第三,本书有助于厘清学界关于政企联系如何影响企业绩效的争论。政企联系究竟有无提升民营企业绩效,是国内政企联系研究的一个热点问题,但现有研究结论的差异很大。在缓解内生性偏误后,我们发现,尽管建立了政企联系的企业通常比其他企业有更高的企业绩效,但动态来看政企联系降低了企业绩效。现有文献以政企联系对企业绩效的影响方向来判断政企联系给企业带来收益更多还是成本更多,容易带来误导。企业绩效本质上是一个效率指标,政企联系负向影响企业绩效,实际上反映的是企业在生产经营效率方面的损失。

第四,当前我国经济已由高速增长阶段转向高质量发展阶段,企业作为经济增长的微观主体,如何实现从投资扩张到研发创新的发展动力转换日益受到关注。尽管一些文献讨论了政企联系对企业投资或者创新的作用,但鲜有文献从资金获取与行业准入这两种便利切入,在同一个分析框架下研究政企联系对企业投资和创新的影响,明确回答政企联系与企业发展动力转换的关系,本书作了初步的尝试。

尽管存在上述可能的贡献,囿于作者的能力,本书仍有一些不足。本书的关注重点在于政企联系对企业微观个体造成的行为扭曲以及生产效率损失。事实上,政企联系对社会经济整体运行效率的影响不只限于生产效率这一个维度,政企联系作为一种配置资源的手段,还会对资源配置效率产生影响。政企联系在帮助部分企业优先获取资源的同时,是否会对其他民营企业产生外部效应? 要对上述问题作出回答,需要更为全面地讨论政企联系的内生决定过程以及政企联系的负外部性。我们期待在今后的工作中进行更为深入的探讨。

第二章　企业为何建立政企联系：文献评述

政企联系指企业与政府的一种紧密关系,企业能够利用这种关系来获取各种形式的"租金"(Khwaja and Mian,2005)。在理论研究方面,寻租理论(Tullock,1967)和"掠夺之手"政府理论(Shleifer and Vishny,1993,1994,1998)都为我们理解政企联系提供了洞见;在经验研究方面,相关文献则主要围绕"政企联系是否提高了企业价值"以及"政企联系为企业带来了什么"两大论题展开。本章通过对文献的考察和述评,把握政企联系研究领域的内在发展逻辑,并以此为基础指出已有研究存在的问题和不足。

本章结构安排如下:第一节回顾企业政企联系的理论基础;第二节介绍关于政企联系与企业价值的国内外经验研究;第三节通过对相关经验文献的梳理,讨论政企联系为企业带来了哪些增进价值的正面因素,又带来了哪些损害价值的负面因素;第四节评述前期文献的经验研究策略;第五节是小结,讨论现有研究的不足和缺陷,并指出可能的突破方向。

第一节　政企联系:政府与企业的互动

从企业角度看,建立政企联系本质上是一种寻租行为。政府对许多资源拥有控制权并有能力为企业提供政策便利,企业谋求建立政企联系的根本目的就是希望借助这种特殊的关系获取有利于企业发展的各项"租金"。而政府和政府官员也有动力让"政企联系"成为一个被赋予租金价值的载体:要么是出于推动经济增长、保障就业等宏观目标的考虑,要么是出于自利动机。政企联系正是政企博弈和官商互动的外在表现。虽然"政企联系"作为一个学术名词是在

2001年才由菲斯曼(Fisman)首次提出的,但关于政企联系的理论阐述,在始创于塔洛克(Tullock,1967)的寻租理论及始创于施莱弗和维什尼(Shleifer and Vishny,1993,1994,1998)的"掠夺之手"政府理论中已有涉及。我们在"掠夺之手"政府视角下,简要回顾寻租活动与腐败行为对资源配置和经济成长的影响,尝试为理解政企联系勾勒一个大略的框架。

一、认识政府角色:从"无形之手""扶持之手"到"掠夺之手"

关于转型经济体乃至一般经济体中政府与企业、政府官员与企业家之间的互动关系,或者说国家和政府在经济体中的作用,现有经济学理论大致形成了"无形之手"(invisible hand)、"扶持之手"(helping hand)和"掠夺之手"(grabbing hand)三类基本观点(Frye and Shleifer,1997)。这三类观点实际上就是三种看待政府的不同视角。

"无形之手"的观点肇始于经济学鼻祖亚当·斯密(Adam Smith)。斯密(Smith,1776)认为,由市场机制自发形成的经济秩序就足以保证经济社会有效运行。"每个人在努力地运用其资本以实现产出的价值最大化时,他既非旨在促进公共利益,也不知道自己在何种程度上促进那种利益……然而,他受着一只看不见的手的引导,促成了一个意料之外的结局。通过追求他自己的利益,他往往能比他在真正意识到这么做时更能够有效地促进社会利益。"[①]我们可以借助福利经济学第一定理来理解这个观点:在竞争性市场中,如果存在瓦尔拉斯均衡,则该均衡一定实现了帕累托有效配置。竞争性市场能够有效配置资源,并实现社会福利最大化。"无形之手"观点强调市场运行良好,无需政府干预。持该观点的经济学家认为,政府除了履行一些市场经济赖以运行所必需的基本职能(比如保护产权、提供法律、维持秩序、保证契约执行等)[②],应把绝大多数配置决策(allocative decision)交给企业来进行,让"看不见的手"在资源配置

---

① 亚当·斯密.国富论[M].北京:商务印书馆,1981。
② 在诺思(North,1981)看来,国家和政府的职责是界定形成产权结构的竞争与合作的基本规则,并使交易成本最小化。

中发挥作用,政府只需扮演"守夜人"的角色(Smith,1776),对经济的干预越少越好。

但现实中政府对经济生活的干预随处可见,政府不仅运用财政政策和货币政策调节宏观总量,还对企业和行业进行微观规制(钱颖一,1988),干预程度远远超过任何版本的"无形之手"模型(Shleifer and Vishny,1998)。政府干预的理论基础是马斯格雷夫(Musgrave,1959)、阿特金森和斯蒂格利茨(Atkinson and Stiglitz,1980)、斯蒂格利茨(Stiglitz,1989a)等提出的"扶持之手"政府模型。竞争性市场的假设在实际经济中往往得不到满足,因而会出现市场失灵现象(market failure)。不受任何约束的自由市场会导致垄断、负外部性、失业、收入不平等、公共品供应不足、经济周期等问题(Stiglitz,1989b),持"扶持之手"观点的经济学家假定政府是仁慈的(benevolent),其目的是追求社会福利的最大化,政府可通过干预手段(比如税收和补贴、规制、总需求管理、价格控制、转移支付等)矫正上述市场失灵。[①]

政府干预的本意是解决市场失灵问题,但实际情况并不总是很理想。对"扶持之手"政府模型的批评主要来自两方面。其一是政府失灵(government failure)也即公共部门失灵(public failure)问题(Stiglitz,1989a):政府实施干预时同样会面临造成市场失灵的信息不完善等问题,情况甚至可能更为严重;此外,政府还有行政部门特有的问题,比如缺乏激励。其二,学者们怀疑,政府是否会像"扶持之手"模型所假设的那样追求社会福利最大化(Buchanan and Tullock,1962;Olson,1965;Becker,1983),比如斯蒂格勒(Stigler,1971)和佩尔兹曼(Peltzman,1976)就发现,在很多时候,政府实际上是出于寻租目的的对

---

① 王一江(2005)指出,政府干预的手段和程度可以有相当大的差别:在最低的干预层次上,政府可以通过税收和补贴等价格机制,来改变企业的成本收益结构,进而影响企业行为;在中等的层次上,政府可以通过行政和法律手段,鼓励、禁止和规范企业乃至产业的行为;在最高层次上,政府可以拥有并直接管理和控制企业,将企业资源直接用于实现社会就业等经济或非经济目标。

市场施加干预。

施莱弗和维什尼（Shleifer and Vishny，1998）建议应该公正地看待政府行为的决定因素。他们把这种看法概括为"掠夺之手"政府模型。在"掠夺之手"模型看来，政治家的目标并非最大化社会福利，而是追求他们自己的利益目标。无论是专制政府还是民主政府都是如此。专制政府为维护自身的统治地位、打击政敌，不惜牺牲社会福利也要把资源配置给自己的追随者。相比于专制政府，民主政府中的政治家为谋取连任，通常更多地考虑公共利益。但是民主政治也会导致政治家偏离社会福利最大化目标。原因有如下两个方面：首先，民主政治中获胜的多数派往往会采取一些破坏性的再分配政策（比如针对富人的近乎没收性质的税收政策），来剥削那些失败的少数派（Buchanan and Tullock，1962）；其次，利益集团和游说活动也会对政治决策产生影响（因为政治家需要从他们那里获得选票和捐款），游说集团会利用这一影响力操纵再分配，掠夺公众利益（Olson，1965；Becker，1983）。这些行为都会破坏企业家的积极性，阻碍经济的成长，造成高昂的社会成本。

二、"掠夺之手"与寻租活动

只要政府行为超过保护产权和维护契约履行等基本的政府职能，政治分配就会在一定程度上支配经济行为，进而导致社会资源不可避免地被用于寻租等非生产性再分配活动（Buchanan，1980）。[①] 在发展中国家，政府对经济的干预大大超过发达国家。在正常的宏观调节和微观干预之外，政府还往往以加快经济发展为由对各个经济部门加以控制，比如设立关税、实行进出口许可证制度来保护国内工业；实施投资许可证制度限制投资规模；实行信贷配给支持政府的优先项目等等（钱颖一，1988）。这些都给寻租活动创造了空间。

（一）古典寻租理论

"租金"一词在早期经济学著作中专指地租，到了近代则泛指各种生产要素

---

① 引自中译本：詹姆士·布坎南. 寻求租金和寻求利润[J]. 经济社会体制比较，1988(6)。

1993)把"寻租"界定为一切攫取资源的再分配活动(redistributive activity),并根据行为主体的差异对寻租活动加以分类(图 2 - 2)。墨菲等(Murphy et al., 1993)将寻租活动划分为私人寻租(private rent-seeking)和公共寻租(public rent-seeking)两大类别。私人寻租通常以偷窃、盗版、诉讼等为表现形式;公共寻租则包括从私人部门向国家的再分配(比如税收)和从私人部门向政府官员的再分配(比如游说、贿赂和腐败)。从私人部门向国家的再分配实际上是"官方"寻租("official" rent-seeking),从私人部门向政府官员的再分配实际上是政府官员利用"官方"的职位来收取"非官方"的租金(也即腐败),它和私人寻租一起被称为"非官方"寻租("unofficial" rent-seeking)(Murphy et al., 1991)。

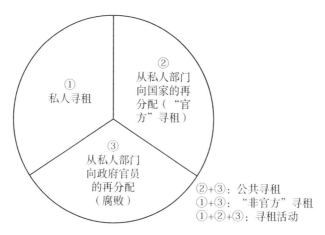

图 2 - 2 关于寻租活动的分类
资料来源:墨菲等(Murphy et al., 1991,1993)。

寻租成本与租金价值之间有着怎样的联系?波斯纳(Posner,1975)作了这方面的初步尝试,他在关于垄断和规制的社会成本的研究中提出了"租金完全耗散"假说。他认为,假如寻租者都是风险中性的,那么在寻租博弈的均衡点上,寻租支出正好等于可获取的租金,也即租金将会完全耗散掉。波斯纳(Posner,1975)描述了一个厂商竞争政府垄断权的例子。考虑 10 个风险中性的厂商竞争一项可带来 100 万美元租金的政府垄断权,为了获得该项垄断租金,每个厂商都愿意投入价值 10 美元的寻租资源,最终获得垄断租金的概率为 0.1。不难看到,为争夺垄断权利所花费的总成本恰好与可获得的总租金相等。自塔洛克(Tullock,1980)之后,此类租金完全耗散的寻租行为通常被学界称为"有效寻租"(efficient rent-seeking)。

与波斯纳(Posner,1975)不同,塔洛克(Tullock,1980)、罗杰森(Rogerson,1982)、希尔曼和卡茨(Hillman and Katz,1984)认为租金并不总是完全耗散的,信息不完全、比较优势和寻租者的风险规避特性都会导致类似于不完全竞争的寻租行为,最终使得租金不完全耗散。租金不完全耗散有两种情形,既可能过分耗散,也可能耗散不足。前者指用于寻租的支出大于租金本身的价值,后者指寻租支出小于租金价值。历史上,波兰和阿根廷都曾出现过租金过分耗散的现象,整个经济最后都参与了游说活动,导致"经济黑洞"(Magee et al.,1989)。但租金耗散不足是现实中更为常见的情形(Tullock,1994)。

(二)"掠夺之手"政府模型关于寻租的理论研究进展

在精神传统上,"掠夺之手"政府理论与以布坎南和塔洛克(Buchanan and Tullock,1962)、奥尔森(Olson,1965)及贝克尔(Becker,1983)为代表的公共选择理论①一脉相承。如果说公共选择理论通过对选举、司法、政党、利益集团等政治体制和政治活动的模型化,回答了"政治家的利益是什么",那么晚近的"掠夺之手"政府模型则更注重剖析"这些利益是如何转变为政策和制度的"(Shleifer and Vishny,1998),进而为政企博弈和官商互动提供了一个分析的框架。墨菲等(Murphy et al.,1991,1993)、施莱弗和维什尼(Shleifer and Vishny,1993,1994)在"掠夺之手"政府视角下,从人才配置、创新激励、资源配

---

① 公共选择理论是关于非市场决策的经济学研究,它运用经济学的分析方法研究政治决策机制是如何运作的(Mueller,1989)。

置等多个方面就政企博弈和官商互动中的寻租与腐败及其经济后果进行了探讨和回答。这些理论研究的核心观点是,在许多国家,政府部门之所以扭曲了企业行为,给经济发展带来了沉重的负担,进而导致经济增长缓慢甚至陷于停滞,是因为"苛捐杂税阻碍了投资,各种规制措施使官僚机构腐败丛生,国有企业肆无忌惮地挥霍国民财富,最有才能的人不是致力于生产性活动而是削尖脑袋挤入寻租部门,企业家精神得不到彰显"。[①]

奥尔森(Olson,1982)把集体行动理论扩展运用到寻租活动对经济成长影响的分析之中。他认为,人们会为自己的特殊利益形成利益集团,游说政府,给社会带来各种限制和约束,此类由寻租造成的"累积性扭曲"(cumulative distortions)会减缓经济社会的发展。奥尔森(Olson,1982)指出,倘若不经历战争等突发性的制度变化(后被称为"奥尔森震荡"),既有的利益集团就很难被打破,经济增长将越来越缓慢,最终停滞。

麦基等(Magee et al.,1989)提出了一个劳动力在寻租部门与生产部门之间进行配置的理论模型,讨论寻租活动对经济社会的影响。追求超额利润亦即租金的活动大致可以划分为生产性活动和非生产性活动两大类别。其中,生产性活动能够增进社会福利,比如生产经营、创新研发等;而非生产性活动非但不会提高社会福利,还会消耗大量社会资源。后一类逐利行为被巴格沃蒂(Bhagwati,1982)称为"直接非生产性寻利活动",也即宽泛意义上的寻租活动。人们既可以选择成为企业家和创新者,通过研发创新建立市场势力,赚取"准租金"(quasi-rent);也可以选择成为寻租者,以他人的利益为代价谋取自己的利益。不过麦基等(Magee et al.,1989)关注的是普通劳动力的跨部门配置,没有把分析的重点放在人才的配置上。

鲍莫尔(Baumol,1990)认为经济发展取决于企业家资源也即人才在不同

[①] 引自中译本:安德烈·施莱弗,罗伯特·维什尼.掠夺之手——政府病及其治疗[M].赵红军,译.北京:中信出版社,2004,前勒口。

领域的配置。他把企业家资源表述为"具有开拓精神、富有创造能力的精英人才及其才能"。潜在的企业家资源既可能转变为经济企业家，应用于生产性领域；也可能转变为政治企业家，应用于非生产性领域甚至破坏性领域。企业家资源究竟进入哪一个领域，取决于不同领域预期收益的高低。税收水平过高、政府干预过多、行政效率低下等因素都会降低生产性领域的预期收益，诱使企业家资源转变为政治企业家。鲍莫尔（Baumol，1990）以中国古代科举制度以及欧洲中世纪骑士制度和政教制度为例的分析表明，假如社会经济制度为企业家资源的非生产性应用（比如科举制度）甚至破坏性应用（比如骑士间的斗争）提供了比企业家资源的生产性应用更高的报酬，则企业家资源就会偏离生产性的应用，导致生产力停滞。

墨菲等（Murphy et al.，1991）也从人才配置的视角入手，讨论掠夺之手的运作机制。他们认为，人才的职业选择会对资源配置和经济成长产生关键性的影响。社会中最有才能的人会选择从事能够最大程度发挥其能力优势的职业，因此，吸引最有才能的人从事生产性活动而非寻租性活动，对增长而言至关重要。当有人才选择成为企业家、从事创新活动并改进生产技术时，就会促进生产效率的提高和财富的增长。反之，当人才选择成为寻租者时，其收入不再来自财富的创造活动，而是来自对他人财富的再分配，在该种情况下，最有才能的人没有机会推动技术进步。人才向寻租部门集中，不仅吸收了生产性部门的劳动力资源和其他资源，同时也加强了对生产部门的掠夺，破坏了对生产和创新活动的激励，这会进一步促使人才离开生产部门涌入寻租部门，导致企业家的能力整体偏低，阻碍技术进步和经济增长。

与麦基等（Magee et al.，1989）、鲍莫尔（Baumol，1990）等研究相比，墨菲等（Murphy et al.，1991）更强调人才的重要性，并认为能力的规模报酬递增特征在寻租部门与生产部门对人才的争夺中起到了特别关键的作用。有能力的人如若配置到企业经营活动中，将会有利于增长；而如若配置到寻租活动中，则不利于增长。一个良好的社会制度，应当吸引有才能的人从事企业家活动和创新活动,而不是涌向政府或私人寻租行业。墨菲等(Murphy et al.,1991)认为,生产性部门和寻租性部门的市场规模特征、企业规模特征和报酬合同特征都会影响人才在生产部门和寻租部门之间的配置。倘若某一部门的市场规模越大、规模报酬递减越慢、所得收益中归从业者享有的比例越高,那么该部门对高能力的人就越有吸引力。

具体说来,如果大量社会资源被政府、军队、宗教组织等"官方"寻租部门占有,"官方"寻租者拥有巨大的权威和机动权得以收取更多的租金,产权界定不清使得财富易受"非官方"寻租者掠夺,则寻租部门的市场规模就越大、规模报酬递减也越慢(寻租者因此得以运营规模更大的"掠夺性企业"),这些因素会吸引人才流出生产部门,转向寻租部门;同样地,如果寻租者有权保留绝大部分的寻租收益,也会提高寻租部门的吸引力。相反,如果产品市场较大、具备良好的贸易条件,则生产部门的市场规模就会越大;如果来自行业准入和资金借贷方面的限制较少,生产性企业家就可以做大企业规模;如果有清晰的产权界定和完备的专利保护,就可以使企业家的利润免受掠夺,这些因素会提高生产部门的吸引力。

墨菲等(Murphy et al.,1993)进一步深化了关于寻租与经济增长的研究。他们认为,除了人才配置机制(Baumol,1990;Murphy et al.,1991)之外,寻租活动相对于生产活动的规模报酬递增特征以及寻租对创新性活动的抑制,也是造成寻租严重阻碍经济增长的关键性因素。寻租性活动之所以规模报酬递增,一方面是因为寻租技术本身常常呈报酬递增特征,寻租者多了就"法不责众",受惩罚的概率降低,寻租收益上升;另一方面,寻租活动和生产活动的相互作用也会导致寻租活动相对于生产活动具有报酬递增特性。后一种因素是墨菲等(Murphy et al.,1993)更为关注的,他们指出,即使不作寻租技术本身的报酬递增假设,寻租活动的蔓延也会提高寻租部门相对于生产部门的吸引力。随着寻租部门规模的扩张,也即更多的人从生产部门进入寻租部门,生产活动的报酬和寻租活动的报酬都会下降,但生产活动的报酬下降得更快,相比于生产活动,寻租活动对人们的吸引力更高。

除了寻租的相对报酬递增特性对生产部门形成冲击之外,墨菲等(Murphy et al.,1993)认为寻租活动阻碍增长的另一个原因在于,寻租尤其是政府官员的公共寻租行为严重抑制了创新活动。解释主要来自以下两个方面。首先,相比于既有的生产者,创新者处于弱势,更容易受到公共寻租的冲击。与既有的生产者不同,新的生产者没有现成的游说组织,也没有足够的资金可用来行贿,更易遭到公共寻租的勒索,尤其是在与既有生产者发生利益纠纷的时候,情况会变得更糟。其次,创新项目周期长、风险高的特点也导致其更易遭受掠夺。创新项目周期较长,意味着面临更多的被掠夺的可能性;创新成功与否具有不确定性,项目成功的收益会受到盘剥,而失败的损失却要由创新者独自承担,这种事后的寻租行为造成创新收益和创新风险的不对等。创新是经济增长的主要动力,而公共部门的寻租会严重挫伤企业从事创新活动的积极性,妨碍创新者的市场进入和研发行为,最终拖累增长。

三、"掠夺之手"与腐败行为

腐败是指利用公权力通过违反经济社会运行规则的方式寻求个人利益的行为(Jain,2001)。从墨菲等(Murphy et al.,1991,1993)关于寻租活动的分类来看,腐败实际上是资源和财富从私人部门向政府官员的再分配,也即政府官员利用"官方"的职位来收取"非官方"的租金,将权力转化为金钱收入。比如,当存在限制私营经济活动的法律约束或行政规制时,准入资格就可被视为一种政府产品,它可以帮助私营企业家获得从事某种受限经济活动的资格。一旦政府官员对这些政府产品的提供和分配拥有决策权,他们就会利用权力来寻租,通过出售政府产品换取个人收益。

官员的自由决定权(discretionary power)、经济租金和薄弱的制度环境是产生腐败的三个要素(Aidt,2003)。假如政府部门在政策制定和规制方面有足够的权威和充分的自由决定权,而相关法制制度又不完善,不能有效限制和制约政府权力,那么政府官员就会利用权力来抽取现有的经济租金或者设立新的

业和官员得以通过谈判优化资源配置、提高配置效率。假如禁止贿赂这种相对廉价的资源配置方式,官员就会用更为低效率的方式掠夺财富,资源配置方式也将以政治目标而非经济目标为出发点,经济的运行效率将更为低下。这就是持"有效腐败"观念的经济学者的核心观点。但是有效腐败的观念隐含了一些过强的假定,削弱了该观念对现实的解释力。批评主要来自以下四个方面。

第一,腐败官员追求的目标是贿赂总额的最大化而非配置效率的最大化,故而政府产品的实际供应量未必能达到前述的次优水平。虽然两者在雷鼎鸣(Lui,1985)的排队模型中是一致的,但该结论对关于排队规则所作的假定非常敏感,一旦改变排队规则,最大化贿赂金额的政府产品供应量往往会低于次优水平(Andvig,1991)。第二,贿赂通常是非法的,寻求"买方"和达成交易都必须在私下进行,寻租理论(Nitzan,1994;Tollison,1997)指出,这种保密性需求会使以贿赂方式达成的资源配置结果偏离竞争性拍卖下的配置结果。第三,通过腐败交易达成的合约不具有法律上的可执行性,财产权利缺乏安全保障,在这样的背景下科斯定理将不再成立,腐败就难以起到提高效率的功能。第四,也是"有效腐败"理论的最大缺陷在于,该理论假定政府失灵是外生给定的,与腐败本身无关,但实际情况很可能恰恰相反。腐败官员预期到能够从扭曲的政策中谋取私利,人为地设置并维持这些扭曲性政策,最终导致政府失灵的后果。[①]

实际上,大多数经验研究表明,腐败对经济发展是有害的(Gould and Amaro-Reyes,1983;United Nations,1989;Klitgaard,1991)。毛罗(Mauro,1995)首次就腐败进行了系统性的经验考察,他采用国际商业公司(Business International Corporation)于1984年发布的腐败指数[②]作为腐败程度的代理

[①] 这一点有些类似于DUP理论和寻租理论的区别:DUP理论关于寻租活动的分析隐含假定了租金是外生给定的,而寻租理论则强调租金是内生于寻租过程的。

[②] 国际商业公司(1984)向投资者发布了一份覆盖68个国家的经营环境的主观评价报告,报告共涉及56个风险因素,其中关于腐败指数的描述是"在商业交易中涉嫌腐败和可疑支付的程度"。

变量,检验投资与腐败之间的关系,研究发现腐败程度越高的国家,投资率就越低,表明腐败不利于经济成长。

(二) "掠夺之手"政府模型关于腐败的理论研究进展

秉承"腐败是政府掠夺之手普遍而自然的运行结果"这一观念,施莱弗和维什尼(Shleifer and Vishny,1993)分析了政府结构、腐败水平和资源配置三者之间的联系。在官员掌握政府产品(比如许可证)分配权的情况下,官员会在出售政府产品的过程中利用权力进行寻租活动。施莱弗和维什尼(Shleifer and Vishny,1993)分别讨论了官员能够偷窃政府产品和不能偷窃两种情形之下的腐败行为。在没有偷窃的情况下,官员以官方价格加上贿赂价格出售政府产品,并按照官方价格向政府上缴销售额,而自己保留贿赂。该情况下,腐败通常会提高政府产品的总价格,抑制企业对政府产品的需求。① 在存在偷窃的情况下,官员私自出售政府产品,销售额不上缴政府。该情况下,政府产品的价格会低于官方价格,这使得企业家有更强的激励行贿,而奉公守法的企业则很难生存,于是腐败的蔓延将会更为严重。② 施莱弗和维什尼(Shleifer and Vishny,1993)认为,要减少腐败,首先必须建立一个防止偷窃的核算体系。

现实中,企业运营往往需要来自多个不同政府机构的多种政府产品,缺一不可。③ 这些提供互补性政府产品的机构既可能串谋,也可能各自为政,甚至还有可能相互竞争。政府产品的不同市场供给结构对腐败有何影响? 施莱弗和维什尼(Shleifer and Vishny,1993)发现这个问题与标准的产业组织问题具有

---

① 从某种意义上说,没有偷窃情况下的腐败与税收具有相似性。税收是进入国库的价格加成,而贿赂是流入官员个人腰包的价格加成。但腐败通常是非法的,需要逃避检查和惩罚,因而腐败比税收对经济运行的扭曲程度更为严重。

② 施莱弗和维什尼(Shleifer and Vishny,1993)将存在偷窃情况下的腐败称为"成本降低型腐败",假如某个企业通过贿赂官员降低获取政府产品的成本,进而降低自己的经营成本,则它的竞争对手也必须效仿,企业之间对政府服务的竞争加速了腐败的扩散。

③ 试举一个我们都熟悉的例子,在我国开一家小餐馆,需要办理的许可证照至少有:工商营业执照(工商行政管理部门)、税务登记证(国税和地税部门)、食品卫生许可证(卫生监督部门)、消防安全许可证(消防部门)、排污许可证(环保部门),等等。

相似性。当不同的政府机构相互串谋时,可视为一个联合垄断机构。在决定每种政府产品的贿赂水平时,决策者会综合考虑其决定对其他政府产品需求的影响。比如,抑制政府产品 1 的贿赂会提高对互补性政府产品 2 的需求水平,因此适当降低产品 1 的单位产品贿赂水平,虽会减少来自产品 1 的贿赂,但将会从来自产品 2 的贿赂增加额中得到补偿,总收益还是有所提高的。当政府机构各行其是、独立提供不同的政府产品并收取贿赂时,就不再顾及提高贿赂对互补性政府产品的需求的影响,进而制定一个较高的单位产品贿赂水平,此时政府产品的供给量将会低于联合垄断的情形。当每种政府产品至少可以由两个政府机构同时提供时,不同的机构将会为贿赂展开伯特兰德竞争(Bertrand competition),促使每一种政府产品的均衡贿赂都下降至零。

从单位政府产品的贿赂水平来看,竞争情形是最低的,联合垄断次之,独立垄断最高。但联合垄断的总贿赂要高于独立垄断。从经济效率也即对经济的扭曲程度来看,竞争情形没有扭曲,联合垄断次之,独立垄断的扭曲最为严重。独立垄断会大大降低政府产品的供给量,恶化经济发展环境。独立垄断者的数量越多,资源的配置效率就越低,贿赂水平越高,政府产品的供给量越低,企业经营环境也越为恶劣。在施莱弗和维什尼(Shleifer and Vishny, 1993)看来,上述分析框架有助于解释为什么非洲和南美洲那些极端腐败的国家是如此贫穷。竞争会使得政府更加开明,有助于减少幕后交易,降低腐败水平。

施莱弗和维什尼(Shleifer and Vishny, 1994)及博伊科克等(Boycko et al., 1996)考察了在政治家为追求政治目标而试图对企业施加影响力的情况下,国有企业和民营企业的最优行为和运营效率。他们以劳动力配置为例的研究显示,政治家和经理人会就资源的配置展开讨价还价,进而出现贿赂和补贴:假如政治家拥有企业的控制权,则经理人会贿赂政治家,说服政治家不要强迫企业追求政治目标;反之,假如经理人拥有企业的控制权,则政治家会用补贴的方式收买经理人,说服企业追求政治目标。他们建立了一个能为政治家提供政治利益的企业模型,在该模型下,国家财政和经理人共同享有企业的现金流权并分享企业利润,政治家同时关注财政收入和自己的政治收益,其中后者来自企业对劳动力的过度雇佣。但超额劳动力在给政治家带来政治收益的同时,也会给企业带来效率损失,降低经理人收益和财政收入,间接地损害政治家的效用。

如果企业是国有的,政治家有权决定雇佣的劳动力水平。政治家在更高就业水平带来的收益与财政收入下降带来的成本之间进行权衡。由于政治家没有把政府财政和经理人的损失完全内部化,因此会过度雇佣劳动力。经理人有动力贿赂政治家,换取劳动力的削减。只要经理人和政治家在有效雇佣时的共同效用大于超额雇佣时的共同效用,经理人就可以成功地贿赂政治家。贿赂相当于经理人和政治家对由效率提升带来的剩余增加额进行分割,贿赂水平可根据纳什谈判解或其他类型的谈判解来确定。在上述情况下,腐败有助于减少干预的非效率。但由于腐败活动通常是违法的,腐败合同不具有可实施性,政治家违约时,经理人不能以支付了贿赂为由向法院提起诉讼,因此腐败并不总能实现最优结果(Leff,1964;Rose-Ackerman,1975)。

如果企业是民营的,也即经理人拥有劳动力雇佣水平的控制权,出于利润最大化的考虑,经理人会选择有效雇佣。政治家会试图运用政府补贴收买经理人,让企业维持对劳动力的超额雇佣。相比于政治家拥有劳动力决策权的情形,此时政治家的成本不仅包含财政收入降低带来的成本,还需要说服同僚对企业发放补贴以补偿经理人所放弃的利润,这构成了政治家的额外成本,因此出现过度雇佣的可能性将会下降。以上讨论针对的是民营化的一层含义,也即企业控制权从政治家转移到经理人手中。实际上民营化还有第二层含义,也即经理人现金流权的增加。① 经理人现金流权的提高也会使政治家干预企业的成本变得更为高昂,原因在于,对政治家而言,发放补贴的成本往往高于放弃财

---

① 控制权指对公司资源的支配权,现金流权指按持股比例拥有的公司财产分红权,具体可参看格罗斯曼和哈特(Grossman and Hart,1986)的详细论述。

政收入的成本。

第二节　政企联系与企业价值:经验研究

　　无论是在诸如美国、欧盟各国、日本这样的发达国家,还是在巴西、巴基斯坦、印度尼西亚、马来西亚、泰国、拉脱维亚等发展中国家和转型经济体,政企联系现象都相当普遍(Broadbent,2000;Fishman,2001;Johnson and Mitton,2003;Khwaja and Mian,2005;Claessens et al.,2008;Bunkanwanicha and Wiwattanakantang,2009)。那么,广泛存在的政企联系究竟给企业带来了正面的影响还是负面的影响? 本节回顾政企联系与企业价值的经验研究进展。

一、政企联系及其衡量策略

　　(一)"政企联系"的经验含义

　　"政企联系"一词来源于英文 Political Connection 或 Political Affiliation,它的理论含义非常明确,就是指企业与政府的一种紧密关系。但其在现实世界中的具体表现形式又有哪些? 菲斯曼(Fisman,2001)在他的开创性研究中,把印度尼西亚企业与时任总统苏哈托(Suharto)及其家族的密切关系定义为政企联系。约翰逊和米顿(Johnson and Mitton,2003)、赫瓦贾和勉(Khwaja and Mian,2005)、法西奥(Faccio,2006)等后续文献拓展了政企联系的涵盖范围,假如某企业的大股东、高管或董事会成员现任或曾任政府首脑、部长、国会议员、地区首领等政府高级职位,或者与这些政府高官关系密切,则该企业就被视为具有政企联系的企业。

　　尽管由于体制差异,不同国家和地区的政企联系表现形式各不相同(胡旭阳,2010),不同研究对政企联系的衡量方式也不尽相同,但学界普遍认同政企联系是指"企业与政府或者政治家之间一种特殊关系"(杨其静,2010)。政企联系的具体表现形式大致有三类,既可以是政治人物参与经济活动,或者是企业家从事政治事务,也可以是企业与政治人物的私人关系。

(二) 政企联系的度量策略

如何度量企业的政企联系,是相关经验研究首先要解决的一个基础性工作。无论是检验政企联系给企业带来的正面积极效应,还是考察政企联系给企业造成的负面消极影响,对于政企联系的度量都是不容回避的问题。度量的准确性直接关系到经验结论可靠性。但实际上,度量问题也一直是本领域研究的难点问题(石晓乐和许年行,2009)。到目前为止,现有文献主要形成了以下几种政企联系衡量策略(表2-1)。

表2-1 政企联系的经验衡量策略

政企联系的经验衡量策略		代表性文献
策略1	企业大股东或高层管理人员是否现任或曾任政府官员、国会议员	阿格拉沃尔和克诺伯(Agrawal and Knoeber,2001)、赫瓦贾和勉(Khwaja and Mian,2005)、范博宏等(Fan et al.,2007)、伯川德等(Bertrand et al.,2007)、博巴科里等(Boubakri et al.,2008)等等
策略2	符合衡量策略1的企业+大股东或高管与政治家存在"紧密关系"的企业	菲斯曼(Fisman,2001)、约翰逊和米顿(Johnson and Mitton,2003)、法西奥(Faccio,2006)、法西奥等(Faccio et al.,2006)、阿迪卡里等(Adhikari et al.,2006)等等
策略3	企业在选举中对候选人的捐献	罗伯茨(Roberts,1990)、贾雅昌卓安(Jayachandran,2006)、克莱森斯等(Claessens et al.,2008)、弗格森和沃斯(Ferguson and Voth,2008)等等
策略4	国有控股、国有股比例	阿迪卡里等(Adhikari et al.,2006)、张仁良等(Cheung et al.,2010)、徐龙炳和李科(2010)
策略5	企业与政治家的地缘关系	法西奥和帕斯利(Faccio and Parsley,2009)
策略6	企业的大股东为"关联家族"成员	查路米尼德等(Charumilind et al.,2006)
策略7	企业获得的政府补贴收入	杨其静和杨继东(2010)

资料来源:作者整理所得。

阿格拉沃尔和克诺伯（Agrawal and Knoeber，2001）、赫瓦贾和勉（Khwaja and Mian，2005）、范博宏等（Fan et al.，2007）、伯川德等（Bertrand et al.，2007）、博巴科里等（Boubakri et al.，2008）等以企业大股东（通常的标准是持股10%或以上）或高层管理人员是否现任或曾任政府官员、国会议员作为衡量标准。所谓企业高层管理人员，指的是总经理、董事长、副董事长、董事会秘书以及董事会其他成员。这一方法实际上是以企业高管的身份作为整个企业政企联系的代理变量。只要高管具有上述任一类别的身份，则该企业就被认定为建立了政企联系。该方法能够识别"企业家从政"和"政治家经商"两类政企联系，对于政企联系的界定较为明确，刻画较为细致，是目前受认可程度最高、应用最为广泛的度量方法。

考虑到上述方式无法有效识别企业与政治人物的私人关系，菲斯曼（Fisman，2001）、约翰逊和米顿（Johnson and Mitton，2003）、法西奥（Faccio，2006）、法西奥等（Faccio et al.，2006）、阿迪卡里等（Adhikari et al.，2006）等还建议把大股东或高管与政治家存在"紧密关系"（close relationship）的企业也定义为具有政企联系的企业。所谓"紧密关系"，就是虽然企业家没有直接从政，政治家也没有直接介入企业事务，但企业家有朋友或家族成员从政，或者政治家有朋友或家族成员参与企业事务。如果说前一策略所衡量的政企联系是"直接联系"的话，那么这一策略还包括了"间接联系"（Faccio et al.，2006）。但是，该界定标准不如前一种标准那么明确，操作起来相对比较模糊，加之私人关系的信息很难通过公开渠道搜集，这些因素制约了其在经验研究中的应用。

以上两种政企联系度量策略实际上衡量的都是企业高管"个人"的政治关系，在实际操作中，需要逐一对每个企业的大股东、总经理、董事长、副董事长、董事会秘书及董事会其他成员的背景进行细致调查，工作量非常之大。为此，学者们也提出了一些替代性的办法。总体说来，这些替代性方法对政企联系的刻画较为粗略，或多或少存在这样或那样的缺陷，受认可程度不如前述方法那么高，应用也没有那么广泛。

罗伯茨（Roberts，1990）、贾雅昌卓安（Jayachandran，2006）、克莱森斯等（Claessens et al.，2008）、弗格森和沃斯（Ferguson and Voth，2008）等学者认为可以用企业在选举中对候选人的捐献（donations 或 contributions）作为政企联系的衡量指标。比如，弗格森和沃斯（Ferguson and Voth，2008）以捐赠来衡量 20 世纪 30 年代德国企业与执政的德意志民族社会主义工人党（即纳粹党，NSDAP）之间的联系，假如某企业曾为纳粹党及其领导人阿道夫·希特勒（Adolf Hitler）或赫尔曼·戈林（Hermann Göring）提供资金帮助，或者曾在关键时刻为纳粹党的政治经济政策提供包括资金支持在内的支持，该企业就被定义为具有政企联系的企业。该策略的好处是可以用捐献金额的高低度量政企联系的强弱（Claessens et al.，2008），但缺点也同样明显：捐献很可能代表的是企业对候选人和政党的偏好，而未必是企业的政治影响（Goldman et al.，2009）。另外，该度量策略也会受到一国政治组织方式的制约。

阿迪卡里等（Adhikari et al.，2006）采用国有股比例衡量企业的政企联系，张仁良等（Cheung et al.，2010）、徐龙炳和李科（2010）也以国有控股作为政企联系的代理变量。但该方法无法准确度量政企联系情况，在文献中很少使用。因为国有股比例低并不意味着企业就一定不具有政企联系。比如说，家族企业和民营企业很可能并没有国有股，但不见得就没有政企联系。另外在诸如美国等高市场化国家中，企业的国有股比例通常也很低。

法西奥和帕斯利（Faccio and Parsley，2009）用企业与政治家的地缘关系（geographic ties）来衡量政企联系。地缘关系是指以地理位置为联结纽带，由于在一定的地理范围内共同生活交往而产生的人际关系。地缘因素在社会和政治网络的形成过程中会起到关键作用，并且政治家更倾向于支持本地企业。因此，法西奥和帕斯利（Faccio and Parsley，2009）把企业总部所在地与政治家出生地或生活地相一致的企业识别为具有政企联系的企业。但实际上同一地区的不同企业之间，政企联系的差别往往相当大，基于地缘关系的政企联系衡量策略可能过于宽泛了。

查路米尼德等(Charumilind et al.，2006)在衡量泰国企业与政治家或银行的政企联系时，引入了"关联家族"(connected families)的概念。所谓"关联家族"，就是指泰国最富裕的前20(或排名前30、前60)个家族。假如某家企业的大股东是上述家族的成员，就把该企业定义为具有政企联系的企业。该衡量策略隐含假定财富越多的家族拥有越大的政治和经济权利。

杨其静和杨继东(2010)直接用企业获得的政府补贴收入占营业收入的比重作为企业政企联系的代理变量。尽管有研究显示建立了政企联系的企业更容易获得政府补助(Faccio et al.，2006；余明桂等，2010)，但很明显，政府补助是政企联系带来的经济后果，两者在内涵上有较大差别。另外，补贴政策因产业和行业而异，很难从补贴中剔除产业行业效应而仅仅保留政企联系效应，以政府补助来衡量政企联系的做法过于笼统，很可能包含了过多的噪音。

二、政企联系能够提高企业价值

罗伯茨(Roberts，1990)虽然没有明确提出"政企联系"的概念，却是首篇从经验上确认政企联系价值的文献。研究发现，1983年美国参议院军事委员会(Senate Armed Services Committee)参议员亨利·杰克逊(Henry Jackson)的意外死亡事件给与其存在关联的公司造成了负面影响。曾在杰克逊竞选时向其捐款的公司的股票收益率显著下降，特别是那些来自其所在选区华盛顿州的公司，股票收益率下降得尤为剧烈；相反，与杰克逊的继任者参议员萨姆·纳恩(Sam Nunn)存在关联的公司股票收益率却显著上升。这一结果表明，杰克逊去世后，政治资源和财富从与其相关的利益集团转移到了与纳恩相关的利益集团。

自罗伯茨(Roberts，1990)的开创性研究以来，关于政企联系价值的经验研究迅速涌现，他所采用的事件研究法(event study)也在相当长的一个时期内成为政企联系与企业价值研究的主流范式。学者们针对不同国家的体制特色，巧妙选取可能影响相关企业价值的事件，比如政治人物的上台、下野和死亡等等，运用事件研究法就这些事件给企业价值造成的影响进行了深入分析(表2-2)。

表2-2 政企联系有助于提高企业价值：经验文献回顾

国家/地区	研究文献	研究方法	事件选取	事件窗口
美国	罗伯茨(Roberts, 1990)	短期事件研究	参议员杰克逊(Jackson)意外死亡事件	事件后首个交易日 1983.09.02
	贾雅昌卓安(Jayachandran, 2006)	短期事件研究	参议员杰佛兹(Jeffords)退党事件	事件周 2001.05.18—25
	奈特(Knight, 2006)	短期事件研究	布什(Bush)和戈尔(Gore)在2000年总统大选中胜出预测概率	艾奥瓦电子市场(IEM)选举合约存续期间 2000.05.01—2000.11.06
	戈德曼等(Goldman et al., 2009)	短期事件研究	政治家获任命为企业董事会成员，2000年总统大选	任命当日及随后1个交易日(0, +1)；大选后1~7个交易日(+1, +7)
	阿西莫格鲁等(Acemoglu et al., 2013)	短期事件研究	盖特纳(Geithner)被提名为财政部长以及随后陷入逃税风波事件	事件当日及随后10个交易日(0, +10)
德国	弗格森和沃斯(Ferguson and Voth, 2008)	长期事件研究	纳粹党迅速蹿红	1933.01—03
印尼	菲斯曼(Fisman, 2001)	短期事件研究	关于时任总统苏哈托健康状况恶化的6次流言事件	1995.01.30—02.01；1995.04.27；1996.04.29；1996.07.04—09；1996.07.26；1997.04.01—03
马来西亚	约翰逊和米顿(Johnson and Mitton, 2003)	长期事件研究	亚洲金融危机前期，政府实施资本管制	1997.07—08；1998.09
巴西	拉马略(Ramalho, 2004)	短期事件研究	时任总统科洛尔(Collor)涉嫌腐败受到调查	1989.11.16—21；1992.05.30—31；1992.05.18—20；1992.05.27；1992.06.25—07.01

续表

国家/地区	研究文献	研究方法	事件选取	事件窗口
泰国	克莱森斯（Claessens et al., 2008）	长期事件研究	巴西1998年和2002年大选	两次大选当年
	邦坎瓦查和维瓦塔纳唐（Bunkanwanicha and Wiwattanakantang, 2009）	长期事件研究和双重差分	他信（Thaksin）赢得2000年泰国大选	大选后1~3年
拉脱维亚	多姆布罗夫斯基（Dombrovsky, 2010）	双重差分	政党"拉脱维亚道路"（"Latvian Way"）在选举中意外落败	大选后1年
	多姆布罗夫斯基（Dombrovsky, 2011）	面板回归	无	无
世界范围	法西奥（Faccio, 2006）	短期事件研究	企业建立政企联系	事件前2个交易日至后2个交易日（-2，+2）
	法西奥和帕斯利（Faccio and Parsley, 2009）	短期事件研究	122位政治人物意外死亡事件	事件前1交易日至后10个交易日（-1，+10）
	博巴科里等（Boubakri et al., 2009）	长期事件研究	企业建立政企联系	事件前3年至后3年

资料来源：作者整理所得。

相当多的经验研究显示，每当有关于政企联系价值的利好消息发生的时候，相关企业的股票价格就会上升；而每当有负面消息发生的时候，这些企业的股票价格就会下降。此即政企联系增进企业价值的有力证据。

菲斯曼（Fisman，2001）分析了印度尼西亚时任总统哈吉·穆罕默德·苏哈托（Haji Mohammad Suharto）给企业带来的价值。1995—1997 年间，关于苏哈托健康状况恶化的几次流言对市场产生了很大的冲击。菲斯曼（Fisman，2001）利用这几次流言作为事件窗口，对同苏哈托家族存在密切关联的公司的股票价格变化作了计量分析，发现相比于其他公司，流言对建立了政企联系的公司股价的负面影响更大，并且流言越严重、政企联系越强，企业受到的损害就越严重。这就表明，政企联系的确给相关企业带来了租金。一国租金的盛行程度与腐败程度高度相关，而印尼尚不算腐败程度最为严重的国家①，菲斯曼（Fisman，2001）据此断言，政企联系在世界许多重要经济体中都扮演着相当重要的角色。

约翰逊和米顿（Johnson and Mitton，2003）利用马来西亚企业数据所作的经验研究表明，20 世纪 90 年代末，建立了政企联系的企业股票市值中大约有 17% 来自政企联系，并且当政治家更有能力为这些企业提供优惠和补贴的时候，政企联系能为企业带来更多的好处。在 1997 年 7 月至 1998 年 8 月亚洲金融危机前期，来自宏观经济面的冲击削弱了政府的财政实力，政府无力为具有政企联系的企业提供帮助，这些企业因而遭受了比其他企业更为严重的损失；而当政府于 1998 年 9 月实施资本管制之后，政府对经济的干预能力和控制能力有所增强，具有政企联系的企业比其他企业得到了更大的利益。有意思的是，1998 年 9 月马来西亚二号权势人物、副首相兼财政部长安瓦尔·易卜拉欣（Anwar Ibrahim）因腐败和猥亵指控被捕，约翰

---

① 从国际透明组织发布的世界 54 个国家和地区的腐败指数来看，印尼排在第 45 位，比印尼腐败程度更高的国家和地区还有很多，比如印度、俄罗斯以及巴基斯坦等。https://www.transparency.org/en/press/1998-corruption-perceptions-index。

逊和米顿(Johnson and Mitton,2003)把具有政企联系的企业区分为与首相马哈蒂尔·穆罕默德(Mahathir Mohamad)存在关联的企业和与安瓦尔存在关联的企业,他们发现,只有前者能够从资本管制中得利,而后者未能得利。

拉马略(Ramalho,2004)和克莱森斯等(Claessens et al.,2008)考察了巴西的情况。拉马略(Ramalho,2004)分析了巴西的反腐败运动对具有政企联系的企业股票价值的影响。1992 年巴西总统费尔南多·科洛尔·德梅洛(Fernando Collor de Mello)涉嫌腐败受到议会的调查,最后被迫辞职。这一事件给与其相关的企业带来了显著的负面影响,每当有关于科洛尔案件的负面消息发布的时候,与其存在关联的公司股票累计超额收益率(*CAR*)就会下降,幅度约为 2 至 9 个百分点。克莱森斯等(Claessens et al.,2008)利用巴西 1998 年和 2002 年两次选举中的企业捐献数据,考察捐献是否有助于选举后形成有利于捐献企业的方针政策。研究发现,选举当年,对候选人进行捐献的企业比没有捐献的企业有更高的股票累计超额收益率,且捐献越多则超额收益率越高;假如企业所支持的候选人最终胜出,则相应企业的股票累计超额收益率会更高。

上述来自发展中国家和转型经济体的经验证据表明,在制度不完善的国家和地区,政企联系能够增进企业价值,那么假如制度较为健全,政企联系是否依然能为企业带来利益?一些学者以美国为研究对象进行了探讨。贾雅昌卓安(Jayachandran,2006)分析了 2001 年 5 月美国共和党参议员詹姆斯·杰佛茨(James Jeffords)退党事件对与共和党关联的企业和与民主党关联的企业造成的影响。杰佛茨退党打破了共和党和民主党在参议院各占 50 席的平分秋色的局面,使得民主党自 1994 年以来首次成为参议院多数党。参议院格局的改变将会给乔治·布什(George Bush)政府拟实行的政策在国会通过时增加难度,政策立场的变化可能会潜在影响分属不同派别的企业的利益。贾雅昌卓安(Jayachandran,2006)用事件研究法考察了杰佛茨退党的那一周里企业股票的超额回报率,也即所谓的"杰佛茨效应"。他发现 1999—2000 年向共和党提供捐款的企业,回报率显著下跌,每提供 10 万美元捐款,回报率下跌 0.33 个百分点;而向民主党提供捐款的企业,回报率则有所上升,上升幅度约为前者下跌幅度的 1/2。

阿西莫格鲁等(Acemoglu et al.,2013)以与美国财政部长蒂莫西·盖特纳(Timothy Geithner)存在关联的金融类企业为样本,检验了政企联系的价值。他们发现,自盖特纳被总统贝拉克·奥巴马(Barack Obama)提名为财政部长的消息于 2008 年 11 月 24 日被泄露起的 10 天里,与盖特纳存在关联的企业股票累积超额回报率达到了 15%,这一结果在控制了金融危机和其他因素的影响之后依然稳健。阿西莫格鲁等(Acemoglu et al.,2013)还检验了盖特纳于提名后陷入逃税风波事件对与其存在关联的企业的影响。美国参议院金融委员会(Senate Finance Committee)于 2009 年 1 月 14 日披露,盖特纳曾在供职国际货币基金组织(IMF)期间累计欠缴税 3.4 万美元,这让提名能否获得参议院批准蒙上了阴影。研究显示,这一负面事件给相关企业的股票回报率带来了显著的负向影响。

戈德曼等(Goldman et al.,2009)以美国标准普尔 500 强企业为样本,按照企业董事会成员的党派属性,把企业划分为与共和党存在关联的企业、与民主党存在关联的企业以及无关联企业。他们发现,每当政治家被任命为企业董事会成员时,企业股价会呈现显著为正的累积超额回报率(CAR)。无论是属于共和党的政治家,还是属于民主党的政治家,被任命时都有上述的股价效应,并且股价效应对于大规模公司而言更为显著。戈德曼等(Goldman et al.,2009)还发现,当民主党在 2000 年总统大选中胜出以后,与民主党存在关联的企业的股票超额回报率显著为正,而与共和党存在关联的企业的股票超额回报率显著为负。即使改用企业对两个政党的捐献作为政企联系的衡量指标,上述结论依然成立。

奈特(Knight,2006)以美国 2000 年总统大选为背景,分析了乔治·布什

（George Bush）和艾伯特·戈尔（Albert Gore）的胜出预测概率[①]对具有政企联系的企业股价的影响。他以雷曼兄弟（Lehman Brothers）、培基证券（Prudential Securities）和国际战略与投资集团（International Strategy and Investment）三家投资机构的分析报告为依据，选定41家布什阵营公司和29家戈尔阵营公司作为研究样本。研究发现，以股票日收益率来估算，假如布什最终当选，会使布什阵营公司的股票收益率上升3%，而戈尔阵营公司则下降6%，两者相差9个百分点；如果改以周收益率来估算，两者间的差异将达到16个百分点。

弗格森和沃斯（Ferguson and Voth，2008）发现，在纳粹党迅速蹿红的1933年1月到3月间，与纳粹党存在关联的德国企业股票收益率要比其他企业高出约5%～8%；而在此前的1932年11月到1933年1月，政企联系并未给相关企业带来更佳的股价表现。这一经验结果表明，相关企业的股价上升并非来自经营环境的改善而是源于纳粹势力的增长。事实上，当时大约每七家企业当中就有一家参与了支持纳粹运动的活动，其中不少还是有影响力的大规模企业。弗格森和沃斯（Ferguson and Voth，2008）把这场疯狂的活动称为"一场关于希特勒的赌博"（betting on Hitler）。

由于事件研究的结果可能受到小样本问题的干扰，法西奥和帕斯利（Faccio and Parsley，2009）试图通过扩大样本量来缓解这一问题。他们分析了1973—2004年世界范围内122位政治人物的意外死亡事件，并以地缘关系为依据将这些政治人物与上市公司进行匹配，由此得到8 191家具有政企联系的公司。以这些公司为样本的事件研究表明，当与公司存在关联的政治人物突然死亡时，公司股价将下降1.7%，同时销售额增长率和负债率也会下降。对于家族企业、高成长性企业、政府规制性行业的企业和腐败高发国家的企业而言，该种

---

① 2000年5月，美国艾奥瓦电子市场（Iowa Electronic Market，IEM）推出了一项关于大选结果的期货合约。合约规定，如果布什在当年11月的大选中胜出，则合约持有人可以得到1美元；如果戈尔胜出，则合约持有人什么都得不到。市场交易者可以买空卖空这项期货合约。如此一来，该合约的市场价格就可视为市场对布什胜出概率的预测。

效应更为明显。法西奥(Faccio,2006)以企业建立政企联系作为研究事件,发现企业股票在事件窗口内表现出显著为正的累积超额回报率(1.43%),说明政企联系能够增进企业价值,但政企联系的价值效应仅发生在企业家参与政治活动时(比如被任命或选举为首相或内阁大臣),而当政治家被指定为公司董事会成员时,并不存在上述价值效应。

上述基于事件研究的经验文献从潜在影响政企联系价值的突发事件入手,讨论事件窗口内相关企业股票超额回报率的变化。但在实际操作中,事件起讫时点有时并不十分明确,难以精确认定(比如无法获知企业究竟是在哪个时点建立政企联系的),事件窗口选取存在困难。于是,一些学者运用长期事件研究法(long-term event study)①和双重差分方法(difference-in-difference approach)考察政企联系对企业绩效和企业价值的影响。另外,并非在每一个国家或地区的相关研究中都能找到一个合适的突发事件或者满足事件研究的企业数量过少,因而事件研究法的适用性存在局限,而横截面回归(cross-sectional regression)和面板回归(panel-data regression)方法可弥补这一不足,在政企联系经验研究中的应用也非常广泛。

博巴科里等(Boubakri et al.,2009)利用1989—2003年12个发达国家和11个发展中国家的企业数据,采用长期事件研究法检验政企联系给企业带来的影响。他们发现,在政企联系建立之后,企业经营绩效显著提升,并且与政治家的关系越紧密则上述效应越为明显。

邦坎瓦尼查和维瓦塔纳唐(Bunkanwanicha and Wiwattanakantang,2009)利用长期事件研究法和双重差分方法考察了泰国企业界大亨(或其家族成员)在2000年大选后进入他信·西那瓦(Thaksin Shinawatra)内阁给企业价值带来的影响。事件研究的结果显示,一旦企业所有者进入政界,相应企业的

---

① 为了与长期事件研究相区别,前述的事件研究也被称为短期事件研究(short-term event study)。一般而言,短期事件研究选取的事件窗口多为数日、数周、数月,至多不超过一年,而长期事件研究的事件窗口为一年或更长时间。

股票超额回报率会显著上升;双重差分方法的结果显示,企业家的政治参与活动显著提升了相关企业的市值—账面价值比。基于两种研究策略的结果都表明政企联系有助于提升企业价值。

多姆布罗夫斯基(Dombrovsky,2010)以2002年拉脱维亚的选举作为准自然实验(quasi-experiment),利用双重差分方法估计了政企联系对企业的影响。拉脱维亚的最大政党"拉脱维亚道路"(Latvian Way)在当年选举中意外落败,向该政党提供捐款的企业的销售额大幅下降,平均降幅达24个百分点,并且捐款幅度越高,销售额降幅就越大;另外,仅向政党"拉脱维亚道路"提供捐款而没有向其他党派提供捐款的企业,销售额平均降幅高达30个百分点。多姆布罗夫斯基(Dombrovsky,2011)利用1996—2005年拉脱维亚的企业层面数据检验了政企联系对企业绩效的影响。他发现,企业在建立政企联系的当年,销售额会下降34%,而在第二年则会上升63%;当与企业相关联的政治家所在政党由执政党转变为在野党时,相关企业的销售额会下降17%。

三、政企联系未能提高企业价值

然而,也有一些经验研究发现,政企联系对企业价值并没有显著的提升作用(表2-3)。

表2-3 政企联系未提高企业价值:经验文献回顾

国家/地区	研究文献	研究方法	事件选取	事件窗口
美国	菲斯曼等(Fisman et al.,2012)	短期事件研究	切尼(Cheney)两次突发心脏病	事件后两个交易日(+1,+2)
			切尼被任命为副总统	事件后两个交易日(+1,+2)
			竞选搭档布什在2000年大选中胜出的预测概率	艾奥瓦电子市场选举合约存续期间
			萨达姆(Saddam)被俘的预测概率	"萨达姆合约"存续期间

续表

国家/地区	研究文献	研究方法	事件选取	事件窗口
法国	伯川德等(Bertrand et al.,2007)	面板回归	无	无
世界范围	法西奥(Faccio,2007)	横截面回归	无	无
	博巴科里等(Boubakri et al.,2008)	长期事件研究	企业私有化	事件前3年至后3年

资料来源:作者整理所得。

菲斯曼等(Fisman et al.,2012)以与美国时任副总统理查德·切尼(Richard Cheney)存在关联的企业为样本,用事件研究法检验了政企联系的价值。他们选取可能对切尼政治前途产生影响的特定事件作为研究窗口。这些事件包括切尼两次突发心脏病、被任命为副总统、关于其竞选搭档乔治·布什(George Bush)在2000年大选中胜出的预测概率。菲斯曼等(Fisman et al.,2012)发现,上述事件对相关企业股票的超额回报率并无明显的影响。

除影响切尼政治前途的事件之外,菲斯曼等(Fisman et al.,2012)还考虑了可能影响切尼的政治施舍(hand out political favors)能力的特定事件——伊拉克战争。选取该事件的原因在于,战争及战后重建会为美国的石油、天然气、军事和建筑行业带来丰厚利润,与切尼存在关联的企业可能会因为切尼的影响力从中分得一杯羹。从美军发动伊拉克战争的预测概率(以伊拉克前总统萨达姆在2003年6月之前被俘的预测概率作为代理变量)[①]与股票超额回报率之间

---

① 与前面提到的艾奥瓦电子市场大选期货合约类似,市场推出了一款"萨达姆合约"。合约规定,假如萨达姆在2003年6月前被俘,则合约持有人可以得到1美元。该合约的市场价格可视为市场对萨达姆被俘概率的预测。这被用作伊拉克战争爆发概率的代理变量。而伊战爆发就意味着美国能够掌控伊拉克的相关资源。

的关系来看,伊拉克战争并没有给相关企业带来超额回报。

菲斯曼等(Fisman et al.,2012)的研究表明,与切尼的紧密联系并没有显著提升企业的价值。这一结论出乎很多人的意料。菲斯曼等(Fisman et al.,2012)认为可能的解释是,虽然先前的经验证据显示政企联系对美国企业的经营活动也非常重要,但大多是通过制度和组织联系起作用的,比如政治行动委员会(political action committee)和其他游说实体,而非通过个人联系起作用的,美国的制度能够有效抑制通过与政府高层官员建立私人联系获取利益的寻租行为。

法西奥(Faccio,2007)利用来自47个国家16 000多家企业的微观数据,检验了政企联系对企业经营的影响。研究显示,相比于其他企业,建立了政企联系的企业尽管享有更多的融资便利和税收减免,但其绩效水平(无论是以净资产收益率 ROE 衡量还是以市值—账面价值比衡量)依然显著低于其他企业,并且假如企业的政企联系程度越强、所在国家的腐败程度越高,则上述效应越明显。伯川德等(Bertrand et al.,2007)针对法国企业的研究也表明,建立了政企联系的企业利润率比其他企业更低。[①] 博巴科里等(Boubakri et al.,2008)考察了1980—2002年27个发展中国家和14个发达国家245家新近私有化的企业在私营化前后的资产收益率(ROA)变化,发现具有政企联系的企业私营化之后的绩效提升不如其他企业那么显著。

四、政企联系与企业价值:中国研究

对于处在转型期的中国,政企联系为企业带来了什么?究竟是"扶持之手"的效应更多一点,还是"掠夺之手"的效应更多一点?近年来,关于我国企业特别是民营企业政企联系与企业价值和绩效的经验研究逐步兴起,但取得的结论

[①] 需要说明的是,严格来讲,法西奥(Faccio,2007)和伯川德等(Bertrand et al.,2007)的经验证据揭示的还仅仅是政企联系与企业绩效之间的一种相关关系,尚不足以表明政企联系会降低企业绩效。政企联系与企业绩效负相关,很可能是因为在他们的研究样本中,建立了政企联系的企业原本就是那些绩效比较差的企业,而未必是由于政企联系降低了企业绩效。

差别较大。

据我们所知,徐浩萍和周键(Xu and Zhou,2008)是为数不多的采用事件研究法就我国政企联系的价值展开研究的经验文献。他们衡量了原上海市领导因"上海社保案"落马事件给相关企业造成的影响。2006 年 9 月 25 日《人民日报》披露了该领导因涉及上海市劳动和社会保障局违规使用社保资金被停职的消息,随后的 5 个交易日内,那些实际控制人为上海市政府或董事会成员有在上海市政府工作经历的上市公司的股票超额回报率为-2.21%,表明政企联系能够增进企业价值。

李宏彬等(Li et al.,2008)利用 2002 年工商联对全国 2 000 多家私营企业的调查数据考察私营企业政企联系的价值,发现私营企业主的党员身份有助于提高企业绩效(ROA 和 ROE),并且在市场机制和法律保护越薄弱的地区,上述效应越为明显。但李宏彬等(Li et al.,2008)的研究显示,企业家的人大代表、政协委员身份以及政府任职经历都没有对企业绩效产生显著的正面影响。陆铭和潘慧(2009)利用复旦大学 2006 年在广西柳州市开展的企业调研数据考察了企业家的人大代表和政协委员身份与企业绩效之间的关系,发现代表委员层级更高的企业家所在的企业有更高的利润水平。

陆毅(Lu,2011)利用 2004 年工商联私营企业调查数据所作的研究发现,政企联系有助于企业实现区域间的贸易扩张:具有人大代表身份的私营企业家更多地把企业的经营活动扩展到企业所在地之外的行政区域,而本地市场的销售份额有所下降。政企联系的贸易扩张效应与政企联系的层级密切相关,私营企业家的代表委员层级越高(比如担任市级、省级或以上人大代表),企业就越容易打破地域限制,把经营活动扩展到相应行政区域的市场之中。研究还发现,政企联系帮助企业实现贸易扩张,是通过增强产权保护和改善合约实施环境这两种机制发挥作用的。

由于企业调查数据不易获得,而上市公司定期通过季报/年报披露董事、监事和高层管理人员的任职信息,且企业高管的个人信息便于通过公开资料搜集获取,许多研究选取民营上市公司为研究对象。这样做的另一个好处是,企业调查数据多为横截面数据,而利用上市公司数据则能够方便地形成面板数据,有效扩大样本容量,从而获得更多的信息和更高的估计效率。

王庆文和吴世农(2008)、罗党论和黄琼宇(2008)以上市公司为样本的研究显示,政企联系对民营企业的价值和业绩具有显著的提升作用。陈任如和赖煜(2010)也发现企业高管身份对企业盈利能力(主营业务资产收益率 CROA)有显著的正面影响,并且高管的地方任职经历(省级及以下政府部门任职经历、省级及以下人大代表或政协委员任职经历)对企业盈利能力的正面影响要比中央任职经历(中央政府部门任职经历、全国人大代表或政协委员任职经历)的影响更为显著。吴文锋等(2008)也发现民营企业高管的地方政府背景对企业价值的正面影响要显著大于中央政府背景,但他们发现,整体而言高管的政府背景并没有对企业价值产生显著影响。

但也有一些关于企业绩效的研究并未发现政企联系对其具有显著的正面影响。杜兴强等(2009b)发现当不区分政企联系类别时,其对民营上市公司业绩无显著影响;区分不同政企联系类别后,研究显示政府官员类政企联系具有显著的负向影响,而代表委员类政企联系具有显著的正向影响。邓建平和曾勇(2009)以企业注册地作为政企联系的工具变量,发现在控制了政企联系和经营绩效的内生性关系后,政企联系程度越高,民营上市公司的经营绩效反而越差。李维安等(2010)也发现民营上市公司的政企联系程度越强,其财务绩效和市场绩效相对越差。

吴文锋等(Wu et al.,2012a)认为企业高管政企联系对企业价值的影响取决于企业的所有制性质。政企联系在帮助企业获得更多发展资源的同时也可能给企业带来政策性负担,政企联系对企业价值的综合影响取决于何种效应占据主导。对民营企业而言,资源获取效应较强,政企联系帮助企业获得了更多的政府补贴,有助于提高企业价值。而对地方国有企业而言,企业本身的所有制性质是比高管身份更为直接也更强的政企联系,因此高管的政企联系并不能帮助企业获取更多的额外资源。相反,国有企业高管的政企联系更多体现的是政府对企业的控制和干预能力,与政府关系密切的国有企业管理层不得不兼顾更多的政策性目标。研究发现,具有政企联系的国有企业的劳动力过度雇佣现象更为严重,政企联系损害了企业价值。

第三节　政企联系为企业带来了什么:经验研究

尽管许多学者倾向于认为政企联系有助于提升企业价值,这也是企业谋求建立政企联系的根本动力所在,但无论是来自国际还是国内的经验研究都未就政企联系究竟是正向影响企业价值还是负向影响企业价值达成一致。为厘清这一问题,学者们开始关注政企联系究竟为企业带来了哪些方面的好处,又导致了哪些不利的影响。现有的文献发现,政企联系可以帮助企业获得融资便利、税收优惠、政府补贴、行业准入等一系列"租金"(Khwaja and Mian,2005),给企业带来经济利益,但也会或明或暗地要求企业承担诸如"保增长、促稳定"的社会职能、要求企业积极参与公益事业等,这些都会给企业带来额外的负担,进而干扰企业决策、扭曲企业行为,更进一步地,政企联系还会使其他企业遭受不公平待遇,妨碍经济社会的运行效率(图 2-3)。

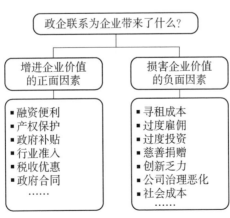

图 2-3　政企联系为企业带来了什么?
资料来源:根据现有文献整理而成。

按照对企业价值的影响方向为正还是为负,我们把已有经验研究发现的可能对企业价值具有影响的因素归纳为"增进价值的正面因素"和"损害价值的负面因素"两大类别。下面我们对此作一些说明。根据看待政府视角的不同,理论研究先后发展出"扶持之手"和"掠夺之手"两类政府模型①,后来就逐渐演变为一个经典的分析框架,被称为"扶持之手效应—掠夺之手效应"(helping hand effect or grabbing hand effect)分析视角。政企联系研究经常基于这个源自政府理论的分析视角就政企联系对企业价值的影响加以解释(Hopkin and Rodríguez-Pose,2007;Brown et al.,2009;Cheung et al.,2010):假如经验结果显示政企联系提高了企业价值,就表明"扶持之手"效应要超过"掠夺之手"效应;反之则反是。所谓"扶持之手"效应,实际上就是赫瓦贾和勉(Khwaja and Mian,2005)以及本书所指的那些有助于增进企业价值的那些"租金"。而所谓"掠夺之手"效应,就是官员会利用政企联系抽取企业价值,对企业进行掠夺。"扶持之手"效应将会正向影响企业价值,而"掠夺之手"效应将会负向影响企业价值。但实际上经验研究发现,政企联系给企业带来的负面影响并不只限于"掠夺之手"效应(Cheung et al.,2010),还包括由政府干预导致的政策性负担等一系列因素(Bertrand et al.,2007;Chen et al.,2011)。政企联系除了对建立了政企联系的企业具有负面影响之外,还具有负的外部性:那些没有建立政企联系的企业可能因此受到更为严重的不公平对待(Morck et al.,2005)。有鉴于此,我们在这里没有直接使用"扶持之手"效应和"掠夺之手"效应的提法,而是作了更为严谨的表述。

一、增进企业价值的正面因素

(一) 融资便利

融资便利是被讨论得最多的一项"租金"。该类文献也是关于政企联系与企业价值的研究之外,政企联系实证研究中最为主要的一个分支。企业既可以

---

① 具体可参见本书第二章第一节的文献回顾。

用负债的方式筹集资金(其中银行信贷是最主要的来源),也可以通过股权融资的方式筹集资金,相应地,具有政企联系企业的融资便利也来源于银行信贷和股权融资两个方面。

银行贷款方面,由于银行的股东背景会显著影响其放贷行为,有政府背景的国有银行的放贷偏好会更多地受到政治目标的主导。萨皮恩扎(Sapienza,2004)关于1991—1995年间意大利银行放贷行为的研究显示,国有银行更偏爱大企业和来自经济落后地区的企业,给予这些企业更为优惠的贷款利率。他还利用1989年、1992年和1994年意大利三次大选的投票数据提供了进一步的经验证据。意大利国有银行行长分属五个不同派别,萨皮恩扎(Sapienza,2004)计算了大选中每个党派在各个省份的支持率,发现贷款企业所在省份某一党派的支持率越高,则与该党派存在关联的银行就会为当地企业提供更低利率水平的贷款。丁奇(Dinç,2005)考察了1994—2000年43个国家249家银行在选举年份的放贷行为,发现相比于私有银行,国有银行会出于政治动机显著增加提供给企业的贷款额度,增加幅度达到国有银行贷款总量的11%。

赫瓦贾和勉(Khwaja and Mian,2005)对巴基斯坦9 000多家企业1996—2002年与银行之间的借贷行为所作的研究表明,银行会明显偏向建立了政企联系的企业。尽管这些企业的贷款违约率比其他企业高50%,但所获得的平均贷款额度却更大,并且此种偏向主要来自国有银行而非私有银行。研究还发现,当与企业存在关联的政治家的实力增强时,相关企业所获得的租金收益有所上升;而当政治家的实力被削弱时,相关企业所获得的租金收益有所下降。据他们估算,仅银行信贷一项,建立了政企联系的巴基斯坦企业获得的租金收益就占到每年GDP的0.3%~1.9%。

约翰逊和米顿(Johnson and Mitton,2003)利用马来西亚数据所作的研究和法西奥(Faccio,2007)利用来自47个国家16 000多家企业的微观数据所作的研究都表明,相比于其他企业,建立了政企联系的企业有更高的资产负债率,表明这些企业更容易获得银行信贷。博巴科里等(Boubakri et al.,2009)的跨国研究也表明，企业建立政企联系后，其信贷获得能力显著提高，具体表现为负债率显著上升、资金变现能力显著增强、债务期限显著延长。

法西奥等（Faccio et al.，2006）也发现建立了政企联系的企业负债水平显著高于其他企业。他们还结合接受政府援助前后两类企业负债率的变化进一步检验了政企联系对企业融资的影响。研究显示，具有政企联系企业的负债率从接受援助之前的约 40% 迅速攀升到接受援助之后的约 50%，而其他企业负债率的变化很小，基本稳定在 26% 左右。这一发现表明贷款人实施了差别化的贷款标准，对具有政企联系的企业的贷款标准更为宽松。可能的原因是，贷款人相信，这些企业即使发生财务困难，政府也会施以援手，其贷款违约风险相对较低。

克莱森斯等（Claessens et al.，2008）针对巴西选举的研究表明，捐献有助于在选举后形成包括信贷优惠在内的有利于捐献企业的政策方针。他们发现，对于那些有捐献的企业，银行信贷负债占总资产比重在一个选举周期内的增速要显著高于没有捐献的企业，说明捐献企业能够优先获得银行贷款。

查路米尼德等（Charumilind et al.，2006）关于 1997 年亚洲金融危机前 270 家泰国上市公司的经验研究表明，与政治家或银行有良好关系的公司更容易获得长期贷款，所需的抵押物更少，同时此类企业更少使用短期贷款。由于拥有充足的资金来源，此类企业在金融危机中受到的冲击较小，其利息保障倍数（interest coverage ratio）和税前利润率均更高。

休斯顿等（Houston et al.，2014）研究了 2003—2008 年美国标准普尔 500 强企业的银行贷款成本。他们以企业贷款利率与伦敦银行同业拆借利率（LIBOR）之差衡量企业的借贷成本，发现与其他企业相比，董事会成员与政治家具有良好关系的企业能够以更低的成本获得银行贷款。休斯顿等（Houston et al.，2014）还以 2006 年美国中期选举作为自然实验，利用双重差分方法估计民主党在该次选举中获胜对相关企业借贷成本的影响。他们发现，中期选举之后，与民主党存在关联的企业借贷成本显著下降，而与共和党存在关联的企业借贷成本则有所上升。

洛茨和奥伯霍尔泽-吉（Leuz and Oberholzer-Gee，2006）关于政企联系与企业财务策略的研究也为关联企业的融资便利提供了间接的证据。他们就印度尼西亚130家企业所作的分析表明，在新兴市场国家的企业普遍通过海外上市筹集资金的背景之下，与印尼时任总统苏哈托家族存在关联的企业却很少这样做，原因在于政企联系能够帮助这些企业获得充裕的国内资金支持。他们还发现，当与苏哈托持不同政见的瓦希德（Wahid）上台后，这些企业寻求海外上市的动机增强了，原因很可能是他们不再能享受到来自国内的信贷优惠。

除了来自银行信贷方面的融资优惠之外，政企联系还能为企业带来股权融资方面的便利。博巴科里等（Boubakri et al.，2012）研究了1997—2001年25个国家2 537家公司的权益资本成本（the cost of equity capital）与政企联系的关系，发现建立了政企联系的企业权益资本成本显著低于其他企业。可能的原因是，外部投资者认为这些企业的运营风险较低，相应地，对资金回报的要求也比较低。博巴科里等（Boubakri et al.，2012）还发现，一国的治理环境越弱、企业的政企联系越强，上述效应就越显著。

关于我国民营企业的研究也发现政企联系可以帮助企业获得融资便利（胡旭阳，2006；白重恩等，2005；余明桂和潘红波，2008；罗党论和甄丽明，2008）。胡旭阳（2006）以浙江省2004年百强民营企业为研究样本，发现企业家的代表委员身份降低了民营企业进入金融业的门槛，提高了民营企业的资本获得能力，促进了企业的发展。白重恩等（2005）利用全国工商联对民营企业的调查数据研究影响民营企业获得银行贷款难易程度的因素，发现在借贷双方的信息不对称和借款方道德风险问题得到较好解决的情况下，民营企业更容易得到贷款。余明桂和潘红波（2008）以我国1993—2005年在沪深交易所上市的民营企业为样本，发现建立了政企联系的企业比其他企业获得了更多的银行贷款，有更高的资产负债率。他们还发现，企业所在地区的金融发展越落后、法治水平越低、政府对产权的侵害越严重，政企联系的银行贷款效应就越强。

范博宏等(Fan et al.，2008)以我国1995—2003年间23位省部级官员的腐败案件作为自然实验,利用双重差分策略考察政企联系对企业负债率和债务期限结构的影响。研究发现,与其他企业相比,腐败官员落马后,无论是直接涉案的企业,还是虽未涉案但有高管因工作关系与落马官员熟识的企业,负债率都明显下降,其中又以长期负债的下降最为显著,而短期负债的变化则较小。范博宏等(Fan et al.，2008)的经验结果表明政企联系能够帮助企业获得更多的银行贷款尤其是长期贷款。

弗斯等(Firth et al.，2009)利用世界银行和国家统计局企业调查总队于2003年联合进行的一项企业调查数据,考察我国私营部门中银行信贷资金的分配情况。这项调查覆盖我国5个省区共18个城市的2400多家企业,其中1800多家为民营企业。研究发现,商业利益和政企联系都是商业银行在发放贷款时所要考虑的关键因素,银行更愿意把资金贷给盈利能力良好、治理结构完善的企业,而假如政府是企业的小股东,也有利于企业获得更多的贷款。他们还发现,对制造业企业、位于金融发达地区的企业而言,商业利益是银行放贷决策中更为优先的考虑因素,对服务业企业、位于金融欠发达地区的企业而言,政企联系是更为重要的考虑因素。

弗朗西斯等(Francis et al.，2009)考察了1994—1999年间我国423家企业在股票市场首次公开发行(IPO)的情况,发现在IPO过程中政企联系能为企业带来明显的优惠,相比于其他企业,建立了政企联系的企业股票首发价格更高、IPO折价更小、固定发行成本更低。

前述研究多以银行贷款占总资产的比率为研究对象,但事实上除了银行信贷之外,民营上市公司还可通过股权再融资的方式筹集资金,更低的负债率并不必然意味着企业在获得银行信贷方面遭遇瓶颈,也可能是因其能够更便利地获得股权再融资。要验证政企联系便利了民营企业融资,有必要提供政企联系缓解企业融资约束的直接证据。罗党论和甄丽明(2008)以投资—现金流敏感度作为企业融资约束的衡量指标,利用我国民营上市公司2002—2005年的数据样本检验了政企联系对减轻融资约束的作用,发现建立了政企联系的民营企业,投资对内部现金流的依赖程度较小,表明其进行外部融资时所受的约束更少。谭松涛等(2011)利用我国地级市市委书记变更这一外生事件衡量上市公司政企联系的变动,考察政企联系变化对企业投资—现金流敏感度的影响,研究发现市委书记更换后当地上市公司的投资—现金流敏感度显著提高,表明市委书记更换后企业投资更依赖于内部资金,融资约束变大,并且上述效应对于非家族企业更为显著。

(二) 产权保护

在西方主流标准中,完善的产权和契约制度被列为经济持续增长的必要条件(Allen et al., 2005)。但我国企业特别是民营企业的成长却是在产权和契约长期得不到法律有效保护的状况之下取得的(Che and Qian, 1998)。许多学者认为政企联系作为正式制度的一种替代机制,在功能上起到了保护企业产权的作用,有助于减少来自政府的侵害(罗党论和唐清泉,2009a;杨其静,2010;胡旭阳,2010)。另外,地方政府是契约执行中的重要第三方(渡边真理子和柳川范之,2009),建立了政企联系的企业,经营活动中合同被履约的概率较高。

李胜兰等(2010)以广东民营企业产权纠纷作为研究案例,发现政府的随意执法现象随着民营企业家地位的提高而降低。王永进和盛丹(2012)的研究是首篇为政企联系的产权保护替代功能提供直接证据的经验文献。他们利用世界银行2003年针对分布在我国15个省区共18个城市的企业所作的投资环境调查数据分析了政企联系对企业契约实施环境的影响。研究以商业纠纷中企业的契约和产权被保护的概率来衡量企业的契约实施环境。结果显示,民营企业的契约实施环境显著差于国有企业,而政企联系可以有效降低民营企业遭受的法律歧视、改善其契约实施环境。潘红波等(2008)基于企业并购绩效的研究也为政企联系的产权保护替代功能提供了间接的证据。他们发现,在地方政府干预地方国有企业并购活动进而导致盈利企业的并购绩效显著下降的背景下,政企联系作为法律保护的替代机制,可以保护企业产权免受政府的侵害。

(三) 政府补贴

企业会通过与政府建立密切联系的方式俘获掌握着财政补贴支配权的政府官员,进而获得更多的财政补贴收入(Faccio et al.,2006;余明桂等,2010)。法西奥等(Faccio et al.,2006)利用1997—2002年来自35个国家450家企业的数据,考察了政企联系与政府援助行为(bailout)的关系。为缓解企业异质性对分析的影响,他们以地区、行业和企业规模为标准,为建立了政企联系的企业寻找与之具有相似企业特征但未建立政企联系的企业作为配对样本。研究结果表明,建立了政企联系企业更有可能获得政府救助;当政府获得国际货币基金组织(IMF)或世界银行(World Bank)的资金援助时,这些企业可以得到国外援助资金中相当大的份额。

余明桂等(2010)研究了政企联系是否能给我国企业带来更多的财政补贴。他们以2002—2007年民营IPO上市公司为样本的研究显示,与地方政府建立密切联系的民营企业能够获得更多的财政补贴,而中央政府背景则没有这种补贴获取效应。他们还发现,在制度环境越差的省份,政企联系的补贴获取效应越强。吴文锋等(Wu et al.,2012a)的经验证据同样表明,政企联系有助于民营企业获得更多的政府补贴。罗党论和唐清泉(2009b)利用2002—2005年民营上市公司数据所作的研究也显示,建立了政企联系的企业获得的补贴要显著高于其他企业。

潘越等(2009)对2002—2007年沪深两市ST公司所作的研究发现,当企业陷入财务困境时,政企联系能够帮助企业获取政府补助,这一效应对民营企业显著而对国有企业不显著,并且只有在地方财政财力充足、政府干预程度较高的地区,民营企业才能利用政企联系获得更多的政府补助。

(四) 行业准入

穆巴拉克和普巴莎丽(Mobarak and Purbasari,2006)的研究表明,与时任总统苏哈托存在关联的印度尼西亚企业更容易获得原材料的进口许可和本地市场的销售许可。保守估计,这些企业获得许可的可能性约为其他企业的3

倍。基于政企联系的许可证分配制度帮助这些企业形成了市场垄断势力,并造成了下游厂商和消费者的福利损失。

邦坎瓦尼查和维瓦塔纳唐(Bunkanwanicha and Wiwattanakantang, 2009)发现,泰国的企业家会通过竞选等方式进入政府决策层,制定实施有利于本企业的公共政策和规制政策①,使本企业获得更大的市场份额。基于短期事件研究的经验证据表明,在上述政策出台期间,具有政企联系企业的股票超额回报率显著上升。

法西奥(Faccio,2007)通过跨国研究发现,在 47 个国家里,建立了政企联系的企业市场份额要显著高于其他企业,原因可能是这些企业更容易进入规制性行业、进而在市场中建立起垄断地位。

罗党论和刘晓龙(2009)以 2004—2006 年我国民营上市公司为样本的研究发现,在市场化改革逐步深入、部分政府规制性行业逐渐允许民营资本进入的背景下,政企联系能够有效帮助民营企业突破行业准入壁垒,进入传统的国有主导行业(如能源、采矿、汽车制造等),进而提高企业绩效。罗党论和唐清泉(2009b)利用 2002—2005 年的更早期样本也发现了类似的结果,建立了政企联系的企业更加容易进入到传统规制性行业和房地产等高盈利行业。

(五) 税收优惠

在发展中经济体里,政府为鼓励经济增长,通常会制定一些针对特定企业的税收优惠政策。但这些政策在具体实施过程中往往有很大的弹性空间。在每家企业适用优惠税率的决定上,政府官员拥有较大的支配权力和决策空间(吴文锋等,2009)。阿迪卡里等(Adhikari et al., 2006)利用 1990—1999 年马来

---

① 这些政策具体包括:2001 年 11 月 9 日起,外资持股超过 25% 的企业被禁止进入电信行业;2003 年 1 月 21 日起,电信企业利润上缴财政的比例由最高 30% 下调至 10%;2002 年 4 月 10 日,一家具有政企联系的企业宣布,公司需向政府缴纳的许可费较以往大幅下降,同时还得到了一项新的政府许可业务;2003 年 11 月 20 日,另一家具有政企联系的企业宣布,公司某项业务的销售利润获得为期 8 年的免税优惠。

西亚上市公司的面板数据所作的经验研究表明,建立了政企联系的企业实际税率(也称有效税率,effective tax rate)显著低于其他企业。法西奥(Faccio,2007)的大样本企业微观研究也表明,具有政企联系的企业享有更低的实际税率。

吴文锋等(2009)以1999—2004年在沪深两地上市的民营企业为样本,考察公司高管的政府背景对企业获取所得税优惠的影响。研究发现,无论是在所得税的适用税率上还是在实际所得税率上,具有政企联系的企业都要显著低于其他企业,并且企业所在地区的税外负担越重,这些企业获取的税收优惠就越多。吴文锋等(2009)还发现,2002年中央政府取消地方政府实行的企业所得税"先征后返"优惠政策、压缩了地方政府官员的自主决策空间之后,上述企业获取的所得税优惠有所降低。吴文锋等(Wu et al.,2012b)也发现政企联系能够帮助民营企业获得更为优惠的所得税税率。

(六) 政府合同

戈德曼等(Goldman et al.,2013)以美国标准普尔500强企业为样本,选取1994年美国中期选举和2000年总统选举作为自然实验,讨论了政企联系是如何影响政府采购合同分配的。1994年中期选举后,众参两院的控制权由民主党转向共和党,以及共和党领导人乔治·布什在2000年总统选举中胜出,这两个事件都标志着共和党势力的增强,因而在政府合同的分配决策中拥有更大的话语权。无论是基于长期事件研究法还是双重差分方法的估计结果都显示,上述两次事件之后,与共和党存在关联的企业所获得的政府合同显著增加,而与民主党存在关联的企业所获得的政府合同则显著下降。结论表明政企联系会影响政府资源的分配,具有政企联系的企业会受到优待。

二、损害企业价值的负面因素

(一) 寻租成本

无论是建立政企联系还是维持政企联系,企业都需要投入大量资源。政治人物不会无偿为企业提供稀缺资源,企业必须把租金的一部分让渡给政治人物(杨其静,2010b)。政治人物越强势,租金抽取份额就越高(Shleifer and

Vishny,1994)。寻租成本一般以租金总额为上限(Tullock,1980;1994)。借鉴墨菲等(Murphy et al.,1993)关于寻租活动的分类,我们可以把租金的让渡形式划分为两种类型:一是资源和财富从企业向国家的再分配,表现形式为政府掠夺;二是资源和财富从企业向政府官员的再分配,表现形式为贿赂和腐败。由于贿赂和腐败具有隐秘性,尚没有经验文献直接考察政企联系与贿赂和腐败之间的关系,张仁良等(Cheung et al.,2010)等学者从政府掠夺的角度讨论了寻租的成本。

张仁良等(Cheung et al.,2010)以2000—2001年我国上市公司与其国有控股股东之间发生的181起关联交易为切入点,检验政企联系为上市子公司带来的究竟是正面影响还是负面影响,也即国有母公司究竟是向子公司输送利益还是从子公司攫取资源。研究发现,相比于由中央政府控股的企业,由地方政府控股的企业以及董事会成员中地方政府背景董事所占比例越高的企业更容易遭受掠夺,而国有母公司和作为其实际控制人的地方政府则从关联交易中获益。关联交易的信息一经披露,股价下跌引发的上市公司市场价值损失占到关联交易金额的近1/2。对国有上市公司而言,地方政府扮演了"掠夺之手"的角色,并且掠夺现象在腐败惩治不力的地区更为严重。

潘红波等(2008)通过对2001—2005年我国地方国有上市公司并购绩效的考察,也发现政府干预对企业存在掠夺效应。他们发现,地方政府为实现其政策目标,有很强的动机干预国有企业的并购活动,对企业的并购绩效产生了显著的负面影响。冯延超(2012)的研究则提供了来自税赋负担方面的证据。与吴文锋等(2009)认为政企联系可帮助企业获取所得税优惠有所不同,冯延超(2012)以2006—2009年民营上市公司为样本的经验研究显示,建立了政企联系的企业为维护既有地位,承担了更多的税收负担:他们的综合税赋要显著高于其他企业,且政企联系越强则综合税赋也越高。

(二) 过度雇佣

施莱弗和维什尼(Shleifer and Vishny,1994)、博伊科克等(Boycko et al.,

1996)、伯川德等（Bertrand et al.，2007）等学者指出，为了实现保障就业等政策目标，政府官员会向具有政企联系的企业提供补贴，换取企业对劳动力的超额雇佣。伯川德等（Bertrand et al.，2007）以法国企业为样本，考察建立了政企联系的企业是否会出于政治目的而改变员工雇佣策略。他们发现，在选举年份，这些企业的 CEO 为了帮助与之关联的政治家获得更多的选票，会通过开设新工厂等方式创造更多的就业机会，同时很少关闭现有工厂以避免裁员。在选举竞争越激烈的地区，上述效应越显著。政企联系直接导致企业劳动力成本的上升。

梁莱歆和冯延超（2010）以 2006—2009 年我国民营上市公司为样本，分析了政企联系与企业雇佣行为的关系。他们发现，相比于其他企业，建立了政企联系的企业有更高的雇员规模和薪酬成本，并且政企联系越强，雇员规模就越大，薪酬成本也越高。这一经验证据表明，政府为实现"保就业、促增长、护稳定"的政策目标，会伸出有形之手干预企业运行，建立了政企联系的企业为维持既有地位，需要承受更多的政策性负担。郭剑花（2011）以 2004—2008 年民营上市公司数据所作的经验研究也表明，具有政企联系的民营企业容易受到政府干预，从而承担较重的雇员负担，并且企业所在地区的制度环境越差，负担就越重。

刘慧龙等（2010）认为，政企联系一般通过具有政治身份的高管发挥作用，而这些高管带给企业的影响究竟是正面的还是负面的，取决于企业聘任他们的动机以及相对应的激励安排。刘慧龙等（2010）以高管薪酬激励设计为切入点，讨论了企业高管政治身份与员工配置效率之间的关系。就国有企业而言，政府希望通过具有政治身份的高管加强对企业的干预和实现保障就业等政策目标。为了激励高管实现上述目标，国有企业会弱化高管薪酬与公司业绩之间的联系，降低高管关心公司业绩水平的动力、增强其对政府政策目标的考量。这样，国有企业中具有政治身份的高管会倾向于雇佣更多的冗员。就民营企业而言，聘任具有政治身份高管的主要目的在于希望其利用资源为企业创造价值。为了激励高管实现上述目标,民营企业会强化高管的薪酬—业绩敏感度。这样,民营企业中具有政治身份的高管出于公司业绩考虑,会努力改善企业的员工配置效率,降低冗员程度。

(三) 过度投资

按照投资理论,追求价值最大化的企业应当遵循净现值(NPV)原则作出投资决策,制定最优的投资水平。但是,委托代理冲突和政府干预都可能使得投资偏离最优水平,导致过度投资,也即投资于净现值为负的项目。首先,当经营权和所有权相分离的时候,企业决策者并不能获得最大化企业价值的全部好处,于是代理问题就产生了:出于在职消费和个人私利的考虑,经理人往往会片面追求规模扩张、建立"企业帝国",造成过度投资(Jensen, 1986;Stulz, 1990)。具有政企联系的企业较少受到融资约束的限制,自由现金流更为充裕,因而过度投资问题可能更为严重。其次,以政企联系为媒介施加的政府干预会使得企业的目标函数被政府偏好所主导(Lin et al., 1998),进而导致投资的低效率。[①]

张敏等(2010)以及梁莱歆和冯延超(2010)等学者以我国民营上市公司为研究样本,并利用理查德森(Richardson, 2006)提出的过度投资识别策略,就政企联系是否会导致民营企业投资过度作了考察。张敏等(2010)的研究发现,建立了政企联系的企业更容易获取银行长期贷款,但获得贷款后往往会进行过度投资。梁莱歆和冯延超(2010)也发现,具有政企联系的民营企业更有可能投资过度。[②]

---

① 从事前角度看,受政府干预较多的企业可能因为需要执行政府政策而错过良好的投资机会;从事后角度看,当投资项目发生亏损时,受政府干预较多的企业往往不能及时终止项目或削减后期投资,因为那样做可能违背政府政策。

② 必须指出,理查德森(Richardson, 2006)过度投资识别策略的合理性是有争议的。理查德森(Richardson, 2006)以投资水平对投资机会、负债率、现金持有量、规模等企业特征变量进行回归,将残差大于 0 的企业认定为过度投资企业。事实上,残差大于 0 仅表明该企业在保持其他条件不变的情况下有更多的投资(确切地说是纳入回归方程的可观测变量保持不变,投资还可能与某些没有纳入回归方程的非观测因素相关),并不意味着企业必然把投资耗费在了负净现值的项目上(也即投资过度)。以此为标准判定企业投资过度可能是欠合理的。

（四） 慈善捐赠

具有政企联系的民营企业出于维持既有关系的考虑,需要对各级政府的捐赠号召作出积极回应(杜兴强等,2010);与此同时,民营企业家参政议政提升了自身的社会关注度,被公众赋予更高的道德要求,需要承担更多的社会责任(梁建等,2010)。上述两个方面的原因使得政企联系将会显著影响企业的捐赠行为。

梁建等(2010)基于工商联 2006 年全国民营企业抽样调查的研究以及高勇强等(2011)基于工商联 2008 年民营企业抽样调查的研究都发现,民营企业家担任人大代表和政协委员,会对企业的慈善捐赠行为和捐赠水平产生显著的正面影响。杜兴强等(2010)利用 2004—2006 年民营上市公司数据所作的经验研究显示,代表委员类政企联系对企业捐赠金额有显著的正向影响,而政府官员类政企联系对捐赠金额则无显著影响。为克服内生性问题对分析结果的影响,贾明和张喆(2010)以 2008 年"5·12"汶川地震这一突发自然灾害入手,分析上市公司捐赠行为对自然灾害的反应。他们就 1182 家上市公司对灾区慈善捐赠所作的研究表明,建立了政企联系的上市公司更倾向于参与慈善捐款,且政企联系越强则捐款水平更高,而当公司所在地区的外部法制环境较为完善时,政企联系对慈善捐款的促进作用会有所减弱。

（五） 创新乏力

假如制度性扭曲导致寻租收益超过生产性收益,那么无论是劳动力还是企业家资源,都会被配置到非生产性领域而不是生产性领域和创新活动(Magee et al.,1989;Baumol,1990;Murphy et al.,1991,1993)。类似地,当企业能够通过诸如政企联系这样的非市场机制获得发展资源等"租金"并进而形成竞争优势的时候,就没有动力从事研发活动(Peng et al.,2008,2009)。原因在于,创新项目的周期一般都较长,项目成功与否也有很高的不确定性,更为严重的是,在产权保护薄弱的制度背景下,创新活动长周期的特征意味着容易遭受更多的盘剥和掠夺(Murphy et al.,1993)。莱宾斯坦(Leibenstein,1966)在就企业的"X非效率"加以解释的时候也曾指出，当企业能够依靠非市场的力量获得超额利润时，就会缺乏进一步改善经营效率以及寻求节约成本的生产技术的动力，放松内部管理和技术创新。

杨其静（2011）是首篇就政企联系与企业研发行为展开理论研究的国内文献。他们构建了一个双寡头纵向产品差异化市场中企业在政企联系和能力建设之间进行权衡的理论框架。在该框架下，企业可支配的资源是有限的，企业既可以把资源用于构建与政府的紧密联系，更多地获取由政府掌控的公共资源以降低生产成本，也可以把资源用于产品研发，提高产品品质以争取高端消费者并掌控定价权。分析表明，假如政府掌握大量公共资源并有充分的自由处置权，而同时知识产权保护乏力和创新能力不足，那么企业通过能力建设提高产品品质非常困难，企业将倾向于建立政企联系而不是能力建设。

陈爽英等（2010）利用2006年全国民营企业抽样调查数据所作的经验研究表明，民营企业家的政治身份对企业的研发投资倾向和研发投资强度都有显著的负面影响。他们认为，民营企业家通过政企联系获取了租金收益后，更倾向于选择经营风险低、市场稳定、获利快的项目进行投资，而不愿从事风险高、研发周期长、市场不确定的创新活动。江雅雯等（2011）使用世界银行2002—2004年间在我国120个城市开展的投资环境调查数据考察了政企联系对企业创新活动的影响，发现CEO由政府任命的企业更少从事创新活动，也即被动形成的政企联系弱化了企业的创新动力。

（六）公司治理恶化

洛茨和奥伯霍尔泽-吉（Leuz and Oberholzer-Gee，2006）认为，与时任总统苏哈托家族存在关联的印度尼西亚企业很少寻求海外上市，原因除了其更容易得到来自本国内部的资金支持之外，规避海外上市的严格审查和监管也是重要的动机。海外证券市场对中小投资者的保护更为完善，对公司内部治理的要求更为严格，一旦进行海外上市就势必要服从监管规则，还会吸引海外分析师和国际商业机构的追踪分析，要掠夺投资者、谋取私利就更为困难了。具有政企联系的企业大多不进行海外上市，没有外在的监管压力，公司治理就可能趋于恶化。

钱尼等(Chaney et al.，2011)在考察了2001—2005年19个国家近5 000家上市公司的政企联系与会计信息质量的关系后发现，政企联系会显著降低企业的会计信息质量。具有政企联系的企业的信息披露动机普遍较弱，原因有三：其一，这些企业从政企联系中获得超额利润，不愿向外界披露此类信息；其二，会计信息质量过低会受到监管部门惩罚，而政企联系可以保护企业免受惩罚；其三，一般而言，会计信息质量下降会导致债务融资成本上升，但由于政企联系的作用，这些企业的债务成本却不受影响。也就是说，这些企业非但不会因为会计信息质量下降受到任何实质性的不利影响，相反，较低程度的信息披露更便于企业从政企联系中得利。

关于我国的经验研究也显示政企联系对公司治理具有负面影响。杜兴强等(2009a)以2004—2006年我国民营上市公司为样本的经验研究表明，政企联系降低了公司的会计稳健性。雷光勇等(2009)的研究显示，具有政企联系的上市公司在选择审计师时，通常不愿意选择在业内具有高公信力和高审计质量的"四大"会计师事务所，而是倾向于选择那些改制前曾隶属于各级政府的事务所。

（七）政企联系的社会成本

政企联系虽可为企业的生存和发展提供更为有利的外部环境，但这也意味着其他企业可能遭受更为严重的不公平对待(杨其静，2010b)。政企联系给特定企业带来的"租金"往往是以其他企业的福利损失为代价的。比如莫克等(Morck et al.，2005)就曾指出，具有政企联系的企业为了维护并巩固自身地位，会利用其影响力扭曲公共政策，在其他企业的成长道路上"挖掘更深的经济壕沟"。

一些研究探讨了政企联系作为一种银行信贷和政府补贴分配机制所导致的资金配置扭曲问题。范博宏等(Fan et al.，2008)以我国官员的腐败案件作为自然实验所作的研究发现,腐败官员落马后,具有政企联系企业的负债率明显下降,表明这些企业更容易得到信贷资金。但从资产收益率(ROA)、净资产收益率(ROE)、销售回报率(ROS)、营业利润率(operating margin)等绩效指标来看,具有政企联系的企业在腐败案发前三年的企业绩效并不比其他企业更好,案发后三年的绩效却要显著低于其他企业。也就是说,更易获得银行贷款的企业并非经营效率更高的优质企业,政企联系扭曲了信贷资金的配置效率。克莱森斯等(Claessens et al.,2008)针对巴西选举的研究表明,进行捐献的企业能够优先获得银行贷款,此类具有偏向性的银行信贷会扭曲投资,由此造成的社会福利损失大约占到巴西每年 GDP 的 0.2%。

与政企联系导致的信贷资金配置扭曲相比,政府补贴的扭曲更为严重。基于政企联系的财政补贴资金分配机制给经济效率造成了双重扭曲(Faccio et al.,2006)。首先,与资本市场通过把资金配置到盈利能力最强的企业进而实现资金的有效配置不同,政府救助的对象往往是那些难以从资本市场获得资金的企业,从这个意义上讲,政府的援助行为本身就是一种低效率行为;其次,政企联系会显著扭曲援助资金的配置,资金更多地被配置到效率更低但具有政企联系的企业中去了。除了资金分配的低效率之外,政府补贴引致的激励扭曲也是造成社会效率损失的关键因素。因为当寻租收益超过生产性收益时,企业将不再专注于生产性和创新性活动,而是转向非生产性的寻租活动。

法西奥等(Faccio et al.,2006)讨论了政府救援的经济后果,他们发现在受到政府援助的企业中,具有政企联系的企业在受援助的当年和随后两年里,绩效都要显著差于其他企业,前者的资产收益率(ROA)比后者低 6.19~8.05个百分点。余明桂等(2010)基于我国民营上市公司的经验证据发现,具有政企联系的企业虽然从地方政府那里获得了更多的补贴收入,但这些补贴非但没有提高企业绩效,反而损害了绩效,即便从社会效益上看,这些补贴也没有贡献更多的税收收入和就业机会。邵敏和包群(2012)利用广义倾向评分匹配方法考察了政府补贴对企业生产效率的影响,他们发现一旦企业获得的政府补贴超过一定阈值,就会显著抑制企业生产率水平的提高,原因就在于当补贴过高时,企业更有兴趣将资源进行"寻补贴"投资,而不是用于提高生产效率。

潘越等(2009)基于我国 ST 上市公司的经验研究也显示政企联系会导致政府补助资金的低效率配置。他们发现政府补助虽能明显改善受补助企业的当期业绩,但对企业长期业绩的改善效果因政企联系强弱和企业性质的不同而存在差异,政府补助显著提升了政企联系较弱的民营企业的长期业绩,但对于国有企业和政企联系较强的民营企业则收效甚微。

第四节　经验研究策略评述

在政企联系的前期经验研究中,较为常用的研究策略主要有事件研究法、横截面回归、面板回归以及双重差分方法等。下面我们就对这些方法的核心思路和主要优缺点进行简要评述。

在就政企联系对企业价值的影响展开分析时,事件研究法被采用得非常之多,比如罗伯茨(Roberts,1990)、菲斯曼(Fisman,2001)、拉马略(Ramalho,2004)、菲斯曼等(Fisman et al.,2012)、法西奥(Faccio,2006)、贾雅昌卓安(Jayachandran,2006)、奈特(Knight,2006)、戈德曼等(Goldman et al.,2009)、法西奥和帕斯利(Faccio and Parsley,2009)以及阿西莫格鲁等(Acemoglu et al.,2013)等等。事件研究的基本思路是,选择会导致政企联系价值发生潜在变化的事件作为事件窗口,比如政治人物的上台、下台或死亡等等,捕捉事件窗口内具有政企联系企业的股价超额回报率[①]与其他企业股价超

[①]　超额回报率是指以事件为条件的真实回报率与不以事件为条件(但包含除该事件外的其他信息)的"正常"(normal)回报率之差,后者由研究选定的预期收益模型(expected return model)估计得到。

额回报率之间的差异。① 由于事件窗口通常较短(一般为事发后的几天到 1 周时间),企业基本面的情况一般来不及发生实质性变化,股价的变动仅仅来自市场投资者关于政企联系价值的预期。因此事件研究法可以成功分离和识别出政企联系的价值。以政治人物死亡的事件为例,假如事件发生时具有政企联系企业的股价超额损失超过其他企业,那么就可以认定政企联系有助于提升企业价值。

事件研究法的有效性依赖于两个前提:一是选定的事件具有突发性,不可在事前被市场预知,否则市场就会提前对该事件有所"反应";二是事件窗口内没有其他事件的干扰,否则市场反应中就会包含来自其他事件的噪音。研究事件的选取和研究窗口的选择是事件研究法的精要所在,假如前述的两个有效性条件得到满足,那么该策略所得到的结果自然地可以被解释为"因果关系",也即捕捉到的企业价值提升确实是由政企联系(而非其他因素)所导致的。

但在实际应用中,前面的两个条件未必总是满足。比如在法西奥(Faccio,2006)的研究中,政治人物担任企业董事会成员或企业高管当选为政治领袖的消息,事前并非完全不被市场所知,现实中常常有信息提前泄露的情况发生,这就会影响事件的"突发性";又比如在罗伯茨(Roberts,1990)的研究中,参议员杰克逊(Jackson)意外死亡前后,正巧有一架波音客机失事,我们很难分辨出股价变动究竟是因为杰克逊去世还是因为客机失事。

除上述两个前提之外,事件研究法还隐含了资本市场的有效性假定,也即股价能够真实反映公司价值,市场关于政企联系价值预期的改变能够即时体现为公司股价的变化。这一假定在美国等市场成熟度较高的国家当然不会成为问题,但假如研究对象是处于转型经济体或新兴市场国家的企业,事件研究法

---

① 法西奥(Faccio,2006)的事件研究思路与上述做法略有不同。法西奥(Faccio,2006)以企业家参与政治活动或政治家被提名为公司董事会成员作为研究事件,考察事件窗口内相关公司股票的累积超额回报率。

的可靠性就需要谨慎对待。以我国为例，徐莉萍等（2006）就曾指出，我国股票市场的有效性程度远低于西方成熟市场。

事件研究法的巧妙性和经典性在于寻找"突发事件"，但这在客观上决定了此类研究往往是小样本研究，估计结果可能失真（Faccio and Parsley，2009）。另外并不是在每一个国家或地区的相关研究中都能找到类似的"突发事件"或"意外事件"，故而在应用的一般性上有所欠缺。此外，事件研究法的研究对象为股价的超额回报率，这就导致该方法适用的研究范围局限于"政企联系如何影响企业价值"，而无法进一步识别具体的作用机制。要考察政企联系的具体作用机理，需要针对企业的融资、税赋、政府补助等相关主题展开细致研究，此时事件研究法就无能为力了。

相比之下，回归分析不要求寻找影响政企联系价值的"突发事件"，研究的被解释变量也不限于股票价格，可拓展到企业绩效、负债率、税率等诸多主题，因而该研究范式适用范围更广，对后续研究具有更为一般化的借鉴意义。回归分析中，比较常见的方法有横截面回归（cross-sectional regression）和面板回归。利用单次调研数据开展的经验研究多采用横截面回归技术，比如李宏彬等（Li et al.，2008）、陆铭和潘慧（2009）以及白重恩等（2005）；利用追踪数据开展的经验研究多采用面板回归技术，比如赫瓦贾和勉（Khwaja and Mian，2005）、阿迪卡里等（Adhikari et al.，2006）、吴文锋等（2008）以及余明桂和潘红波（2008）。

回归分析最大的挑战来自对政企联系的估计系数是否具有"因果含义"（causal interpretation）的质疑。假如内生性问题没能得到有效控制，回归系数就只能反映政企联系与被解释变量之间的"相关关系"（correlativity），而不能反映"因果关系"。遗漏变量问题、双向因果关系等都会给政企联系估计量带来内生性偏误。以企业价值或企业绩效对政企联系所作的回归为例，假如不能排除内生性问题的干扰，即使政企联系的估计系数为正，也不能断言政企联系提高了企业价值或增进了企业绩效。比如企业家能力越强，就越有可能建立政企联系,同时也能把企业经营得更好,忽略企业家的能力因素就会高估政企联系的效应。又比如企业绩效与政企联系之间可能具有双向因果关系,经营业绩好的企业更容易建立起政企联系,因此政企联系的估计系数为正,很有可能是因为那些政企联系较强的企业恰是绩效较好的企业,而并非由于政企联系提高了企业绩效。面板回归中的固定效应模型控制了非时变的非观测因素,可在一定程度上缓解遗漏变量所导致的内生性问题。

政企联系经验文献中还有一类较常使用的回归策略是长期事件研究法。比较具有代表性的是约翰逊和米顿(Johnson and Mitton,2003)、邦坎瓦尼查和维瓦塔纳唐(Bunkanwanicha and Wiwattanakantang,2009)等人的研究。长期事件研究的基本思路与短期事件研究非常类似,只不过用以计算超额回报率的事件窗口较长,从1个月到1年甚至3年不等。这样,一些事件起讫时点不十分明确、短期事件窗口选取较为困难的事件,就可以在长期事件研究的框架下进行分析。另外,关于融资、税赋、政府补助等主题的政企联系研究也得以利用年度数据开展了。但是,研究窗口一旦拉长,前述的事件研究的第二个前提条件也即"研究窗口内无其他事件干扰"实际上就很难满足了,需要通过控制相关变量加以弥补,因而长期事件研究结论的可靠性也更容易受到内生性问题的困扰。

另外从技术上讲,长期事件研究法也远不如短期事件研究法那样成熟可靠,利用长期事件研究法进行统计推断"需要极其小心"(Kothari and Warner,1997)。在长期事件研究中,事件窗口往往较长,股票长期回报率的数量级要远大于短期回报率[①],这就导致风险调整误差(error in risk adjustment)也即风险系数 β 的估计误差对超额回报率测算精度的影响会被严重放大(Kothari and Warner,2007)。即便风险调整误差很小,也可能给长期超额回报率的测算带来较大偏误,因此选择恰当的正常收益估计模型、正确估计风险系数 β 就非常

---

① 一般情况下,股票的日回报率约为 0.05%,而相应的年化回报率要高达 12%~13%。

关键。但遗憾的是,运用何种模型更为合理①,学界并未达成共识,而超额收益的估计结果又对模型选择高度敏感,"即便运用最前沿的方法,关于长期超额回报率的分析也不十分可靠"(Lyon et al.,1999)。

最近的一些研究引入双重差分策略估计政企联系对企业价值、融资便利等方面的影响,比如邦坎瓦尼查和维瓦塔纳唐(Bunkanwanicha and Wiwattanakantang,2009)、多姆布罗夫斯基(Dombrovsky,2010)、休斯顿等(Houston et al.,2014)等。双重差分策略最早由阿森费尔特和卡德(Ashenfelter and Card,1985)提出,用于对政策效果的评估。其核心思路是以经历政策变动的样本作为处理组,以未经历政策变动的样本作为控制组,则处理组在政策事件前后的差异减去控制组在政策事件前后的差异——所谓的"双重差分"——即为政策效应,也被称作处理效应(treatment effect)。后来,该策略被应用到政企联系的经验研究中,具体做法是利用会潜在导致政企联系价值或"租金"发生变动的事件作为自然实验,比较该事件对处理组和控制组的差异性影响,以此衡量政企联系给相关企业带来的租金价值。② 通过"双重差分",该策略能够充分利用处理组和控制组在处理前与处理后的信息,进而有效缓解横截面回归和(长期)事件研究法可能存在的选择性偏误(selection bias)。③ 需要说明的是，双重差分估计量的一致性依赖于处理的随机指派假定。也就是说，一个企业究竟是属于处理组还是属于控制组，必须是随机决定的或外生决定的。否则，选择性偏误会导致有偏的估计结果（Angrist and Pischke，2008；Roberts and Whited，2011）。[1]

第五节　本章小结

自菲斯曼（Fisman，2001）首次提出"政企联系"这一概念并考察印尼时任总统苏哈托给企业带来的价值以来，以企业为研究对象的政企联系微观经验研究迅速涌现。短短十余年时间，围绕该主题的中外经验文献已有了空前的发展。大体上讲，这些文献主要沿着"政企联系是否提高了企业价值"和"政企联系为企业带来了什么"两条线索展开。从两个论题的逻辑联系上看，后一论题是对前一论题的机理分析、构成前一论题的逻辑基础；从文献发展的时间脉络上看，前一论题提出在先，后一论题提出在后，实际上正是经验研究关于"政企联系是否提高了企业价值"的意见分歧引发了学界关于"政企联系为企业带来了什么"的理论探讨，学者们试图厘清：政企联系究竟为企业带来了哪些增进价值的正面因素，又带来了哪些损害价值的负面因素。

到目前为止，学界虽已达成了一些基本的共识，但这些共识大都集中在"政企联系为企业带来了什么"：政企联系在给企业带来了融资便利、政府补贴等"租金"的同时，也给企业带来了政府掠夺和政策负担等不利影响。而关于政企联系究竟是否提高企业价值，学界依然争论不休。政企联系对企业的综合影响

（接上页）谓趋势，就是指那些会同时对处理组与控制组产生影响的因素。即便政策变化没有发生，这种因素的影响也是存在的，比如时间效应。相比于短期事件研究法，长期事件研究法的事件窗口较长，选择性偏误也就可能更为严重。

[1] 假如处理虽然不是随机指派的但却按照某种可观测的规则来进行，那么只要能够在回归中通过协变量（covariates）控制住该种规则，处理的指派就可被视为是"条件随机的"（conditional randomization），此时仍然可以得到处理效应的无偏估计。

效应取决于正面影响和负面影响孰大孰小:假如正面影响超过负面影响,那么政企联系将会提高企业价值,反之则降低企业价值。也许有人会说,这只是一个经验问题而非理论问题,各国的经验实践可能存在差异,因此实证研究的结论未能达成一致也十分正常。

关于这个问题,我们有以下几点思考和评论。首先,从经济直觉上讲,寻租成本一般不应超过寻租收益(Tullock,1980;1994)。据此推断,政企联系为企业带来租金收益应该不会低于寻租成本。否则,以"在商言商"作为首要任务的民营企业(邬爱其和金宝敏,2008)会趋利避害,选择不与政府建立政企联系。也就是说,政企联系对民营企业价值的影响至少不应为负。

其次,相当多的经验研究,特别是国内经验研究,以政企联系对企业绩效(ROA 和 ROE)的影响就政企联系对企业的综合效应加以判断,其合理性值得商榷。企业绩效与企业价值是企业运营的两个不同的维度,两者在经济内涵上有着明显的差别,企业绩效本质上是一个效率指标。实际上应当根据企业价值而非企业绩效作判断。

再次,由于未对回归中可能存在的内生性问题加以足够重视,现有经验研究结论的可靠性也有待进一步检视。举例来说,一些研究在采用混合最小二乘回归法(POLS)讨论政企联系对企业绩效影响的时候,发现政企联系估计量正显著,就认为政企联系有助于提高企业绩效。但是实际上具有政企联系的企业通常本身就是那些绩效比较好的企业,政企联系的 POLS 估计量所反映的也许正是这种"相关关系",而非"因果关系"。

最后,也是最为关键的,还是在于理论分析视野的局限。现有研究普遍从源于政府理论的"扶持之手—掠夺之手"经典分析视角作分析,关注的重点仍停留在"政企联系给企业带来了什么",并且过于急切地想要据此得出政企联系如何影响企业价值的最终判断。而至于政企联系将会如何改变民营企业的行为与决策、行为决策的改变又会给企业的运行和发展带来何种影响,现有研究则很少关注,自然就无法厘清政企联系影响企业价值的微观作用机制,也就更无从知道这些机制在企业运行方面(比如企业绩效)所会表现出来的外在特征。

为了探索这些理论上的未知与疑惑,我们将从民营企业对政企联系的内生反应入手,提出一个以企业为主体的理论分析视角,就政企联系如何影响企业的行为决策以及运行发展进行细致的考察和分析,并进而剖析政企联系对企业价值的具体作用机制。在经验研究部分,我们将通过严谨的计量分析,尽最大努力缓解内生性偏误,为我们的理论分析提供可靠的经验证据。最后,我们还将从本书提出的分析视角出发,澄清学界关于政企联系如何影响企业绩效的争论。

第三章　政企联系的资源效应及其对企业行为的影响

当前,民营企业家的参政议政积极性日益高涨(陈钊等,2008;冯天丽和井润田,2009),许多企业家把政企联系的建立和维护作为重要的企业战略(田志龙等,2003;卫武等,2004)。那么,民营企业千方百计与政府搞好关系的动因是什么? 我们认为,这样做的根本目的在于,政企联系能够帮助民营企业部分地突破制度壁垒对企业发展的限制,帮助企业获取其他民企无法获取的各类关键资源。我们将其概括为政企联系的资源效应。

政企联系为民营企业带来了稀缺的资源,这势必会改变企业的行为和决策,进而对企业的运行和发展产生重大影响。遗憾的是,现有的政企联系文献多是从"扶持之手—掠夺之手"这个源于政府理论的经典分析视角出发就"政企联系给企业带来了什么"进行讨论,很少有文献关注建立政企联系之后企业行为所发生的改变。为了对此进行分析,我们提出一个以企业为主体的分析视角,讨论企业建立政企联系之后的内生反应。我们认为,政企联系的资源效应显著地改变了企业的行为和决策,对企业运行和发展的最终影响表现为规模扩张效应和效率减损效应两个方面。政企联系的规模扩张效应帮助企业扩大了投资、做大了规模,而效率减损效应却降低了企业的生产经营效率。民营企业为做大规模,不惜损失效率,走上了一条依赖于关系和资源的粗放型的发展道路。

本章是本书的核心内容,也是后文经验研究的理论基础。本章结构安排如下:第一节阐述政企联系的资源效应,这构成了后续分析的逻辑起点;第二节讨论政企联系资源效应对企业行为的影响,从规模扩张效应和效率减损效应两个方面来理解政企联系影响企业价值的微观作用机制;第三节建立一个简单的理论模型,试图说明,民营企业建立政企联系,是充分权衡了政企联系规模扩张效应的正向影响与效率减损效应的负向影响之后的最优选择;第四节对上一节中的基本模型进行一些扩展讨论;第五节是本章小结。

第一节　政企联系的资源效应

我国尚未形成完全以市场为主导的资源配置体系,政府仍掌控着对稀缺资源的分配权和行政审批权,自由裁量的余地相当大(Walder,1995)。金融资源和商业机会等资源的分配,依据的并不是企业的经济性主从次序——企业生产效率的高低,而是体制性主从次序——企业地位的高低(Huang,2003)。民营企业虽然更有效率,但由于处在体制性主从次序的底端(图3-1),无论是在金融资源还是商业机会的获取上,都长期受到严重制约。在此背景下,与政府建立良好关系能够提高民营企业的地位,政府及政府官员在考虑资源分配时,或出于政策目标,或出于私人利益,会向与之具有密切关系的企业倾斜,这些都有利于企业获取发展所需的关键资源也即赫瓦贾和勉(Khwaja and Mian,2005)所说的"租金"。具体而言,政企联系的资源效应主要包括资金获取便利——有助于企业获取更多的金融资源,以及行业准入便利——有助于企业获取更好的商业机会,当然还有一些其他方面的资源效应。

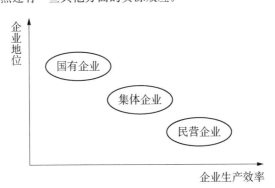

图3-1　我国企业的体制性主从次序
资料来源:黄亚生(Huang,2003)。

一、资金获取便利

企业发展离不开资金支持。当投资项目所需的资金超过企业的自有资金时,就需要寻求外部资金。假如外部融资受限,企业就不得不放弃净现值(NPV)为正的投资机会,错失发展良机。因此外部融资是影响企业发展的重要因素(Demirgüç-Kunt and Maksimovic,1998;Rajan and Zingales,1998)。尽管我国民营企业的资本配置效率显著优于国有企业(方军雄,2007),但却在资源分配的体制性主从次序中处于底端(Huang,2003),长期遭遇融资困境,企业发展面临严重障碍(林毅夫和李永军,2001)。而政企联系有助于民营企业缓解外部融资约束,帮助企业获得发展所需的资金,这就是政企联系的资金获取便利。

我国民营企业的融资约束问题相当突出。世界银行投资环境调查显示,有75%的民营企业把融资约束视为企业发展的主要障碍(Claessens and Tzioumis,2006)。无论是银行信贷,还是股权融资,民营企业都面临严重的不平等对待。我国以国有商业银行为主的高度集中的金融体制下,信贷分配明显向国有企业倾斜,民营企业获得的信贷支持与其在国民经济中的地位明显不成比例。给民营企业的信贷大约只占到信贷总额的 20%～30%(黄亚生,2011)。股票市场发展早期,发行方式采用额度控制,上市额度向国有企业倾斜,民营企业长期处于边缘化地位,即便经营效益好、符合上市条件,也难以获得上市机会。[①] 2000 年 5 月,股票发行方式转为核准制,客观上为民营企业上市融资提供了相对有利的制度安排。但整体而言,民营企业在证券市场的地位与其对国民经济的贡献仍有巨大反差。

通过政企联系,民营企业可以更加容易地获得银行贷款、更加容易地进入资本市场,从而缓解外部融资约束。萨皮恩扎(Sapienza,2004)和丁奇(Dinç,

---

[①]　股票市场在发展早期曾被管理层定位成"为国有企业融资服务和向国有企业倾斜的融资工具",参见国务院发展研究中心研究员吴敬琏在 2004 年中国金融国际年会上的发言。

2005)指出,国有银行的政府背景会使其放贷行为受到政策目标的主导。尽管我国国有商业银行的股份制改革和上市弱化了地方政府对银行地方分支行的"话语权",但在当前各级政府仍主要借助银行体系的力量来推动经济增长的背景下,商业银行依然不能完全摆脱政府的干预(吴军和白云霞,2009)。比如,各地政府普遍将政府性资金存款额度与商业银行对地方经济发展的贡献挂钩,按照贡献度确定政府性资金在各商业银行的存放比例,调动银行对地方信贷投放的积极性。政府偏好会影响银行的信贷投放,同等条件下,具有政企联系的民营企业会受到银行的优待。股权融资方面,虽然股票发行方式已由审批制转为核准制,但行政色彩依然较强,有政府支持的企业能够优先获取上市资格,上市后也更容易获得股权再融资资格。

政企联系的融资约束缓解效应得到了经验证据的支持。弗斯等(Firth et al. ,2009)利用 2003 年世界银行和国家统计局的企业调查数据就我国私营部门中银行信贷资金分配情况所作的研究显示,在发放贷款时,除了商业利益之外,政企联系也是商业银行所要考虑的重要因素。白重恩等(2005)基于全国工商联调查数据的研究,余明桂和潘红波(2008)基于民营上市公司的研究以及范博宏等(Fan et al. ,2008)利用 23 例省部级官员腐败案件为自然实验所作的研究都显示,具有政企联系的民营企业更容易获得银行信贷尤其是长期贷款。罗党论和甄丽明(2008)以投资—现金流敏感度作为融资约束的衡量指标,提供了政企联系帮助民营企业缓解融资约束的直接证据。他们发现,相比于其他企业,具有政企联系企业的投资—现金流敏感度较小,也即投资对内部现金流的依赖程度较小,表明融资约束较轻。

除了帮助民营企业更多地获得来自银行信贷和股权融资两个方面的外部资金之外,政企联系还能帮助企业获取税收优惠和政府补贴,这也有助于缓解企业的资金压力。为扶持地方经济增长,各地政府都制定出台了林林总总的税收优惠政策和补贴政策。这些政策在具体执行和实施过程中有很大的弹性空间。在企业适用优惠税率和补贴水平的决定上,政府官员拥有较大的支配和决策权,往往会向与政府具有紧密关系的企业倾斜。基于我国民营上市公司的经验研究显示,具有政企联系企业的所得税税率显著低于其他企业(吴文锋等,2009;Wu et al.,2012b),地方政府对企业适用税收优惠条件的弹性空间越大,则具有政企联系的企业获取的税收优惠就越多(吴文锋等,2009);政企联系有助于民营企业获得更多的政府补贴(潘越等,2009;余明桂等,2010;Wu et al.,2012a),企业所在地的制度环境越差则政企联系的补贴获取效应就越强(余明桂等,2010)。

二、行业准入便利

我国民营企业在很长一段时间内被系统性地排除在稀缺资源行业以及对国民经济有重要影响的关键性行业之外,企业的投资积极性受到严重抑制,企业成长受到严重制约。政企联系可以帮助民营企业部分地突破行业进入壁垒,为企业提供投资机会,激发企业的投资积极性,进而帮助企业实现快速增长,我们称之为政企联系的行业准入便利。

进入壁垒是指试图进入某一产业的新企业必须负担,而在位企业无须负担的额外生产成本(Stigler,1968)。假如进入成本过高,潜在进入者就会被排除在该行业之外。根据形成原因的不同,进入壁垒一般可分为市场性壁垒和规制性壁垒两大类(Broadman,2000)。前者主要由规模经济优势、产品差异优势和绝对成本优势形成(Bain,1956),而后者主要是政府规制所导致的(Stigler,1968;Demsetz,1982)。斯蒂格勒(Stigler,1968)和德姆塞茨(Demsetz,1982)进一步强调,大多数情况下市场性竞争优势本身就是以规制性壁垒为基础建立的,因此市场性因素并不构成实质上的进入壁垒,真正的进入壁垒来自政府规制。[①] 我国民营企业面临严峻的进入壁垒,根本症结就在于政府对特定行业的规制(汪伟和史晋川,2005)。

[①] 市场性壁垒可以依靠企业家才能来消解,但是一般意义上的企业家才能对规制性壁垒无能为力,规制性壁垒必须依靠"政治企业家才能"来加以消解(周其仁,1997;汪伟和史晋川,2005)。

在我国,政府掌控行政审批权,企业的市场进入必须经由政府审批和核准。2003年之前,新企业的行业准入资格审核工作由国家计委和地方计委负责。2003年原体改办和经贸委部分职能并入计委并更名为发改委后,相应职能由发改委承担。2004年国务院改革了项目审批制度,对于企业不使用政府投资建设的项目,不再实行审批制,根据不同情况分别实行核准制和备案制。其中一般项目实行备案制,而重大和限制类固定资产投资项目实行核准制。企业不使用政府投资建设的重大和限制类固定资产投资项目,需按照国务院于2004年出台的《政府核准的投资项目目录》(以下简称"《目录》")的要求,经国务院或地方政府投资主管部门核准。该《目录》涉及农林水利、能源、交通运输、信息产业、原材料、机械制造、轻工烟草、高新技术、城建、社会事业、金融等行业,几乎覆盖了国民经济的方方面面。也就是说,只要是涉及重要领域的大型投资项目,都需要经过政府审核。尽管国务院分别于2005年和2010年出台了旨在鼓励民营经济发展和民营企业投资的"非公经济36条"和"新36条"(也被称为"民间投资36条")①,但是由于缺乏配套的实施细则,政策落实不到位,民营企业的准入难困境仍然没有得到实质性的缓解,企业在行业准入上频繁遭遇"铁门""玻璃门"和"弹簧门"现象,矛盾依然非常突出。②

按照当前的市场准入格局,全社会80多个行业中,允许国有资本进入的有72个,允许外资进入的有62个,而允许民营资本进入的仅有41个。③民营投资比重较高的行业主要集中在传统领域,特别是小规模制造业和餐饮零售业,在资本密集型行业和垄断行业中所占的比重非常小。据全国工商联《中国民营经济发展报告》,在城镇500万元以上的投资项目中,民营投资超过40%的领域

---

① 分别指《国务院关于鼓励支持和引导个体私营等非公有制经济发展的若干意见》(国发〔2005〕3号)和《国务院关于鼓励和引导民间投资健康发展的若干意见》(国发〔2010〕13号)。
② "铁门"指严格禁止进入,"玻璃门"指名义上开放但实际上限制,"弹簧门"指即使进入了但又不得不在非市场因素干扰下被迫退出。
③ 援引自中新网(www.chinanews.com)2009年5月28日的消息。

仍是农林牧渔业、制造业、建筑业、批发和零售业、住宿和餐饮业等传统行业;而在垄断行业和领域,民间投资所占比重不足两成,特别是在金融业、交通运输仓储和邮政业、水利环境和公共设施管理业等领域的投资比重尚不足一成。全国工商联针对我国民营 500 强企业所作的调研显示,有高达 51.8% 的民营企业认为政府有关部门观念未扭转、对政策执行不到位,38.8% 的企业认为垄断行业的企业对新进入者有较大的抵触。[1]

墨菲等(Murphy et al.,1993)指出,当一个经济体中存在限制经济活动的制度约束或行政规制时,准入资格就会成为一种政府产品,它能够帮助企业取得从事受限经济活动的资格。政府官员对"准入资格"这一政府产品的提供和分配拥有决策权,企业家会想方设法与政府以及政府官员搞好关系,以获取准入资格。

来自我国的案例研究和经验证据都显示,政企联系的确有助于民营企业突破行业准入壁垒。吉利集团的发展历程就是政企联系帮助民企突破行业壁垒的典型例子(汪伟和史晋川,2005;邓新明,2011)。在我国对汽车行业有严格准入限制的背景下,吉利集团早在 2001 年就成功获得了轿车生产许可,是当时轿车行业中唯一的民营企业。这和集团董事长李书福积极与政府建立良好关系的努力以及他的个人影响力是密不可分的。[2] 在吉利集团争取轿车生产资格的过程中,浙江省政府与当时的国家经贸委都曾给予了大力支持,浙江省政府还专门给国务院提交了报告。罗党论和刘晓龙(2009)以及罗党论和唐清泉(2009b)提供了来自民营上市公司的经验证据。他们发现,在市场化改革逐步深入、部分规制性行业逐渐允许民营资本进入的背景下,具有政企联系的企业

---

[1] 参见全国工商联于 2012 年 8 月发布的《中国民营企业 500 强调研分析报告》。

[2] 李书福曾获浙江省优秀企业经营者以及浙江省劳动模范称号,后来又担任全国政协委员、浙江省政协委员、台州市人大代表、浙江省工商联常委以及浙江省商会副会长等。1999 年和 2000 年,时任国家计委主任曾培炎先后两次专程视察吉利,明确表态支持其制造汽车;2000 年 8 月,李书福还受到时任国务院总理朱镕基的接见。参见《吉利的野蛮生长》,载于《财经》杂志 2010 年第 1 期。

有更大可能性进入能源、采矿、汽车制造等传统国有主导行业以及房地产等高利润行业。

三、其他资源效应

资金获取和行业进入属于狭义的资源范畴。这类资源的特点是,在一定的时期内,资源总量是有限的,企业对资源的竞争具有排他性。以银行信贷为例,尽管信贷管制逐步放松,但贷款规模管理的色彩依然浓重,在给定的信贷总量之下,假如某家企业获得较多的贷款,就意味着其他企业获得贷款的机会减小了。高壁垒行业的准入资格也是如此。还有一类资源,尽管也是稀缺的,但并不具有排他性,比如政策信息和产权保护。政企联系也有助于民营企业获得更多的政策信息和更强的产权保护,我们称之为广义的资源效应。

政企联系能够帮助民营企业化解政策风险。"摸着石头过河"的渐进改革过程中,政府政策变动频繁,缺乏长期一致性。政策环境的不确定性给民营企业带来了很高的政策风险(Tan and Litschert, 1994)。政策风险甚至被认为是民营企业家面临的最大风险(张维迎,2001)。[1] 为及时准确地把握政府的制度调整和政策动态,民营企业家热衷于同政府有关部门和官员建立联系,参加政府会议或者参加由与政府官员关系密切的经济学家作为主讲人的宏观经济形势研讨会。政企联系可以帮助民营企业家及时了解和把握政府的政策动向,化解政策风险,保障企业收益。[2]

政企联系作为产权保护的替代机制,有助于减少民营企业在生产经营活动中可能遭受的各方面侵害(罗党论和唐清泉,2009a;杨其静,2010)。转型经济

---

[1] 吴晓波(2007)曾列举了资金市场的德隆、房地产业的顺驰、钢铁行业的铁本等民营企业在2004年宏观调控中因误判形势而马失前蹄的例子。

[2] 转型经济中,企业所面临的政策风险,本质上可以从制度安排的角度来进行理解。陆铭和潘慧(2009)对此作了非常到位的表述,"在制度和政策的层面,政府决定了企业什么能做,什么不能做,……,在实际的操作中,'能做'与'不能做'的边界是非常模糊的","不仅是模糊的,而且是变化的",此时,"企业特别依赖政府给政策来求得发展,……,因为政府(或政府官员)掌握着对能做与不能做的边界的决定权和解释权"。本书的关注重点在于政企联系的资金获取和行业进入这两类资源效应,不对此作更深入的讨论。

中法律制度不健全,民营企业产权保护严重缺失、契约得不到有效保护,遇到纠纷时难以受到公平对待,与此同时"乱摊派、乱收费"现象高发,企业面临形形色色的掠夺和侵害(Che and Qian,1998; Cull and Xu,2004)。而企业可以利用政企联系获得更好的产权保护。王永进和盛丹(2012)利用世界银行2003年我国企业投资环境调查数据所作的研究显示,政企联系显著提高了商业纠纷中企业的契约和产权被保护的概率,表明政企联系在功能上起到了保护企业产权的作用,有效地降低了民营企业遭受的法律歧视、改善了企业的契约实施环境。

第二节　政企联系资源效应对企业行为的影响

政企联系有助于民营企业获取发展所需的各种关键资源,帮助企业缓解资源约束、突破发展瓶颈。我们不禁要问,建立政企联系之后,民营企业的行为和决策会发生何种变化? 这些变化又会对企业的运行和发展产生何种影响? 遗憾的是,现有政企联系文献所采用的"扶持之手—掠夺之手"经典分析视角本质上是一个以政府为主体的视角,没有对企业建立政企联系之后的内生反应作详细讨论。我们认为,政企联系的资源效应会显著改变企业的行为和决策,而政企联系对企业运行和发展的最终影响可以概括为规模扩张效应和效率减损效应两个方面。规模扩张效应就是政企联系有利于企业扩大投资、做大规模;效率减损效应就是政企联系导致企业生产经营效率下降。民营企业建立政企联系之后,通过资源效应,廉价地获取各种稀缺资源,实现企业规模的快速扩张,而忽视了创新研发等内在实力的建设,生产效率不断下降,逐渐演变为关系和资源依赖型的规模大而效率低的企业。

一、规模扩张效应

政企联系的资源效应主要包括行业准入便利和资金获取便利两个方面。前者有助于民营企业进入原本被排斥在外的高利润行业,拓展了企业的投资领域,为企业提供了发展机会和投资激励;而后者则有助于企业获取发展和投资所需的资金支持。在上述两种效应的共同作用下,民营企业会抓住机会,扩大投资,快速发展,做大规模。

长期以来的行业进入壁垒限制了民营企业的投资领域,企业被束缚在缺乏良好投资机会、利润率日趋稀薄的竞争性领域,企业找不到好的项目去投资,缺乏投资积极性。政企联系能够帮助民营企业在一定程度上突破行业准入限制,进入到传统规制性行业、房地产业等高壁垒行业。而高壁垒行业能够维持高于竞争性定价的价格水平,帮助在位企业获得超额利润(Bain,1956;Mann,1966;Fraumeni and Jorgenson,1980)。政企联系帮助企业实现了对进入壁垒的突破,给企业带来了战略机遇,强化了企业的投资激励,提升了企业的投资积极性。

在面临严重资金约束、无法获得有力金融支持的情况下,即使拥有良好的投资机会,民营企业也会因为缺乏足够的资金而错失投资机会。企业的实际投资总是低于最优投资水平,企业的成长速度受到严重阻碍。[①] 政企联系帮助民营企业在金融市场建立竞争优势,更为便利地获得银行信贷和股权融资,同时又帮助企业获得更大幅度的税收减免和更高水平的政府补贴,这些都有助于企业缓解资金约束,保障了企业用于投资的资金供给。我们也可以从投资成本的角度来理解企业在资金约束得到缓解时的投资决策。在企业投资的最优化问题中,资金约束方程对应的拉格朗日乘子恰好能够反映企业投资的机会成本(Whited,1992;Whited and Wu,2006)。当融资约束放松时,拉氏乘子趋于下降。因此,政企联系帮助民营企业缓解融资约束,实际上也就相当于降低了企业投资的机会成本。企业会按照成本—收益原则,充分权衡投资的成本与收益,把握投资机会,实现企业的规模扩张和快速成长。

---

① 博伊索特和蔡尔德(Boisot and Child,1996)也注意到了这一现象:"(中国的)市场化私有企业必须在预算硬约束下运营,不得不自力更生,因此,它们只能维持小规模和投资不足。"中译文引自李新春和张书军(2005)。

二、效率减损效应

政企联系通过资源效应,帮助企业扩大了投资、做大了规模,但是从效率的角度来看,政企联系的效应却是负面的。原因在于政企联系扭曲了企业的行为。建立政企联系不仅耗费企业家的时间和精力,还会抑制企业创新、加重企业的政策性负担,此外政企联系往往伴随着企业的多元化战略,而企业家无法对多元化的各行业部门实行有效管理,这些因素都将导致生产和经营效率的下降。

首先,建立和维持政企联系是一种非生产性行为,挤占了企业家用于生产经营活动的时间和精力。民营企业建立政企联系之后,需要花费大量的时间、精力和资源同政府打交道、处理与政府官员的关系(Tsang,1998)。这一现象相当普遍。许多学者在对民营企业家进行访谈时,都将“多少时间用于市场,多少时间应酬官场”作为必问的题目。[①] 张维迎(2001)的调研显示,企业家与政府官员打交道所花费的时间和精力竟占到百分之五六十之多,甚至超过了国有企业花在与政府官员关系上的时间。如此一来,企业家就“不能百分之百地专注于企业事务”[②],企业的经营效率和原来相比势必会有所下降。

其次,政企联系弱化了企业进行技术创新和管理创新的激励,导致生产和经营的低效率。莱宾斯坦(Leibenstein,1966)指出,假如企业能够依靠非市场的力量获取超额利润,就会缺乏进一步改善经营效率以及寻求节约成本的生产技术的动力,放松内部管理和技术创新,产生“X非效率”现象。实际上,我国民营企业相对于国有企业的相对高效率,很大程度上也是被严苛的现实环境“倒逼”出来的(Huang,2008)。在面临严重政策歧视和资源约束的情况下,民营企业别无选择,只能通过提升效率来谋求生存空间。而政企联系具有资源效应,放松了企业的资源紧约束,企业对经营效率的专注力和创新激励随之降低。尽管政企联系客观上为企业研发创新提供了资金保证,是有利于研发的因素,但许多企业

---

① 参见周其仁(2005)。
② 广东科龙集团前董事长潘宁语,参见周其仁(2005)。

却更倾向于利用政企联系来获取发展资源,而不是从事周期长、风险高的研发活动(杨其静,2011)。彭维刚等(Peng et al.,2008,2009)也指出,假如企业能够依靠非市场的机制获取发展资源并形成竞争优势,就不再有动力进行创新研发。经验证据显示,政企联系对企业的研发投资倾向和研发投资强度都有显著的负面影响(陈爽英等,2010;江雅雯等,2011)。邵敏和包群(2012)发现,政府补贴作为一种"租金",一旦超过一定阈值,就会显著抑制企业生产率水平的提高。

再次,政府干预和政策性负担也是导致企业经营效率下降的原因之一。政府对企业的控制力度取决于企业与政府关系的紧密程度,政企联系越紧密,企业决策就越容易受到政府的干预(廖冠民,2010)。尽管相比于国有企业,民营企业与政府的关系要弱一些,政府干预的成本也要高一些(Sappington and Stiglitz,1987),但是与没有政企联系的企业相比,建立了政企联系的企业独立性相对较低。比如,为了保障就业,政府官员会向这些企业提供补贴,换取企业对劳动力的超额雇佣(Shleifer and Vishny,1994;Boycko et al.,1996;Bertrand et al.,2007)。梁莱歆和冯延超(2010)以及郭剑花(2011)为此提供了来自我国的经验证据。实际上,为了得到政府对企业发展的支持,企业家的偏好很容易被政府官员的偏好所主导(张维迎,2001),把企业的某些经营活动与政府政绩以及官员的个人意愿联系起来(田志龙等,2003)[1],进而导致企业决策和企业行为的扭曲。只要政企联系给企业带来的综合效应为正,企业就宁愿忍受政府干预和政策性负担造成的效率损失。

最后,具有政企联系的企业经营效率下降,还可能来自企业多元化过程中的"新宠"效应("new toy" effect)(Schoar,2002)。民营企业在政企联系的帮助下,更有可能突破行业壁垒(罗党论和刘晓龙,2009;罗党论和唐清泉,2009b),实施多元化战略,尤其是与原主营业务非相关的多元化(胡旭阳和史晋

---

[1] 比如,做政府鼓励和支持的事(如雇佣下岗职工、兼并亏损企业)、进行有利于政府政绩的投资(如建当地的标志工程)、重要经营事项请示有关官员等等。

川,2008;邓新明,2011)。多元化之后企业管理者分身乏术,无法实现企业家才能在各行业部门间的最优配置(Rosen,1982),会把主要精力转向新进入行业,无法充分顾及原有行业,导致原有行业生产效率降低(Pralahad and Hamel,1990;Schoar,2002),此即"新宠"效应。朔尔(Schoar,2002)关于美国制造业企业的经验研究显示,多元化之后企业原有行业的生产率较先前有所下降,并最终拉低了企业的整体生产效率。建立了政企联系的民营企业多倾向于实施非相关多元化,无法像相关多元化那样充分实现资源共享以及生产、管理和销售等方面的协同效应(Teece,1980;Rumelt,1982;Palepu,1985)[①],在整体生产效率上可能蒙受更大损失。经验证据表明,我国民营企业的多元化特别是非相关多元化战略,对企业绩效 ROA 产生了显著的负面影响(邓新明,2011),降低了企业的生产效率(李捷瑜和江舒韵,2009)。

三、规模扩张、效率减损与企业价值

基于前面的讨论,我们可以把政企联系资源效应对企业价值的影响机制归纳为规模扩张效应和效率减损效应这一正一负两种效应。政企联系的规模扩张效应有利于企业扩大投资、做大规模,会增进企业价值,而效率减损效应则降低了企业的生产经营效率,会损害企业价值。由此可见,政企联系究竟是会提高还是降低民营企业的价值,也即政企联系给企业带来的综合效应究竟为正还是为负,取决于规模扩张效应与效率减损效应之中何种效应占主导地位。

应当看到,上述两种效应的作用机制存在一定的差异。如果说政企联系的规模扩张效应是一种直接的效应,那么效率减损效应则是一种间接的效应。政企联系为民营企业提供了更多的金融资源和更好的商业机会,自然有助于企业实现规模扩张。而效率减损效应在某种程度上是规模扩张效应的一个衍生后果。在导致企业生产经营效率降低的因素中,无论是创新激励的弱化,还是多

---

① 正如帕利普(Palepu,1985)所指出的,非相关多元化是单纯依靠市场势力获取竞争优势的,在生产效率方面并不具有优势。

元化的"新宠"效应,实际上都是以资源获取和规模扩张作为隐含前提的。

基于上述分析,我们认为,规模扩张效应给企业价值带来的正向影响要超过效率减损效应带来的负向影响。民营企业家踊跃参政议政这一典型化事实就是一个有力的证据。因为民营企业建立和维持政企联系的根本目的就在于利用政企联系为企业带来经济利益(Chen et al., 2011),而寻租成本一般不应超过寻租收益(Tullock, 1980;1994)。

在政府掌握行政审批权和关键资源分配权的背景下(Walder,1995),"强烈的争夺资源的动机"(王一江,2005)促使民营企业竞相将有限的资源和精力用于构建和维持政企联系,挤占了企业在创新研发等核心竞争力建设方面的投入(杨其静,2010),进而造成企业行为的扭曲和经营效率的损失。政府"以规模为纲"挑选优胜企业(pick winners)并给予政策优惠的做法(刘伟,2009)也对企业过分追求规模扩张的不良倾向起到了推波助澜的作用,进一步强化了企业的行为扭曲和效率损失。因为假如按照正常的发展速度,企业很有可能挤不进当地前几强或龙头企业的行列,就无法享受政府的特殊支持。即便是那些当前已经建立了政企联系的企业,为了获得政府的长期政策支持,宁可在效率方面受一些损失,也要超速增长,赶快做大,实现"跨越式发展",以进一步提高在当地的影响力。在上述动机的驱动下,建立了政企联系的企业很容易演变成依赖于关系和资源的规模大而效率低的企业(图3-2)。

我们所提出的政企联系"规模扩张效应—效率减损效应"分析视角与现有研究通常所采用的"扶持之手—掠夺之手"经典分析视角①相比,最大的不同之处在于研究视角的转变。现有研究的关注重点在于"政企联系给企业带来了什么",也即政企联系给企业带来了哪些有助于增进企业价值的正面因素(比如融资便利、税收优惠等),又带来了哪些可能损害企业价值的负面因素(比如政府掠夺、政策负担等)。这些分析当然都是极具洞见的。假如把上述的正面因素

---

① 关于"扶持之手—掠夺之手"分析视角的简要介绍,请参见本书第二章第三节。

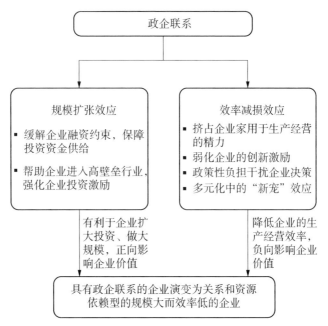

图 3-2 政企联系影响企业价值的作用机制

和负面因素视作政企联系影响企业价值的不同机制,固然有一定的合理性,但是将正面因素和负面因素割裂开来进行分析,恐怕并不是特别妥当。因为政企联系以及它所带给企业的影响,本身是一个整体,只不过是表现为不同的方面罢了。应当看到,上述源于政府理论的"扶持之手—掠夺之手"经典分析视角是一个以政府为主体的视角,而非以企业为主体的视角。① 本书提出的"规模扩张

---

① 正如施莱弗和维什尼(Shleifer and Vishny,1998)所指出的那样,"扶持之手"和"掠夺之手"是看待政府的不同视角,无论是"扶持之手"模型还是"掠夺之手"模型,本质上都是政府模型。需要强调的是,虽然"扶持之手"模型和"掠夺之手"模型的研究重点与政企联系文献有比较大的差别,但实际上这些模型本身可以被用来分析政企联系对企业行为决策和运行发展的影响,只不过现有的政企联系文献在运用这个分析框架的时候,可能是因为过于急切地想要得出政企联系如何影响企业价值的最终判断,往往简单地把"扶持之手"效应等同为企业价值的提升、把"掠夺之手"效应等同为企业价值的下降,有意或无意地忽视了上述两方面效应对企业行为决策和运行发展的影响,未能厘清政企联系影响企业价值的具体作用机制。

效应—效率减损效应"视角则是一个以企业为主体的分析视角,重点关注企业对政企联系的内生反应,也即政企联系如何改变民营企业的行为与决策。因此,我们能够对政企联系在企业运行和发展中所扮演的角色有更为深入和全面的了解。本书第六章将会从这个分析视角出发澄清学界关于政企联系是如何影响企业绩效的争论的。基于以上讨论,我们认为,用规模扩张效应和效率减损效应来概括政企联系影响企业价值的一正一负两种机制,可能是更为恰当的。

第三节 规模与效率的权衡:一个理论模型

前面的理论分析表明,政企联系具有资源效应,能够帮民营助企业获取关键发展资源,进而对企业的行为和决策产生影响。影响主要表现为规模扩张效应和效率减损效应两个方面。下面我们试图对以上理论分析中的核心机制和关键要素进行理论抽象,建立起一个简单的理论分析框架,对民营企业建立和维持政企联系的动机以及政企联系给企业行为带来的影响加以说明。

一、模型基本设定

为了与政府建立良好的政企联系,民营企业家需要花费相当多的时间和精力。并且政企联系也不是一旦建立了就一劳永逸的,想要获取更多的资源,就必然需要投入更多的精力。而企业家的总精力是有限的,投入政企联系建设的精力增加了,用于企业生产经营活动的精力自然就减少了。因此企业家需要考虑如何在非生产性活动和生产性活动上进行最优的精力分配。我们把企业家用于工作的全部时间和精力标准化为1,并假设其用于建立和维持政企联系的非生产性活动的精力为θ($0<\theta<1$),则只有剩余的$1-\theta$可用于生产性活动。这将使得给定物质要素投入下的企业产出大打折扣。我们不妨把企业家用于生产性活动的精力也视为一种要素投入,将企业产出设定为关于企业家对生产性活动的精力投入$1-\theta$以及资本投入K的函数:

$$F(\theta, K) = A(1-\theta)^{\gamma}K^{\alpha} \qquad (3-1)$$

不失一般性,我们把产出函数写为柯布-道格拉斯(Cobb-Dauglas)函数形式。式(3-1)中,$A(A>0)$表示技术水平也即生产率水平,$\alpha(0<\alpha<1)$为资本的产出弹性,$\gamma(0<\gamma<1)$为企业家对生产性活动精力投入的产出弹性。简化模型起见,此处我们没有在生产函数中引入劳动力变量,这样的简化处理并不会对分析结论造成任何实质性影响。我们在后文的扩展性讨论中,将以劳动力过度雇佣为例分析政企联系引发的政策性负担对企业行为的影响,该扩展模型的生产函数中就包含了劳动力变量。

在经验分析中,企业家对生产性活动的精力投入是无法被准确衡量的。在衡量企业生产率时,无论是单要素生产率(single factor productivity)还是全要素生产率(total factor productivity),所谓的"要素"均是指物质要素投入(此处即指资本投入 K),并不包括企业家对生产性活动的精力投入 $1-\theta$。式(3-1)中的$(1-\theta)^{\gamma}$项实际上是在给定物质要素投入下对产出水平的一个效率折扣。这样,政企联系的效率减损效应就可利用 $A(1-\theta)^{\gamma}$ 加以衡量。

就经济含义来讲,$A(1-\theta)^{\gamma}$ 不仅可以反映企业家精力耗费在非生产性活动上造成的效率损失,也可以反映前文所述的与政企联系相关的创新激励下降导致的技术效率损失、政府干预和政策性负担导致的效率损失以及多元化"新宠"效应导致的效率损失。因为企业家在政企联系上投入的精力越多、政企联系越强,企业的创新激励就越弱、所要担负的政策性负担就越重、多元化的"新宠"效应也越厉害,生产效率的损失也就越大。

政企联系具有资源效应,主要在于资金获取便利和行业准入便利两个方面。前者能够帮助民营企业获得更多的资金支持,后者能够帮助民营企业突破行业准入壁垒。为了论述的方便,在这里我们主要以资金获取便利对政企联系的资源效应加以描述,行业准入便利则放到关于模型的扩展性讨论之中。政企联系有助于企业缓解融资约束,帮助企业扩大融资规模、降低融资成本。按照斯坦(Stein,2003)的建模策略,我们把融资约束的缓解设定为融资成本也即资金使用成本的降低。我们假定,企业建立政企联系后,单位资金成本为 $e^{-\lambda\theta}c$ 。其中,$c(c>0)$代表未建立政企联系时的单位资金成本。$\lambda(\lambda>0)$是联结政企联系与单位资金成本的参数,企业家花费在政企联系上的精力越多,单位资金成本 $e^{-\lambda\theta}c$ 就越低。

二、企业最优决策

我们考虑企业的单期决策问题,并且假定企业没有自有资金,生产活动所需的资本都需要通过外部融资获得,这样,企业的最优化问题可以写为:[①]

$$\max_{(\theta, K)}\pi(\theta, K) = A(1-\theta)^{\gamma}K^{\alpha} - e^{-\lambda\theta}cK \qquad (3-2)$$

企业家通过选择最优的花费在政企联系建设上的精力投入 θ 和最优的资本投入 K,来最大化企业利润。

为便于比较,我们首先考虑一个特殊情形。在此情形下,民营企业不被允许建立政企联系。此时,最优化问题式(3-2)转化为:

$$\max_{(K)}\pi(K) = AK^{\alpha} - cK \qquad (3-3)$$

式(3-3)是一个凹函数,由一阶条件容易知道,取 $K_0 = A^{\frac{1}{1-\alpha}}\left(\dfrac{\alpha}{c}\right)^{\frac{1}{1-\alpha}}$ 时,企

---

① 关于政企联系的资金获取便利,除了"融资成本降低"型建模策略(Stein,2003)之外,还可以采用"融资额度提高"型建模策略(Whited,1992;Whited and Wu,2006)。采用后一种建模策略,企业的最优化问题可以写为:

$$\max_{(\theta, K)}\pi(\theta, K) = A(1-\theta)^{\gamma}K^{\alpha} - cK$$
$$st. K \leqslant e^{\lambda'\theta}K_C$$

其中,K_C 表示未建立政企联系情况下企业的最大融资额度。我们假定 K_C 小于未建立政企联系情况下企业的最优资本投入 K_0。也即由于融资约束问题,企业的投资水平受到限制,无法实现最优投资,存在投资不足问题。当企业家花费在政企联系上的精力为 θ 时,企业的融资上限扩大到 $e^{\lambda'\theta}K_C(\lambda'>0)$。也就是说,政企联系有助于缓解企业融资所受的规模限制,企业家花费在政企联系上的精力越多,融资所受的规模限制就越小。在上述模型设定下,我们可以得到与式(3-2)设定下完全类似的结论。

业获得最大利润 $\pi_0 = (1-\alpha)A^{\frac{1}{1-\alpha}}\left(\dfrac{\alpha}{c}\right)^{\frac{\alpha}{1-\alpha}}$，相应的产出水平为 $Y_0 = A^{\frac{1}{1-\alpha}}\left(\dfrac{\alpha}{c}\right)^{\frac{\alpha}{1-\alpha}}$。

我们再回到一般化的最优化问题式(3-2)。由一阶条件 $\partial\pi(\theta, K)/\partial\theta = 0$ 和 $\partial\pi(\theta, K)/\partial K = 0$ 可得：

$$\gamma A(1-\theta)^{\gamma-1}K^{\alpha} = \lambda e^{-\lambda\theta}cK \qquad (3-4)$$

$$\alpha A(1-\theta)^{\gamma}K^{\alpha-1} = e^{-\lambda\theta}c \qquad (3-5)$$

式(3-4)和式(3-5)都有非常明确的经济含义。式(3-4)描述了给定资本投入下,企业家用于政企联系建设的最优精力投入。政企联系建设精力投入的增加,一方面会降低单位资金的使用成本,对企业利润具有正向影响;而另一方面也会导致企业生产效率的损失,对企业利润具有负向影响。用于政企联系建设的精力过低或者过高,都不是最优的。倘若精力投入过低,则应当适当提高精力投入,因为由资金成本下降带来的利润增幅要超过由生产效率降低带来的利润损失;反之则应当适当减少精力投入。在式(3-4)所描述的最优精力投入下,政企联系建设的精力投入提高一个微小单位,由资金成本下降带来的利润增幅 $\lambda e^{-\lambda\theta}cK$ 恰好等于生产效率降低带来的利润损失 $\gamma A(1-\theta)^{\gamma-1}K^{\alpha}$。

式(3-5)描述了给定政企联系建设精力投入下的最优资本投入。增加资本投入,一方面可以提高产出,但另一方面也会导致资金使用成本的上升。资本投入过低或者过高,都不是最优的。由于生产函数满足稻田条件(Inada Condition) $\lim_{K\to 0}\partial F(\theta, K)/\partial K = +\infty$ 以及 $\lim_{K\to+\infty}\partial F(\theta, K)/\partial K = 0$,在资本投入较低的情况下,资本的边际产出要高于资本的单位成本,因此应当适当增加资本投入;而随着资本投入的上升,边际产出递减,资本的边际产出最终会小于单位资本成本,应当适当减少资本投入。在式(3-5)描述的最优资本投入下,资本的边际产出 $\alpha A(1-\theta)^{\gamma}K^{\alpha-1}$ 恰好等于单位资本成本 $e^{-\lambda\theta}c$。

由式(3-4)和式(3-5)立即可以解得：

$$\theta^* = 1 - \frac{\gamma}{\alpha\lambda} \qquad (3-6)$$

$$K^* = A^{\frac{1}{1-\alpha}}(1-\theta^*)^{\frac{\gamma}{1-\alpha}}\left(\frac{\alpha}{e^{-\lambda\theta^*}c}\right)^{\frac{1}{1-\alpha}} \qquad (3-7)$$

我们假定参数 α、γ 和 λ 满足 $0 < \gamma/(\alpha\lambda) < 1$,从而有 $\theta^* \in (0, 1)$。不难证明,$\pi(\theta, K)$ 在 (θ^*, K^*) 处取到最大值。进一步可以解得最优决策时的产出水平 Y^* 和利润水平 π^*:

$$Y^* = A^{\frac{1}{1-\alpha}}(1-\theta^*)^{\frac{\gamma}{1-\alpha}}\left(\frac{\alpha}{e^{-\lambda\theta^*}c}\right)^{\frac{\alpha}{1-\alpha}} \qquad (3-8)$$

$$\pi^* = (1-\alpha)A^{\frac{1}{1-\alpha}}(1-\theta^*)^{\frac{\gamma}{1-\alpha}}\left(\frac{\alpha}{e^{-\lambda\theta^*}c}\right)^{\frac{\alpha}{1-\alpha}} \qquad (3-9)$$

容易证明,有 $\pi^* > \pi_0$、$K^* > K_0$ 以及 $Y^* > Y_0$ 成立。我们把上述分析概括为如下命题:[①]

命题:为了获取政企联系的资源效应,民营企业家会付出一定的精力去建立和维持政企联系($\theta^* > 0$)。与不存在政企联系的最优情形相比,此时企业有更高的投资水平($K^* > K_0$)和产出水平($Y^* > Y_0$),尽管生产效率有所降低$[A(1-\theta^*)^\gamma < A]$,但企业的总利润或者说企业价值是提高的($\pi^* > \pi_0$)。[②]

上述命题实际上对前面理论分析的一个模型化表述。只要制度环境允许民营企业建立政企联系,企业家的最优决策就不再是把全部精力都投入到企业的生产性活动中,而是腾出一部分精力用于建立政企联系。政企联系对于企业利润或者说企业价值的影响表现为两种效应,一是规模扩张效应,二是效率减损效应。其中,规模扩张效应体现为企业利润函数式(3-9)中的 $\left(\frac{\alpha}{e^{-\lambda\theta^*}c}\right)^{\frac{\alpha}{1-\alpha}}$,

---

① 证明过程见本书附录一。
② 在我们设定的单期模型里,企业价值就等价于利润水平。

它能够帮助民营企业扩大投资、做大规模,这将会正向影响企业价值;而效率减损效应则体现为式(3-9)中的 $(1-\theta^*)^{\frac{\gamma}{1-\alpha}}$,它给企业带来了效率方面的损失,这将会负向影响企业价值。但由于 $(1-\theta^*)^{\frac{\gamma}{1-\alpha}}\left(\dfrac{\alpha}{e^{-\lambda\theta^*}c}\right)^{\frac{\alpha}{1-\alpha}} > \left(\dfrac{\alpha}{c}\right)^{\frac{\alpha}{1-\alpha}}$,总体而言,规模扩张效应带来的正向影响要超过效率减损效应带来的负向影响。就企业价值来讲,政企联系对民营企业的总效应是正向的。民营企业宁可损失效率,也要建立政企联系,通过获取资源来做大企业规模。

第四节　对理论模型的若干扩展讨论

本节中,我们分别从政企联系建立成本、行业准入便利、政策性负担三个角度对前面的基本模型进行一些扩展性讨论。在考虑这些因素后,基本模型之下关于政企联系规模扩张效应和效率减损效应的主要结论依然成立,同时还能有一些更为丰富的发现。

一、扩展讨论1:考虑政企联系的建立成本

民营企业建立政企联系,除了会挤占企业家用于生产经营活动的时间和精力之外,还需要为寻租消耗大量资源,因为政府官员会利用与企业的政企联系抽取企业价值(extract value)(Shleifer and Vishny,1994;Fisman,2001;Johnson and Mitton,2003;Cheung et al.,2010)。此类成本可被视作民营企业建立政企联系所要付出的进入成本(entry cost)。在此情况下,企业的最优决策会有何改变?下面我们就引入政企联系的建立成本 $\psi(\psi>0)$ 来加以考察。企业的最优化问题式(3-2)可以改写为:[1]

$$\max_{(\theta,K)}\pi_{ext1}(\theta,K) = A(1-\theta)^{\gamma}K^{\alpha} - e^{-\lambda\theta}cK - \psi \qquad (3-10)$$

---

[1] 式(3-10)中利润函数 $\pi_{ext1}(\theta,K)$ 的下标 $ext1$ 指代"扩展讨论1",下同。

由于 ψ 是可分离的，因此最优化问题式（3-10）的最大值也在（θ^*，K^*）处取到。需要说明的是，只有在建立政企联系时所获利润超过无政企联系时所获利润的情况下（即 $\pi_{ext1}^* = \pi^* - \psi > \pi_0$），民营企业才有动力建立政企联系，也就是说，政企联系的建立成本需要足够低（即 $\psi < \psi_1 \equiv \pi^* - \pi_0$）。倘若建立成本过高（即 $\psi \geqslant \psi_1$），则无论企业家精力在政企联系建设和生产经营活动中做何种分配，所获利润都不会超过无政企联系时的利润，企业就没有动力建立政企联系。

在考虑政企联系建立成本的情形下，我们可以将第三节中的基本命题扩展如下。

命题（$ext1a$）：假如政企联系的建立成本不是太高，仍在企业可承受的范围之内（$\psi < \psi_1$），那么企业家仍会把一部分精力用于政企联系建设（$\theta_{ext1}^* = \theta^* > 0$），相应的总利润为 $\pi_{ext1}^* = \pi^* - \psi$，高于无政企联系情形下的最优利润 π_0；投资水平和产出水平分别为 $K_{ext1}^* = K^*$ 和 $Y_{ext1}^* = Y^*$，高于无政企联系情形下的 K_0 和 Y_0，这就是政企联系的规模扩张效应。生产效率水平为 $A(1-\theta_{ext1}^*)^\gamma = A(1-\theta^*)^\gamma$，低于无政企联系情形下的 A，这就是政企联系的效率减损效应。而假如政企联系的建立成本过高（$\psi \geqslant \psi_1$），则企业家缺乏建立政企联系的激励，将专注于企业经营事务（$\theta_{ext1}^* = 0$），此时企业的总利润、投资水平、产出水平以及生产效率水平均与无政企联系的最优情形完全相同。

命题（$ext1a$）表明，扩展考虑政企联系的建立成本，基本命题中的结论仍然成立。只要政企联系的建立成本不是太高，建立政企联系仍是有助于增进企业价值的。政企联系对企业的投资和规模具有正向影响，此即政企联系的规模扩张效应；而对企业的生产效率具有负向影响，此即政企联系的效率减损效应。

假如我们允许企业在生产效率方面（也就是技术水平 A）具有异质性，则可以得到一些更为丰富的结论。利用式（3-9），$\pi^* - \pi_0$ 可以被写为 $(1-\alpha)A^{\frac{1}{1-\alpha}}\left(\frac{\alpha}{c}\right)^{\frac{\alpha}{1-\alpha}}\left[(1-\theta^*)^{\frac{\gamma}{1-\alpha}}\left(\frac{1}{e^{-\lambda\theta^*}}\right)^{\frac{\alpha}{1-\alpha}} - 1\right]$。记 $H \equiv (1-\alpha)\left(\frac{\alpha}{c}\right)^{\frac{\alpha}{1-\alpha}}\left[(1-\right.$

$\theta^*\big)^{\frac{\gamma}{1-\alpha}}\left(\dfrac{1}{e^{-\lambda\theta^*}}\right)^{\frac{\alpha}{1-\alpha}}-1\Big]$，就有 $\pi^*-\pi_0=HA^{\frac{1}{1-\alpha}}$。于是我们可以把民营企业建立政企联系的临界条件写成如下形式：

$$\psi<\pi^*-\pi_0\Leftrightarrow A>A_1\equiv(\psi/H)^{1-\alpha} \qquad (3-11)$$

式（3-11）意味着，建立政企联系的成本究竟是高还是低，实际上是相对于企业的生产效率水平而言的。利用该式，命题（$ext1a$）可改写如下。

命题（$ext1b$）：给定政企联系的建立成本 ψ，只有生产效率水平较高的优质企业（$A>A_1$）才会建立政企联系，政企联系的规模扩张效应和效率减损效应如命题（$ext1a$）所述；而生产效率水平较低的企业（$A\leqslant A_1$）则没有动力建立政企联系。

命题（$ext1b$）表明，一个企业是否具有政企联系或者说能否建立起政企联系，很大程度上是企业根据自身特征自主选择的结果。我们也可以理解为政府按照一定标准对企业进行筛选的结果。刘伟（2009）曾将政府挑选企业的过程称之为"挑选优胜企业"。在这样的选择机制下，具有政企联系的企业往往是那些生产效率水平本身就比较高、经营表现也比较好的优质企业，因为这类企业支付得起政企联系的建立成本。

需要特别强调的是，虽然具有政企联系的企业通常是高生产效率水平的优质企业，但政企联系本身是降低生产效率的。也就是说，相比于没有建立政企联系的时候，建立政企联系之后企业的生产效率会有所下降（尽管横向比较的话仍可能要高于其他企业）。

上述分析表明，企业经营表现与政企联系之间的关系实际上互为因果，不仅政企联系会影响企业的经营表现，而且政企联系本身也往往与企业的经营表现密切相关。想要在经验研究中正确识别出政企联系的效率减损效应，就需要对政企联系的内生性问题予以重点关注。现有经验研究的分析结果究竟可靠与否，值得重新检视。

二、扩展讨论2:考虑政企联系的行业准入便利

在基本模型中,我们以资金获取便利来描述政企联系的资源效应。实际上,在资金获取便利之外,政企联系还具有行业准入便利。行业准入便利有助于民营企业突破行业准入壁垒,增强企业的市场势力和定价能力(mark-up),帮助企业获得超额利润。为了反映具有政企联系的企业因进入高壁垒行业而获得的高定价能力和高盈利能力,我们对产出函数设置一个乘子 $\omega(\omega>1)$。这样,企业的最优化问题式(3-2)可以改写为:

$$\max_{(\theta, K)} \pi_{ext2}(\theta, K) = \omega A(1-\theta)^{\gamma} K^{\alpha} - e^{-\lambda\theta} cK \qquad (3-12)$$

采取与基本模型完全类似的方法,可以求解得到企业的最优决策。我们将其概括为如下命题。

命题($ext2$): 为了获取政企联系的资源效应,民营企业家会将一部分精力用于政企联系建设($\theta_{ext2}^{*}=\theta^{*}>0$)。与不存在政企联系的最优情形相比,企业有更高的投资水平($K_{ext2}^{*}=\omega^{\frac{1}{1-\alpha}}K^{*}>K_0$)、产出水平($Y_{ext2}^{*}=\omega^{\frac{1}{1-\alpha}}Y^{*}>Y_0$)以及利润水平($\pi_{ext2}^{*}=\omega^{\frac{1}{1-\alpha}}\pi^{*}>\pi_0$),此即政企联系的规模扩张效应;而生产效率却是下降的[$A(1-\theta_{ext2}^{*})^{\gamma}=A(1-\theta^{*})^{\gamma}<A$],此即政企联系的效率减损效应。

命题($ext2$)与基本命题非常类似,民营企业在充分权衡政企联系规模扩张效应的正面影响和效率减损效应的负面影响之后,依然会选择建立和维持政企联系,因为企业的总利润即总价值是上升的。不同之处在于,由于这里同时考虑了资金获取便利和行业准入便利这两类资源效应,因此政企联系的资源效应要更强,规模扩张效应也要更强:企业的投资水平和产出水平不仅高于无政企联系的最优情形($K_{ext2}^{*}>K_0$ 和 $Y_{ext2}^{*}>Y_0$),也要高于基本命题中仅考虑资金获取便利的最优情形($K_{ext2}^{*}>K^{*}$ 和 $Y_{ext2}^{*}>Y^{*}$)。

需要说明的是,在上述模型中,企业家用于政企联系建设的精力投入 θ_{ext2}^{*}

与基本模型下的 θ^* 完全相同,这是因为我们把政企联系的行业准入便利设定为一个固定的乘子 ω。假如允许行业准入便利随着企业家用于政企联系建设精力投入的增加而增强(也即 ω 与 θ 正相关),则企业家用于政企联系建设的精力投入将会进一步上升、用于生产经营活动的精力投入将会进一步下降,企业生产效率方面的损失也将随之扩大。原因在于,小幅提高 θ,行业准入便利增强导致的利润上升将能够弥补生产效率损失导致的利润下降。

三、扩展讨论3:考虑政企联系的政策性负担

为了实现政策目标,政府往往会向与其具有紧密联系的企业施加影响力,这些政策性负担会干扰企业决策、扭曲企业行为。在基本模型中,我们把政策性负担给企业带来的效率损失归并在生产函数的效率项 $(1-\theta)^\gamma$ 当中。下面我们以劳动力过度雇佣为例,明确讨论政策性负担对企业决策的影响。

(一) 一个包含劳动力投入的扩展模型

为了对劳动力过度雇佣加以分析,首先需要在基本模型式(3-2)中引入劳动力变量 L,于是企业的最优化问题可写为:

$$\max_{(\theta, K, L)} \pi_{ext3-1}(\theta, K, L) = A(1-\theta)^\gamma K^\alpha L^\beta - e^{-\lambda\theta}cK - wL \quad (3-13)$$

式(3-13)中,$\beta(0<\beta<1)$ 为劳动力的产出弹性,w 表示单位劳动力成本。企业家通过选择用于政企联系建设的精力投入 θ、资本投入 K 以及劳动力投入 L,来最大化利润。

在民营企业不被允许建立政企联系的特殊情形下,最优化问题式(3-13)转化为:

$$\max_{(K, L)} \pi_{ext3-1}(K, L) = AK^\alpha L^\beta - cK - wL \quad (3-14)$$

式(3-14)是一个凹函数,由一阶条件容易知道,取 $K_{ext3-1, 0}$ $= A^{\frac{1}{1-\alpha-\beta}}\left(\dfrac{\alpha}{c}\right)^{\frac{1-\beta}{1-\alpha-\beta}}\left(\dfrac{\beta}{w}\right)^{\frac{\beta}{1-\alpha-\beta}}$ 以及 $L_{ext3-1, 0} = A^{\frac{1}{1-\alpha-\beta}}\left(\dfrac{\alpha}{c}\right)^{\frac{\alpha}{1-\alpha-\beta}}\left(\dfrac{\beta}{w}\right)^{\frac{1-\alpha}{1-\alpha-\beta}}$ 时,企业

获得最大利润 $\pi_{ext3-1,0} = (1-\alpha-\beta)A^{\frac{1}{1-\alpha-\beta}}\left(\dfrac{\alpha}{c}\right)^{\frac{\alpha}{1-\alpha-\beta}}\left(\dfrac{\beta}{w}\right)^{\frac{\beta}{1-\alpha-\beta}}$,相应的产出水

平为 $Y_{ext3-1,0} = A^{\frac{1}{1-\alpha-\beta}}\left(\dfrac{\alpha}{c}\right)^{\frac{\alpha}{1-\alpha-\beta}}\left(\dfrac{\beta}{w}\right)^{\frac{\beta}{1-\alpha-\beta}}$。

回到一般化的最优化问题式(3-13)。由一阶条件 $\partial\pi_{ext3-1}(\theta, K, L)/\partial\theta = 0$、$\partial\pi_{ext3-1}(\theta, K, L)/\partial K = 0$ 以及 $\partial\pi_{ext3-1}(\theta, K, L)/\partial L = 0$ 可得:

$$\gamma A(1-\theta)^{\gamma-1}K^\alpha L^\beta = \lambda e^{-\lambda\theta}cK \tag{3-15}$$

$$\alpha A(1-\theta)^\gamma K^{\alpha-1}L^\beta = e^{-\lambda\theta}c \tag{3-16}$$

$$\beta A(1-\theta)^\gamma K^\alpha L^{\beta-1} = w \tag{3-17}$$

式(3-15)和式(3-16)的经济含义与式(3-4)和式(3-5)相同,分别描述了企业家用于政企联系建设的最优精力投入和企业最优资本投入。式(3-17)描述了最优劳动力投入,此时劳动力的边际产出恰好等于单位劳动力成本。

由式(3-15)至式(3-17)立即可以解得:

$$\theta_{ext3-1}^* = \theta^* = 1 - \frac{\gamma}{\alpha\lambda} \tag{3-18}$$

$$K_{ext3-1}^* = A^{\frac{1}{1-\alpha-\beta}}(1-\theta^*)^{\frac{\gamma}{1-\alpha-\beta}}\left(\dfrac{\alpha}{e^{-\lambda\theta^*}c}\right)^{\frac{1-\beta}{1-\alpha-\beta}}\left(\dfrac{\beta}{w}\right)^{\frac{\beta}{1-\alpha-\beta}} \tag{3-19}$$

$$L_{ext3-1}^* = A^{\frac{1}{1-\alpha-\beta}}(1-\theta^*)^{\frac{\gamma}{1-\alpha-\beta}}\left(\dfrac{\alpha}{e^{-\lambda\theta^*}c}\right)^{\frac{\alpha}{1-\alpha-\beta}}\left(\dfrac{\beta}{w}\right)^{\frac{1-\alpha}{1-\alpha-\beta}} \tag{3-20}$$

不难证明,$\pi_{ext3-1}(\theta, K, L)$ 在 $(\theta_{ext3-1}^*, K_{ext3-1}^*, L_{ext3-1}^*)$ 处取到最大值。进一步可以解得最优决策时的产出水平 Y_{ext3-1}^* 和利润水平 π_{ext3-1}^*:

$$Y_{ext3-1}^* = A^{\frac{1}{1-\alpha-\beta}}(1-\theta^*)^{\frac{\gamma}{1-\alpha-\beta}}\left(\dfrac{\alpha}{e^{-\lambda\theta^*}c}\right)^{\frac{\alpha}{1-\alpha-\beta}}\left(\dfrac{\beta}{w}\right)^{\frac{\beta}{1-\alpha-\beta}} \tag{3-21}$$

$$\pi_{ext3-1}^* = (1-\alpha-\beta)A^{\frac{1}{1-\alpha-\beta}}(1-\theta^*)^{\frac{\gamma}{1-\alpha-\beta}}\left(\dfrac{\alpha}{e^{-\lambda\theta^*}c}\right)^{\frac{\alpha}{1-\alpha-\beta}}\left(\dfrac{\beta}{w}\right)^{\frac{\beta}{1-\alpha-\beta}} \tag{3-22}$$

容易证明,有 $\pi^*_{ext3-1}>\pi_{ext3-1,0}$、$K^*_{ext3-1}>K_{ext3-1,0}$、$L^*_{ext3-1}>L_{ext3-1,0}$ 以及 $Y^*_{ext3-1}>Y_{ext3-1,0}$ 成立。[①]

在引入劳动力变量的情形下,我们可以将第三节中的基本命题扩展如下。

命题($ext3-1$):为了获取政企联系的资源效应,民营企业家会将一部分精力用于政企联系建设($\theta^*_{ext3-1}=\theta^*>0$)。与不存在政企联系的最优情形相比,企业有更高的投资水平($K^*_{ext3-1}>K_{ext3-1,0}$)、劳动力投入($L^*_{ext3-1}>L_{ext3-1,0}$)、产出水平($Y^*_{ext3-1}>Y_{ext3-1,0}$)以及利润水平($\pi^*_{ext3-1}>\pi_{ext3-1,0}$),这就是政企联系的规模扩张效应;而生产效率却是下降的 $[A(1-\theta^*_{ext3-1})^{\gamma}<A]$,这就是政企联系的效率减损效应。

从命题($ext3-1$)可以看出,基本命题依然成立:政企联系的规模扩张效应有助于企业做大规模,而政企联系的效率减损效应则会降低企业的生产率水平,并且规模扩张效应带来的正向影响要超过效率减损效应带来的负向影响,表现为企业总利润的上升。差别在于,引入劳动力变量之后,在要素投入方面,政企联系的规模扩张效应不仅仅表现为资本投入即投资水平的扩张,还表现为劳动力投入的扩张。

(二) 存在劳动力过度雇佣时的企业决策

为降低失业率、保障就业,政府会对具有政企联系的民营企业施加影响力,要求企业对劳动力进行过度雇佣,并常常以此作为向企业提供资源的先决条件(Vishny,1994;Boycko et al.,1996;Bertrand et al.,2007)。为分析劳动力过度雇佣作为一种政策性负担,对企业行为决策的影响,我们在模型式(3-13)中引入一个劳动力雇佣的下限 $\underline{L}(\underline{L}>0)$。政府出于实现社会就业目标的考虑,要求建立了政企联系的企业实际雇佣的劳动力数量 L 不得低于该下限。这样,企业的最优化问题可以写为:

$$\max_{(\theta,K,L)}\pi_{ext3-2}(\theta,K,L)=A(1-\theta)^{\gamma}K^{\alpha}L^{\beta}-e^{-\lambda\theta}cK-wL$$

---

① 证明过程详见本书附录一。

$$st. L \geqslant \underline{L} \qquad (3-23)$$

当 $\underline{L} \leqslant L_{ext3-1}^*$ 时，企业的最优劳动力雇佣水平不会受到下限 $\underline{L}$ 的约束，不存在过度雇佣问题，此时企业的最优决策如命题（$ext3-1$）中所述。下面我们只就 $\underline{L} > L_{ext3-1}^*$ 的情形加以讨论。此时有 $L \geqslant \underline{L} > L_{ext3-1}^*$，即企业实际雇佣的劳动力数量必定高于无下限约束时的最优雇佣水平，这就意味着存在过度雇佣问题。在此情况下，式（3-23）中的不等式约束必然为紧约束，即企业会把实际雇佣的劳动力数量设定在雇佣下限的水平上（$L = \underline{L}$）。由此，式（3-23）中的最优化问题转换为：

$$\max_{(\theta, K)} \pi_{ext3-2}(\theta, K, \underline{L}) = A(1-\theta)^\gamma K^\alpha \underline{L}^\beta - e^{-\lambda\theta}cK - w\underline{L} \qquad (3-24)$$

求解过程与基本模型式（3-2）非常类似。由一阶条件 $\partial \pi_{ext3-2}(\theta, K, \underline{L})/\partial\theta = 0$ 和 $\partial \pi_{ext3-2}(\theta, K, \underline{L})/\partial K = 0$ 可得：

$$\gamma A(1-\theta)^{\gamma-1}K^\alpha \underline{L}^\beta = \lambda e^{-\lambda\theta}cK \qquad (3-25)$$

$$\alpha A(1-\theta)^\gamma K^{\alpha-1}\underline{L}^\beta = e^{-\lambda\theta}c \qquad (3-26)$$

由式（3-25）和式（3-26）立即可以解得：

$$\theta_{ext3-2}^* = \theta^* = 1 - \frac{\gamma}{\alpha\lambda} \qquad (3-27)$$

$$K_{ext3-2}^* = A^{\frac{1}{1-\alpha}}(1-\theta^*)^{\frac{\gamma}{1-\alpha}}\left(\frac{\alpha}{e^{-\lambda\theta^*}c}\right)^{\frac{1}{1-\alpha}}\underline{L}^{\frac{\beta}{1-\alpha}} \qquad (3-28)$$

易知 $\pi_{ext3-2}(\theta, K, \underline{L})$ 在 $(\theta_{ext3-2}^*, K_{ext3-2}^*)$ 处取到最大值，进一步可以解得最优决策时的产出水平 Y_{ext3-2}^* 和利润水平 π_{ext3-2}^*：

$$Y_{ext3-2}^* = A^{\frac{1}{1-\alpha}}(1-\theta^*)^{\frac{\gamma}{1-\alpha}}\left(\frac{\alpha}{e^{-\lambda\theta^*}c}\right)^{\frac{\alpha}{1-\alpha}}\underline{L}^{\frac{\beta}{1-\alpha}} \qquad (3-29)$$

$$\pi_{ext3-2}^* = (1-\alpha)A^{\frac{1}{1-\alpha}}(1-\theta^*)^{\frac{\gamma}{1-\alpha}}\left(\frac{\alpha}{e^{-\lambda\theta^*}c}\right)^{\frac{\alpha}{1-\alpha}}\underline{L}^{\frac{\beta}{1-\alpha}} - w\underline{L} \qquad (3-30)$$

应当指出,假如政策性负担过重,即政府所要求的劳动力雇佣下限 $\underline{L}$ 过高,则无论企业家精力在政企联系建设和生产经营活动中作何种分配,所获利润都不会超过不建立政企联系时的利润,民营企业就没有动力建立政企联系。不难证明,存在一个临界值 $L_1(L_1 > L^*_{ext3-1})$,只要劳动力雇佣下限 $\underline{L}$ 不超过 L_1,就有 $\pi^*_{ext3-2} > \pi_{ext3-1,0}$ 成立。也就是说,企业建立政企联系后所获的利润将高于无政企联系的情形,建立政企联系是有利可图的。另外,容易证明,此时的资本投入、劳动力投入以及产出水平不仅高于不存在劳动力过度雇佣的最优情形,也要高于无政企联系的最优情形:$K^*_{ext3-2} > K^*_{ext3-1} > K_{ext3-1,0}$、$L^*_{ext3-2}(= \underline{L}) > L^*_{ext3-1} > L_{ext3-1,0}$ 以及 $Y^*_{ext3-2} > Y^*_{ext3-1} > Y_{ext3-1,0}$。[①]

在政府给建立了政企联系的企业设置劳动力雇佣下限的情况下,企业的最优决策可以被概括为如下命题。

命题($ext3-2a$): 假如劳动力雇佣下限 $\underline{L}$ 不是太高($L^*_{ext3-1} < \underline{L} < L_1$),那么尽管有过度雇佣问题,但情况并不严重,政策性负担在企业可承受的范围内,企业仍有动力建立政企联系($\theta^*_{ext3-2} = \theta^* > 0$);相应的总利润为 π^*_{ext3-2},这虽然要低于不存在劳动力雇佣下限情况下的最优利润 π^*_{ext3-1}(这正是过度雇佣造成的不利影响),但仍要高于无政企联系情形下的最优利润 $\pi_{ext3-1,0}$;投资水平、劳动力雇佣以及产出水平分别为 K^*_{ext3-2}、$L^*_{ext3-2}(= \underline{L})$ 和 Y^*_{ext3-2},分别高于无政企联系情形下的 $K_{ext3-1,0}$、$L_{ext3-1,0}$ 和 $Y_{ext3-1,0}$,此即政企联系的规模扩张效应;生产效率水平为 $A(1-\theta^*)^\gamma$,低于无政企联系情形下的 A,此即政企联系的效率减损效应。而假如劳动力雇佣下限过高($\underline{L} > L_1$),则过度雇佣问题就过于严重了,政策性负担要超过企业通过政企联系所能获取的好处,企业没有动力建立政企联系,此时企业的总利润、投资水平、劳动力雇佣、产出水平以及生产效率水平均与无政企联系的最优情形完全相同。

命题($ext3-2a$)表明,以劳动力过度雇佣为例扩展考虑建立政企联系带来

———————————

① 证明过程详见本书附录一。

的政策性负担,基本命题中的结论仍然成立。只要政策性负担不是过于沉重,建立政企联系仍是有助于增进企业价值的。政企联系同时具有规模扩张效应和效率减损效应,一方面帮助企业做大了规模,另一方面也降低了企业的生产效率。

假如我们允许企业在生产效率方面(也就是技术水平 A)具有异质性,则可以得到一些更为丰富的结论。不难证明,对于给定的劳动力雇佣下限 $\underline{L}$,必定存在一个临界值 A_2,当且仅当 $A > A_2$ 时有 $\pi^*_{ext3-2} > \pi_{ext3-1,0}$ 成立。① 也就是说,由政企联系导致的劳动力过度雇佣等政策性负担,究竟是高还是低,实际上是相对于企业的生产效率而言的。于是,命题($ext3-2a$)可改写如下。

命题($ext3-2b$):给定劳动力雇佣下限 $\underline{L}$,只有生产效率水平较高的优质企业($A > A_2$)才会建立政企联系,政企联系的规模扩张效应和效率减损效应如命题($ext3-2b$)所述;而生产效率水平较低的企业($A \leqslant A_2$)则没有动力建立政企联系。

命题($ext3-2b$)与扩展讨论1中命题($ext1b$)是非常类似的。命题($ext3-2b$)讨论了在给定政企联系的政策性负担(以劳动力过度雇佣为例)的情况下,何种企业将有动力建立政企联系;而命题($ext1b$)则讨论了在给定政企联系建立成本的情况下,何种企业将有动力建立政企联系。从广义上讲,政策性负担也可以被视为一种政企联系的建立成本。两者既有共同特征,也具有差异性。共同特征就是,在需要付出寻租成本、承担政策性负担的情况下,只有优质民营企业才有实力建立政企联系,这与我们的现实观察相吻合。差异性在于,扩展讨论1中所讨论的政企联系建立成本具有可加性,除了效率因子 $(1-\theta^*)^\gamma$ 之外,不会进一步扭曲企业的生产决策,无论是资本投入还是劳动力投入都恰好处于边际产出等于边际成本的最优水平;而存在劳动力雇佣下限的情况下,劳动力实际上是过度雇佣的。

---

① 证明过程详见本书附录一。

第五节 本章小结

我国的资源分配存在体制性主从次序,民营企业长期处于底端,发展面临严重制约。在此背景下,民营企业踊跃与政府建立联系,根本原因就在于政企联系具有资源效应,能帮助企业获取发展所需的重要资源。资源效应主要有资金获取便利和行业准入便利两个方面。资金获取便利就是政企联系有利于企业获取资金支持,具体包括银行信贷、股权融资、税收减免以及政府补贴等等;行业准入便利就是政企联系能够帮助企业突破行业进入壁垒,进入到高利润的高壁垒行业。

政企联系的资源效应帮助相关企业部分地突破发展瓶颈,有利于企业发展,但同时也会扭曲企业的行为和决策,政企联系对于企业运行的影响表现为规模扩张效应和效率减损效应两个方面。政企联系通过行业准入便利,为企业开辟了新的投资领域、激发了企业的投资动力,同时又通过资金获取便利,为企业提供了资金保障、解除了企业投资的后顾之忧,有利于企业扩大投资、做大规模,这就是政企联系的规模扩张效应。但与此同时,政企联系也会导致企业生产经营效率的损失,这就是效率减损效应。效率损失主要来自政企联系引发的企业行为扭曲:首先,建立和维护政企联系会挤占企业家用于生产经营活动的时间和精力;其次,政企联系弱化了企业的创新激励;再次,政企联系加重了企业的政策性负担,干扰了企业决策;最后,建立政企联系后企业往往会实施多元化特别是非相关多元化战略,企业家无法对多元化的各行业部门实行有效管理。

随后我们建立一个简单的理论模型,讨论企业家在政企联系资源效应引发的企业规模扩张和效率损失之间的权衡。研究发现,规模扩张效应对于企业价值的正向影响要超过效率减损效应的负向影响,企业家不惜损失效率,也要做大规模。在能够依靠政企联系廉价获取资源,进而实现企业规模快速扩张的情况下,企业没有动力扎扎实实地通过管理和技术创新提高企业竞争力,最后将逐渐演变为关系和资源依赖型的规模大而效率低的企业。此外,我们还从政企联系建立成本、行业准入便利以及政策性负担三个角度对上述基本模型进行了扩展讨论,发现结论依然成立。

第四章　政企联系资源效应的实证研究：
缓解融资约束视角

本章以政企联系缓解民营企业融资约束的微观作用机理作为切入点，讨论信息效应和资源效应两种作用机制，并设计具有针对性的研究策略，以我国民营上市公司作为样本，对上述两种效应中何种效应占主导地位加以检验，试图为政企联系的资源效应提供确凿的经验证据。

政企联系缓解民营企业的融资约束，存在资源效应和信息效应两种机制。政企联系有助于强化民营企业的资金获取能力以及其他方面资源的获取能力，这就是资源效应；除此之外，政企联系还能够起到信号发送功能，降低资金供求双方的信息不对称，这就是信息效应。本章首先利用证券市场微观结构数据构造反映资金供求双方信息不对称程度的指标，对政企联系与信息不对称之间的关系加以直接检验，以确认政企联系的信号发送功能，即政企联系缓解融资约束的信息效应；其次，基于阿尔梅达等（Almeida et al.，2004）提出的现金—现金流敏感度融资约束识别策略，检验政企联系缓解民营企业融资约束的微观作用机制，假如我们能够证实，在控制信息效应的基础上，政企联系缓解融资约束还存在资源效应，且资源效应占主导地位，就表明政企联系缓解民营企业融资困境的关键在于资源效应，此即政企联系资源效应的有力证据。

本章结构安排如下：第一节简要讨论政企联系缓解融资约束的两种作用机制——资源效应和信息效应，并将简要说明政企联系资源效应的识别思路；第二节描述本章使用的数据并定义相关的变量；第三节是实证分析，首先检验政企联系是否有助于缓解信息不对称，其次检验政企联系是否有助于缓解融资约束、检验具体的作用机制并识别出其中的主导机制;第四节是稳健性检验;第五节是本章小结。

第一节　政企联系缓解融资约束的信息效应和资源效应

从理论上讲,政企联系缓解民营企业的融资约束,存在信息效应和资源效应两种作用机制。假如我们能够通过实证研究来说明,在融资约束的缓解过程中,资源效应所起的作用非常重要,那么就确认了政企联系存在资源效应。

一、政企联系的信息效应

我国资金市场上,资金供求双方关于企业未来经营状态的信息高度不对称,由此导致的逆向选择问题是妨碍民营企业融资的重要因素(林毅夫和李永军,2001;李志赟,2002;白重恩等,2005)。而政企联系则是关于企业未来业绩的有效信号,能降低资金供求双方之间的信息不对称程度,从而缓解民营企业融资约束,这就是政企联系的信息效应。

在向银行申请贷款或通过资本市场募集资金时,经营前景差的劣质企业会伪装成前景好的优质企业。成熟金融市场中有完善的评级机构和审计机构对企业质量和未来业绩加以分析评估,并提供给资金供给方。而我国金融系统的基础设施不健全,没有完善的信用评估体系,市场上缺乏具有高公信力和高专业水准的独立第三方认证机构。尽管我国的资信评级机构已有了初步的发展,但在人员、技术、业务范围等方面都与全球性评级机构有较大差距,研究报告的数量和质量都难以满足市场的需求,市场认可度不高(袁敏,2007),信用评级的真实性值得怀疑(白重恩等,2005)。因此,作为资金供给方的银行和外部股权投资者关于企业信息的来源渠道非常有限,资金供求双方存在严重的信息不对称。资金供给方无力区分优质企业与劣质企业,难以对企业的未来收益作出准确的预期和判断,无法确保投资收益和资金安全,导致企业融资困难。作为本章经验研究样本的民营上市公司多是地方上的骨干企业,按照监管要求建立了信息披露制度,信息不对称相对要低一些,但由于信息披露整体质量依然低下(陈晓和秦跃红,2003;平新乔和李自然,2003),特别是对包括公司战略信息在内的非财务信息的披露非常少,信息不对称问题依然严重。中国社会科学院经济学部企业社会责任研究中心和证券时报社中国上市公司社会责任研究中心联合发布的《中国上市公司非财务信息披露报告(2011)》显示,沪深300指数成分股公司的信息披露平均得分仅为29.8分(满分100分),99%的企业低于及格线60分,近1/3的企业低于20分。而这些缺失的非财务信息是企业未来业绩的"先行指示器"(马连福和赵颖,2007),是投资者评估企业价值、进行投资决策的必要参考依据。

政企联系的获取机制决定了,相比于其他企业,建立了政企联系的企业更可能是经营效率较高的优质企业。第三章的命题(*ext*1a)已说明了这一点。这里我们从政企联系获取机制的角度略述如下。民营企业建立政企联系,大致有两种渠道:一是地方政府出于经济和政治考虑,树立优秀企业和企业家典型,给予龙头企业和企业主荣誉和表彰;二是企业家聘请人大代表、政协委员或前政府官员担任企业高管。无论哪种渠道,高效率的优质企业都有更大的可能性建立政企联系,效益好、纳税多的优质企业和企业家更有可能获得荣誉和表彰,出于自身利益的考虑,代表委员或前政府官员更愿意选择去业绩好、盈利能力强的企业任职。由于业绩好的优质企业更易建立起政企联系,政企联系可被视为反映企业未来经营表现的一种重要声誉机制(孙铮等,2005),资金供给方认为建立了政企联系的优质企业更有可能在未来取得良好的经营业绩。目前的实证证据也是支持以上判断的。从事后的角度看,本章所选样本的经验数据以及罗党论和唐清泉(2009a)的研究显示,建立了政企联系的企业确实要比无政企联系的企业有更高的劳动生产率和更高的资产利润率,或者说具有更高的经营效率。

二、政企联系的资源效应

政企联系缓解融资约束的另一个机制就是资源效应。考虑到第三章已对政企联系的资源效应作了详细论述,这里不再展开。需要说明的是,政企联系缓解企业融资约束的资源效应,不仅包括第三章所论述的狭义的资金获取便利,实际上也包含了政企联系的行业准入便利以及政策信息获取和产权保护加强等广义的资源效应。资金获取便利是政企联系缓解融资约束的直接效应,政企联系能够帮助企业更为便利地获得银行贷款、进入资本市场。而行业准入便利以及广义资源效应则是间接效应。民营企业通过政企联系突破进入壁垒、获得更多的政策信息和更强的产权保护,能够获取更高的利润水平、化解企业面临的政策风险、保护企业的商业利益不受侵害,这些都有助于提高企业的未来总收益和市场价值,进而降低资金供给方提供资金的风险。即便仅考虑商业利益,资金供给方也更愿意向具有政企联系的企业提供资金。

三、政企联系资源效应的识别思路

综上所述,政企联系可以通过信息效应和资源效应帮助民营企业缓解融资约束(图 4-1)。具有政企联系的民营企业更可能是经营效率较高的优质企业,同时这些企业具有更强的资源获取能力,企业未来的总收益和市场价值更高。而信息效应和资源效应的关键区别是,信息效应在于政企联系作为企业经营效率的信号,增加资金供给方关于企业未来业绩的信息,从而降低资金供求双方的信息不对称程度;而资源效应在于政企联系能增强企业获得资源的能力,提

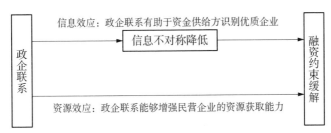

图 4-1 政企联系缓解民营企业融资约束的信息效应和资源效应

高企业的未来总收益,但并没有改变资金供求双方的信息不对称程度。接下来,我们利用民营上市公司的微观数据,从实证角度检验政企联系缓解融资约束的具体机制。政企联系的信息效应和资源效应是否存在?如果存在,究竟是信息效应占据主导,还是资源效应占据主导,抑或两种效应同等重要?假如我们能够验证占主导地位的是资源效应,那么就说明政企联系缓解民营企业融资困境的关键在于资源效应,这就是政企联系资源效应的可靠经验证据。

第二节　数据与变量

一、样本说明

本章选取 1999 年到 2009 年间在沪深证券交易所上市的非金融类民营上市公司数据为原始样本,构建了一个企业数据和高管数据相匹配的微观数据库。参照中华全国工商业联合会《中国民营经济发展报告 No.6(2008—2009)》的做法,我们对民营上市公司的界定以实际控制人是自然人为标准,民营上市公司指由个人或家族最终控制的上市公司。需要说明的是,与许多早期研究不同,我们的样本中没有包括买壳上市的民营企业。原因在于,由国有上市公司通过股权转让实现民营化的企业,其政企联系可能在民营化之前就已经建立(余明桂和潘红波,2008),另外,民营化企业的高管构成较为复杂,在公司控制权发生转移的过程中,企业高层人事安排往往是几方妥协的结果(邓建平和曾勇,2009),也就是说,这些企业建立政企联系,未必是出于企业利益最优化的考量。将样本限定在 IPO 时即为民营的上市公司,可以使我们的分析免受上述复杂因素的干扰。

本章所需的企业层面数据涉及公司财务和治理数据、金融市场微观结构数据以及高管身份信息三个方面。财务和治理数据为年度数据,市场微观结构数据为日频数据,取自国泰安数据库和锐思数据库。高管身份信息以手工方式收集。我们主要通过新浪网和凤凰网财经版块,并辅之以百度等搜索引擎,搜集各上市公司历任总经理和董事长的简历,从其任职经历中提取代表委员等身份信息。依照惯例,我们按以下原则对样本进行处理:(1)剔除数据不全的公司样本点;(2)剔除金融类公司、被特别处理的公司;(3)对连续变量在1%和99%分位上进行缩尾处理(winsorize),以避免异常值对分析的影响。最终形成了一个包含260家公司1099个有效观测值的非平衡面板数据。

二、变量设定

(一) 信息不对称指标

借鉴金融市场微观结构文献(market microstructure literature)所采用的策略,本章利用公司个股的交易资料捕捉证券市场上非知情交易者与知情交易者关于企业价值的信息的不对称程度,并以此作为资金供给方与企业之间信息不对称程度的代理变量。股票交易中,与企业关系密切的知情交易者通常比其他交易者拥有更多关于企业经营状况和经营前景的信息,非知情交易者由于担心其因处于信息劣势而蒙受损失,会要求一个"柠檬"溢价("lemons" premium)(Akerlof,1970)作为补偿,以弥补逆向选择问题可能给其带来的潜在损失。关于资产价值的信息不对称强度是资产流动性的重要决定因素,信息越不对称,逆向选择问题越严重,"柠檬"溢价就越高,股票的流动性也就越差。

基于上述观念,金融市场结构文献试图通过报价、交易价格、成交量、买卖价差等可观察的市场数据(observed market data)推断信息不对称的严重程度。乔治等(George et al.,1991)、伊斯利等(Easley et al.,1996)、阿米赫德等(Amihud et al.,1997)、阿米赫德(Amihud,2002)以及帕斯托尔和斯坦博(Pástor and Stambaugh,2003)等学者都作了有益的探索,开发出一些度量策略,其中乔治等(George et al.,1991)、伊斯利等(Easley et al.,1996)的方法对交易数据的要求非常高,需要用到逐笔交易数据;阿米赫德等(Amihud et al.,1997)、阿米赫德(Amihud,2002)以及帕斯托尔和斯坦博(Pástor and

Stambaugh,2003)的方法对交易数据的要求略低,只需要日频交易数据就可以了。

由于高频数据处理量非常庞大且我国证券市场高频交易数据缺失严重,利用高频交易数据开展的相关微观结构研究一般都选用较窄的时间窗口(3～6个月不等)。[①]但本章需要估计样本区间内每个企业—年度(firm-year)的信息不对称程度,这样窄的时间窗口显然不能满足我们的研究需要。为此我们采用阿米赫德等(Amihud et al.,1997)、阿米赫德(Amihud,2002)以及帕斯托尔和斯坦博(Pástor and Stambaugh,2003)基于日频交易数据的方法测算信息不对称程度。

阿米赫德等(Amihud et al.,1997)流动性比率指标 *LR* 和阿米赫德(Amihud,2002)非流动性比率指标 *ILL* 都利用买卖指令流(order flow)与股票价格之间的相互作用关系识别流动性。基本思路是,逆向选择问题越少,则股票流动性越高,单位成交量对应的价格变化越小。测算方法分别为:

$$LR_{it} = -\frac{1}{D_{it}}\sum_{k=1}^{D_{it}}\sqrt{\frac{V_{it}(k)}{|r_{it}(k)|}}$$

和

$$ILL_{it} = \frac{1}{D_{it}}\sum_{k=1}^{D_{it}}\sqrt{\frac{|r_{it}(k)|}{V_{it}(k)}}$$

其中 $r_{it}(k)$ 表示 i 企业 t 年度第 k 个交易日的股票收益率,$V_{it}(k)$ 表示日成交量,D_{it} 表示当年交易天数。帕斯托尔和斯坦博(Pástor and Stambaugh,2003)认为,流动性差的股票会对指令流反应过度(overshoot),给定成交量不变,流动性越低则收益率反转(return reversal)越大。他们建议用收益率反转衡量流动性。收益率反转指标 $GAM_{it}=|\gamma_{it}|$,系数 γ_{it} 由下式估

① 比如,王志强和陈培昆(2006)的研究选取深证成分指数 2003 年 7 月 1 日至 9 月 30 日共 66 个交易日作为样本区间。而在该区间内,沪市高频分笔交易数据严重缺失。

110

计得到:

$$r_{it}^{e}(k) = \theta_{it} + \varphi_{it}r_{it}(k-1) + \gamma_{it}V_{it}(k-1)sign[r_{it}^{e}(k-1)] + \varepsilon_{it}(k)$$

其中 $r_{it}^{e}(k) = r_{it}(k) - r_{mt}(k)$ 为超额收益率,$r_{mt}(k)$ 表示按市值为权重加权的市场收益率(考虑到我国股市的特殊性,我们以流通市值作为权重)。在其他条件不变的情况下,信息不对称程度越高,股票流动性越低,LR、ILL 和 GAM 指标越大。

我们利用我国民营上市公司股票交易的微观结构数据(按流通市值加权的市场收益率 r_m、公司个股日收益率 r、日成交量 V 和年度交易天数 D)构建 LR、ILL 和 GAM 指标。但正如哈斯布鲁克(Hasbrouck,2007)所指出的,上述每个指标既包含与非对称信息相关的成分,也可能包含与非对称信息无关的成分,不能全面刻画信息不对称的全部特征。为此,我们遵循巴拉特等(Bharath et al.,2009)的做法,对原始指标采用主成分分析法,捕捉它们的共同变异信息即与非对称信息相关的成分。

从表 4-1 列示的主成分分析结果和图 4-2 给出的碎石图来看,仅第一主成分的特征值大于 1,且对应的方差累积贡献率已近 75%,表明第一主成分已经包含了三个原始指标的主要信息,对原始指标提取第一主成分就足够了,将第一主成分记为信息不对称指标 ASY。ASY 在三个原始指标 LR、ILL 和 GAM 上的载荷由下式给出:

$$ASY = 0.8650 \times Z\_LR + 0.9418 \times Z\_ILL + 0.7799 \times Z\_GAM$$

表 4-1　信息不对称指标主成分分析结果

	特征值	方差贡献份额	累积方差贡献份额
主成分 1	2.2461	0.7487	0.7487
主成分 2	0.5804	0.1935	0.9421
主成分 3	0.1736	0.0579	1.0000

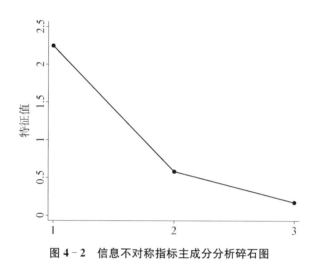

图 4-2 信息不对称指标主成分分析碎石图

其中等式右边三个信息不对称指标的前缀 Z 表示原始指标经过标准化处理。我们主要以 ASY 作为资金供给方与企业之间信息不对称程度的代理变量。

表 4-2 给出了各信息不对称指标的相关系数矩阵,图 4-3 描述了各指标的时间趋势。可以看出,各指标的相关程度较高,时间趋势也大体一致。各指标在 2006 年前后都经历了一个明显的下降过程,可能与股权分置改革提高了上市公司治理水平(廖理等,2008)和自愿性信息披露水平(张学勇和廖理,2010),从而降低了信息不对称程度有关。

表 4-2 信息不对称指标的相关系数矩阵

	ASY	LR	ILL	GAM
ASY	1			
LR	0.8759***	1		
ILL	0.9417***	0.8051***	1	
GAM	0.7799***	0.4456***	0.6323***	1

注:*** 表示在 1% 水平上显著。

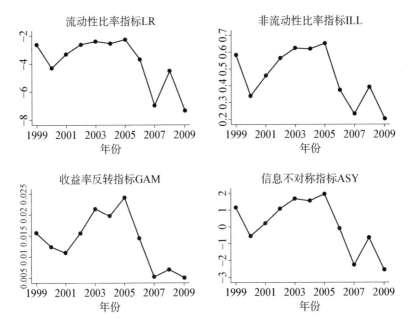

图 4-3 信息不对称指标的时间趋势

（二） 政企联系

我们遵循余明桂和潘红波(2008)、吴文锋等(2009)、蔡卫星等(2011)、许年行等(Xu et al.，2013)以及后青松等(Hou et al.，2017)等学者的做法,以董事长和总经理的身份作为企业政企联系的代理变量。曾任党政官员的企业董事长或总经理比较熟悉政府工作流程,容易与现任官员建立良好人际关系(Zhang et al.，2016)。如果他们曾任/现任人大代表或政协委员,就会有更多接触政府官员的机会,从而便于向政府反映企业生产经营中的困难以及企业的诉求(Cheng et al.，2019)。基于上述讨论,只要董事长或总经理具有以下身份中的一种,我们就定义该企业为具有政企联系的企业,*POL* 取 1,否则取 0:曾任党政官员,曾在军队任职,现任或曾任人大代表,现任或曾任政协委员。

（三） 其他变量

本章参照阿尔梅达等(Almeida et al.，2004)、张学勇和廖理(2010)等相关研究选取控制变量,表4-3列示了变量的度量方法和统计特征。我们还设置了省份、行业、年份虚拟变量,其中行业类别划分遵循证监会《上市公司行业分类指引》,参照张纯和吕伟(2009)的做法,制造业取2位行业代码,其余行业取1位。需要说明的是,省份和行业虚拟变量只在除固定效应之外的回归中起作用,因为在固定效应回归中,这些非时变的因素在做去均值转换(de-mean transformation)时被自然地去除了。

表4-3 变量的衡量方法和统计性描述

变　量	衡量方法	均值	标准差	最小值	最大值
信息不对称（ASY）	对 LR、ILL、GAM 提取主成分	0.003	2.243	−5.344	8.348
政企联系（POL）	董事长或总经理是否曾任党政官员或现任/曾任代表委员	0.517	0.500	0.000	1.000
企业规模（Size）	总资产对数值	20.894	0.771	19.698	22.325
资产收益率（ROA）	利润总额/总资产	0.060	0.067	−0.178	0.285
负债率（Lev）	总负债/总资产	0.455	0.175	0.087	0.876
企业年龄（LnFmAge）	企业成立年数对数值	2.103	0.419	1.386	2.708
董事长是否兼任总经理（Plurm）	是取1,否取0	0.238	0.426	0.000	1.000
股权集中度（H10）	前10位大股东持股比例的平方和	0.155	0.101	0.002	0.658
非流通股比例（NTrad）	未流通股数/总股数	0.491	0.217	0.000	0.805
投资机会（Q）	（总负债＋股权价值[a]）/总资产	1.842	1.036	0.792	5.381
营业现金流（CF）	经营活动产生的现金流量净额/总资产	0.051	0.078	−0.178	0.281
现金存量（Cash）	现金及现金等价物期末余额/总资产	0.164	0.120	0.004	0.564

续表

变　量	衡量方法	均值	标准差	最小值	最大值
资本支出（*Expen*）	资本支出[b]/总资产	0.068	0.067	−0.036	0.295
非现金净营运资本（*NWC*）	（短期资产－短期负债－现金存量）/总资产	0.011	0.175	−0.433	0.451
短期债务（*SD*）	短期负债/总资产	0.395	0.160	0.079	0.820

注：[a] 股权价值＝流通股本×股价＋非流通股本×每股净资产；[b] 资本支出＝（经营租赁所支付的现金＋购建固定资产、无形资产和其他长期资产所支付的现金－处置固定资产、无形资产和其他长期资产而收回的现金净额）。

第三节　实证结果和分析

本节首先检验政企联系有否降低资金供给方与企业之间的信息不对称，然后识别政企联系缓解融资约束的具体作用机制。

一、政企联系信息效应的经验证据

我们采用如下经验模型检验政企联系是否降低了资金供求双方的信息不对称程度，从而为政企联系的信息效应提供经验证据：

$$AsyInfo_{it} = \tau POL_{it} + \beta X_{it} + Yr + u_i + \varepsilon_{it} \qquad (4-1)$$

信息不对称方程式（4－1）中，*AsyInfo* 表示信息不对称程度，分别以前述的 *ASY*、*LR*、*ILL* 和 *GAM* 指标作为代理变量。*POL* 表示企业政企联系。*X* 为控制变量，参考张学勇和廖理（2010）等相关经验研究，我们选取企业规模 *Size*、资产收益率 *ROA*、负债率 *Lev*、企业年龄 *LnFmAge*、董事长是否兼任总经理 *Plurm*、股权集中度 *H10*、非流通股比例 *NTrad* 作为控制变量。*Yr* 为年份虚拟变量，用以控制年份效应。u_i 表示企业个体效应（individual effect），用以控制那些难以观测和量化的非时变影响因素，ε_{it} 表示特异性误差（idiosyncratic error）。τ 的符号及显著性将是我们的关注重点，假如 τ 显著为负，就表明政企联系可以帮助民营企业降低信息不对称。

估计面板数据,可供选择的方法有混合最小二乘法(POLS)、固定效应法(FE)和随机效应法(RE)。若企业个体效应 u_i 不显著,可采用混合最小二乘法,否则应考虑固定效应法或随机效应法。若个体效应与解释变量不相关,运用随机效应法可增加估计效率;若个体效应与解释变量相关,则随机效应估计量不再是一致的,应当采用固定效应法。我们按照如下策略选择合适的回归方法:(a)以 F 统计量比较混合最小二乘法与固定效应模型,原假设为不存在固定效应;(b)以布伦斯-帕甘检验(Breusch-Pagan Test)LM 统计量比较混合最小二乘法与随机效应模型,原假设为不存在随机效应;(c)以豪斯曼检验(Hausman Test)H 统计量比较固定效应模型与随机效应模型,原假设为随机效应的前提假设得到满足(即个体效应与解释变量不相关)。若(a)、(b)中的检验都不显著,则选用混合最小二乘法;若(a)、(b)中的检验至少有 1 个显著,则实施检验(c),若不显著则选用随机效应法,否则选用固定效应法。

针对四个被解释变量 ASY、LR、ILL 和 GAM 的模型设定检验的各统计量和相应的显著性水平分别在表 4-4 第 1 列至第 4 列的末 6 行报告。从结果来看,F 统计量和 LM 统计量至少在 1% 水平上显著,提示存在企业个体效应;从豪斯曼检验结果来看,除 GAM 对应的 H 统计量显著性略低之外,其余均在 1% 水平上显著,表明解释变量与个体效应之间存在相关性,因此固定效应法是较为合理的估计方法。[①]

表 4-4　政企联系与信息不对称

	ASY	*LR*	*ILL*	*GAM*
POL	−0.4320***	−0.2293	−0.0356**	−0.0044**
	(0.1415)	(0.1491)	(0.0154)	(0.0018)
Size	−0.5152***	−0.5165***	−0.0444***	−0.0036***
	(0.0956)	(0.1007)	(0.0104)	(0.0012)

① 若无特别说明,后文采用固定效应法时将不再专门报告模型设定检验的过程。

	ASY	LR	ILL	GAM
ROA	−2.2413***	−2.6361***	−0.1990**	−0.0054
	(0.8453)	(0.8907)	(0.0920)	(0.0109)
Lev	1.4916***	1.5855***	0.1157**	0.0099*
	(0.4129)	(0.4351)	(0.0450)	(0.0053)
LnFmAge	−0.6859*	−1.5476***	−0.0441	0.0039
	(0.3756)	(0.3958)	(0.0409)	(0.0049)
Plurm	−0.0237	0.0846	−0.0026	−0.0012
	(0.1284)	(0.1353)	(0.0140)	(0.0017)
H10	3.4120***	2.9482***	0.3318***	0.0207*
	(0.9441)	(0.9948)	(0.1028)	(0.0122)
NTrad	0.5573*	−0.0232	0.0782**	0.0058
	(0.3390)	(0.3572)	(0.0369)	(0.0044)
R^2	0.7393	0.7966	0.6845	0.2339
Obs	1099	1099	1099	1099
模型设定检验:混合最小二乘、固定效应还是随机效应?				
F 统计量	3.78***	4.66***	3.32***	1.27***
	[0.0000]	[0.0000]	[0.0000]	[0.0069]
LM 统计量	739.57***	622.02***	665.07***	92.26***
	[0.0000]	[0.0000]	[0.0000]	[0.0000]
H 统计量	400.22***	8752.97***	265.64***	19.95
	[0.0000]	[0.0000]	[0.0000]	[0.2766]

注:表中报告了固定效应回归的结果,回归中还控制了年份效应和企业个体效应,限于篇幅未报告;()内数值是各解释变量的稳健标准误;[]内数值是模型设定检验中相应统计量的显著性 p 值;***、**、* 分别表示在 1%、5% 及 10% 水平上显著。

我们采用固定效应法估计式(4-1),回归结果如表 4-4 所示。政企联系 POL 对四个信息不对称指标 ASY、LR、ILL、GAM 的影响均为负。除了 LR 在 15% 水平上弱显著之外,其余至少在 5% 水平上显著。导致 LR 弱显著的原因可能是,它既包含与信息不对称相关的成分,也包含与非对称信息无关的噪音。对三个原始指标提取主成分 ASY,捕捉原始指标中与非对称信息相关的共同变异信息,很有必要。经验结果表明,政企联系确实能够帮助民营企业有效降低信息不对称带来的逆向选择成本。当资金供给方观察到民营企业具有政企联系后,会修正其先验信念,认为该企业是高经营效率的优质企业的可能性更大,有更好的经营前景。

从表4-4之中,我们也发现控制变量的估计结果符合经济直觉。企业规模越大,越容易受到市场关注,资金供给方越容易了解企业的相关信息;资产收益率越高,企业运营状况越好,逆向选择成本越小;负债率越高,资金供给方对于企业破产风险的担忧加剧,逆向选择成本增大;企业存续越久,经营状况越稳定,信息不对称越低;股权集中度越高、非流通股比例越高,意味着公司治理水平和信息透明度越低,资金供给方难以对企业前景形成稳定预期,信息不对称程度越严重。

二、缓解融资约束:信息效应重要还是资源效应重要?

(一) 融资约束的经验识别策略

如何从经验上识别融资约束的强弱,公司金融文献作了许多有益的探讨。法扎里等(Fazzari et al., 1988)率先提出投资—现金流敏感度(investment-cash flow sensitivity)融资约束识别策略。当面临融资约束时,企业的投资决策不仅取决于投资机会,还会受到自身财务状况的影响。法扎里等(Fazzari et al., 1988)把反映企业财务状况的变量现金流水平引入托宾 Q 投资模型,建议用投资—现金流敏感度的大小衡量融资约束的强弱,但该策略的合理性饱受诟病。[①] 经验证据显示,投资对现金流的敏感性并未随着融资约束的增强而增大(Kaplan and Zingales,1997;Cleary,1999;李金等,2007;连玉君和程

---

① 法扎里等(Fazzari et al.,1988)隐含假定融资约束与投资—现金流敏感度之间有单调的相关关系,融资约束越严重则敏感度越高。实际上这个假定的理论基础有待商榷(Kaplan and Zingales,1997;Hubbard,1998)。梯若尔(Tirole,2006)指出,随着融资约束程度的提高,投资对现金流的敏感度究竟是上升还是下降,取决于经济体中所有企业资金分布密度函数的增减性质,除非得到关于企业异质性更精确的信息,否则就很难在先验判定企业融资约束的情况下预测投资—现金流敏感度如何变化。

建,2007)。① 后续研究指出,投资—现金流敏感度的缺陷可能来自以下两方面:其一,从理论逻辑上讲,融资约束并非导致投资对现金流敏感的唯一原因(Vogt, 1994),经理人出于在职消费的考虑,往往会片面追求规模扩张、建立"企业帝国"(Jensen, 1986;Stulz, 1990),把所有可用资金都用于新项目投资,进而提高投资—现金流敏感度;其二,从实证研究策略上讲,现金流不仅包含财务信息,也部分包含关于投资机会的信息,即便没有融资约束,投资—现金流敏感度也可能正显著(Hubbard, 1998;Alti, 2003;Cummius et al., 2006)。

为避免上述问题,阿尔梅达等(Almeida et al., 2004)提出了一种基于现金—现金流敏感度(cash-cash flow sensitivity)的融资约束识别策略。他们关于企业现金持有策略的分析表明,由于不易获得外部融资,融资约束紧的企业需要储备现金保证后续投资项目的实施,此种预防性储蓄动机促使企业从营业现金流中提取更多的部分作为储备现金,进而表现出更为强烈的现金—现金流敏感度。阿尔梅达等(Almeida et al., 2004)分别以股利水平、企业规模、债券评级和商业票据评级作为分组标准,把样本企业划分为不同的融资约束组别,测算各组别企业的现金—现金流敏感度并进行组间比较。经验证据显示,在各分类标准下,融资约束紧的企业都表现出更高的现金—现金流敏感度,表明基于现金—现金流敏感度的融资约束识别策略是较为可靠的。

万华林和朱凯(Wan and Zhu, 2011)利用我国东北三省增值税试点改革作为自然实验,考察投资—现金流敏感度和现金—现金流敏感度在识别我国企业

---

① 卡普兰和津加莱斯(Kaplan and Zingales, 1997)以法扎里等(Fazzari et al., 1988)中被认为是融资约束最严重的49家低股利分派率企业为样本,依据企业年报中的各项量化指标和非量化的文字信息对企业融资约束的强弱进行分组,发现投资对现金流的敏感性并未随着融资约束的增强而增大,相反地,融资约束最弱的那组表现出了最强的现金流敏感性。克利里(Cleary, 1999)的研究也发现融资约束越低,投资—现金流敏感度越大。李金等(2007)、连玉君和程建(2007)等提供了关于中国企业的证据,他们发现规模大、股利高、国有的非融资约束企业的现金流敏感度反而高于规模小、股利低、民营的融资约束企业。

融资约束方面的合理性。从逻辑上讲,试点改革并不会对企业的外部融资约束造成实质性影响,假如识别策略是恰当的,则相应的敏感度在改革前后不致发生重大变化。经验证据显示,试点改革对现金—现金流敏感度无显著影响,却显著提高了投资—现金流敏感度,表明现金—现金流敏感度是更为合适的融资约束衡量方法。我们采用该方法作为本章的融资约束识别策略。国内研究中采用该策略的还有张纯和吕伟(2009)、连玉君等(2010)等。

（二）机制检验的实证结果和分析

本章采用阿尔梅达等(Almeida et al.,2004)的策略检验政企联系有否缓解企业的外部融资约束,并识别具体的作用机制。模型设定如下:

$$\Delta Cash_{it} = \beta_1 CF_{it} + \kappa_0 POL_{it} \cdot CF_{it} + \mu_0 POL_{it} \\ + \beta_2 Q_{it} + \beta_3 Size_{it} + Yr + u_i + \varepsilon_{it} \tag{4-2}$$

$$\Delta Cash_{it} = \beta_1 CF_{it} + \kappa POL_{it} \cdot CF_{it} + \mu POL_{it} + \lambda ASY_{it} \cdot CF_{it} \\ + \nu ASY_{it} + \beta_2 Q_{it} + \beta_3 Size_{it} + Yr + u_i + \varepsilon_{it} \tag{4-3}$$

其中 $\Delta Cash$ 表示企业现金持有量的变动,Q 表示投资机会,$Size$ 表示企业规模,CF 表示营业现金流,POL 表示政企联系,ASY 表示信息不对称指标,$POL \cdot CF$ 表示政企联系与营业现金流的交互项,$ASY \cdot CF$ 表示信息不对称与营业现金流的交互项。

在融资约束方程式(4-2)之中,我们主要关注政企联系是否能够缓解企业的融资约束,也就是关注交互项 $POL \cdot CF$ 系数 κ_0 的符号及显著性。假如 κ_0 显著为负,就表明与建立了政企联系的企业相比,无政企联系的企业的现金—现金流敏感度更高,有更紧的融资约束。在式(4-3)之中我们主要分析政企联系缓解融资约束的基本机制,具体做法是在式(4-2)的解释变量中同时引入政企联系 POL、信息不对称指标 ASY 以及它们与现金流的交互项 $POL \cdot CF$ 和 $ASY \cdot CF$。在不控制 $ASY \cdot CF$ 的情况下,$POL \cdot CF$ 的估计系数 κ_0 同时包含政企联系的信息效应和资源效应,一旦通过控制 $ASY \cdot CF$ 分离出信息效应,

$POL \cdot CF$ 的估计系数 κ 就只剩下资源效应。检验的基本逻辑是,假如控制 $ASY \cdot CF$ 后,κ 不再显著,则表明信息效应占据主导;假如 $ASY \cdot CF$ 的系数 λ 不显著而 κ 显著,则表明政企联系主要通过资源效应发挥作用;假如 λ 和 κ 均显著,则表明信息效应和资源效应都扮演了重要角色。

考虑到影响企业现金持有行为的因素不仅仅是投资机会和企业规模,参考金等(Kim et al.,1998)、奥普勒等(Opler et al.,1999)等关于现金持有行为的文献,我们在扩展模型中进一步控制资本支出 $Expen$、非现金净营运资本的变动 ΔNWC 和短期债务的变动 ΔSD。

表 4-5 第(1)列和第(3)列显示,无论有无政企联系,民营企业的现金—现金流敏感度都显著为正,表明民营企业整体上面临融资约束的限制。$POL \cdot CF$ 的估计系数 κ_0 显著为负,说明与建立了政企联系的企业相比,无政企联系的企业的融资约束更紧,需要从营业现金流中提取更多的部分用作预防性储蓄,现金—现金流敏感度更高。经验结果显示,政企联系能够显著缓解融资约束,这个结论与罗党论和甄丽明(2008)的研究结论基本一致。

表 4-5 政企联系缓解融资约束的机制检验

	(1)	(2)	(3)	(4)
CF	0.2275***	0.2422***	0.1072***	0.1202***
	(0.0376)	(0.0377)	(0.0365)	(0.0368)
$POL \cdot CF$	−0.0891*	−0.1040*	−0.1026**	−0.1129**
	(0.0539)	(0.0539)	(0.0502)	(0.0502)
POL	0.0028	0.0033	−0.0004	0.0003
	(0.0079)	(0.0079)	(0.0073)	(0.0073)
$ASY \cdot CF$		0.0372***		0.0273**
		(0.0117)		(0.0110)
ASY		−0.0003		0.0005
		(0.0019)		(0.0018)
Q	0.0071**	0.0076**	0.0081**	0.0087***
	(0.0035)	(0.0036)	(0.0032)	(0.0033)

续表

	(1)	(2)	(3)	(4)
Size	0.026 2***	0.028 1***	0.030 8***	0.033 1***
	(0.007 1)	(0.007 6)	(0.006 7)	(0.007 1)
Expen			−0.172 7***	−0.170 6***
			(0.037 8)	(0.037 7)
$\triangle NWC$			−0.253 5***	−0.248 9***
			(0.022 8)	(0.022 8)
$\triangle SD$			−0.222 4***	−0.222 0***
			(0.027 1)	(0.027 0)
R^2	0.138 9	0.149 3	0.261 9	0.267 6
Obs	1 099	1 099	1 099	1 099

注:回归中控制了年份效应和企业个体效应,第(3)列和第(4)列进一步控制了资本支出 *Expen*、非现金净营运资本的变动 $\triangle NWC$ 和短期债务的变动 $\triangle SD$;( )内数值是各解释变量的稳健标准误;***、**、* 分别表示在1%、5%及10%水平上显著;以上回归皆采用固定效应法。

表4-5第(2)列和第(4)列则清楚地表明政企联系缓解融资约束的基本机制,政企联系通过信息效应和资源效应显著地降低企业的现金—现金流敏感度。$ASY \cdot CF$ 的估计系数 λ 至少在5%水平上正显著,说明信息不对称问题是影响我国民营企业融资的重要因素。资金供给方与企业之间的信息不对称程度越高,现金—现金流敏感度就越高,企业的融资约束越紧。而前文表4-3的经验证据显示政企联系能够改善资金供给方与企业之间的信息不对称,因此政企联系能够通过信息效应帮助企业缓解融资约束。假如政企联系仅通过信息效应发挥作用,那么在控制 $ASY \cdot CF$ 之后,$POL \cdot CF$ 应该不再表现出显著性,而实际上我们观察到 $POL \cdot CF$ 的估计系数 κ 显著为负,建立了政企联系的企业仍表现出较低的现金—现金流敏感度,这说明即便控制政企联系的信息效应,建立了政企联系的企业仍会受到资金供给方的格外优待,表明资源效应也是缓解融资约束的关键机制。

接下来我们从数量上考察政企联系资源效应和信息效应的相对重要性。

首先,分别考察政企联系通过资源效应和信息效应引起的企业现金—现金流敏感度变动;其次,对两者加以比较,看哪一种效应占主导。政企联系通过资源效应引起的现金—现金流敏感度变动为式(4-3)$POL \cdot CF$的估计系数κ,通过信息效应引起的敏感度变动为式(4-3)$ASY \cdot CF$的估计系数λ与式(4-1)POL的估计系数τ之乘积。相关显著性检验的统计量和显著性p值,除检验H_0:$\kappa=0$直接由回归得到之外,其余均由自举(Bootstrap)法反复抽样1 000次得到。①

表4-6第(1)列显示,政企联系通过资源效应引起的企业现金—现金流敏感度变动κ约为0.104(在10%水平上显著);而通过信息效应引起的敏感度变动$\lambda\tau$约为0.016(在5%水平上显著)。差异性检验$H_0:\kappa-\lambda\tau=0$显示,两者间的差异在10%水平上显著,表明政企联系的资源效应远远超过信息效应。前者约占政企联系总效应的85%[$=0.104/(0.104+0.016)$],后者约占15%。在加入更多控制变量之后[见表4-6第(2)列],我们同样发现资源效应占主导地位。

表4-6　缓解融资约束:资源效应重要还是信息效应重要?

		(1)对应表4-5 第(2)列	(2)对应表4-5 第(4)列
政企联系通过资源效应引起的现金—现金流敏感度变动	κ $H_0:\kappa=0$	-0.1040^* [0.0540]	-0.1129^{**} [0.0248]

① 记由原样本估计得到的式(4-3)$POL \cdot CF$的回归系数为$\hat{\kappa}$、$ASY \cdot CF$的回归系数为$\hat{\lambda}$以及式(4-1)POL的回归系数为$\hat{\tau}$。对于每一次抽样,我们都重新估计一次式(4-3)$POL \cdot CF$的回归系数$\hat{\kappa}_b$、$ASY \cdot CF$的回归系数$\hat{\lambda}_b$以及式(4-1)POL的回归系数$\hat{\tau}_b$,并计算$\hat{\lambda}_b\hat{\tau}_b$和$\hat{\kappa}_b-\hat{\lambda}_b\hat{\tau}_b$。利用$\hat{\lambda}_b\hat{\tau}_b$和$\hat{\kappa}_b-\hat{\lambda}_b\hat{\tau}_b$($b=1,\cdots,1000$),就可以得到$\widehat{\lambda\tau}$和$\kappa-\widehat{\lambda\tau}$的自举标准误$S_{\hat{\theta},boot}$(其中$\theta=\lambda\tau$,$\kappa-\lambda\tau$,$S_{\hat{\theta},boot}^2=\dfrac{1}{1000-1}\sum_{b=1}^{1000}(\hat{\theta}_b-\bar{\theta})^2$,$\bar{\theta}=\dfrac{1}{1000}\sum_{b=1}^{1000}\hat{\theta}_b$),并进而构造$t$统计量$\hat{\theta}/S_{\hat{\theta},boot}$进行显著性检验。可参见卡梅伦和特里维迪(Cameron and Trivedi,2005)。

		(1)对应表 4 - 5 第(2)列	(2)对应表 4 - 5 第(4)列
政企联系通过信息效应引起	$\lambda\tau$	-0.0161^{**}	-0.0118^{**}
的现金—现金流敏感度变动	$H_0:\lambda\tau=0$	$[0.0164]$	$[0.0294]$
资源效应与信息效应引起的现	$\kappa-\lambda\tau$	-0.0879^{*}	-0.1011^{**}
金—现金流敏感度变动之差	$H_0:\kappa-\lambda\tau=0$	$[0.0554]$	$[0.0469]$

注:H_0 表示检验的原假设,[ ]内数值是相应检验的显著性 p 值,除检验 $H_0:\kappa=0$ 的 p 值直接由回归得到之外,其余均由自举方法反复抽样 1 000 次得到;**、* 分别表示在 5%、10%水平上显著。

就我们所知,郝项超和张宏亮(2011)的研究是仅有的针对政企联系的信息效应展开讨论的经验文献。他们发现,民营企业家的代表委员类政企联系对企业获取银行贷款并没有什么帮助,而政府官员类政企联系则有明显的帮助。郝项超和张宏亮(2011)据此推断政企联系的信号传递效应对企业获得银行信贷所起的作用有限。但上述推断的合理性依赖于一个隐含的前提,也即代表委员类政企联系向资金供给方发送信号的功能要强于政府官员类政企联系。实际上,很难讲政府官员类政企联系与代表委员类政企联系的信号传递功能究竟孰强孰弱。因为对于优质企业而言,企业家更可能当选为人大代表或政协委员,也有更容易吸引到具有政府背景的人士来企业任职。本章则为政企联系信息效应的强弱程度提供了更为直接和有力的证据。我们发现,信息效应虽然存在,但其作用却要远远弱于资源效应。

第四节　稳健性检验

一、关于信息不对称内生性的讨论

为避免信息不对称内生于政企联系可能给分析结论带来的影响,借鉴阿格拉沃尔和克诺伯(Agrawal and Knoeber,1996)的做法,我们将融资约束方程式(4 - 2)

和式(4-3)与信息不对称方程式(4-1)组成联立方程,运用三阶段最小二乘法(3SLS)进行稳健性检验。检验分为两步:首先,把融资约束方程式(4-2)解释变量中的政企联系 POL 替换为信息不对称指标 ASY,检验政企联系缓解融资约束的信息机制;其次,与固定效应回归中采取的策略相类似,我们在融资约束方程中同时引入 POL、ASY、POL·CF 和 ASY·CF,检验除信息效应之外,政企联系缓解融资约束是否存在资源效应。第一步检验和第二步检验所采用的联立方程分别为:

$$
\begin{cases}
\Delta Cash_{it} = \beta_1 CF_{it} + \lambda_0 ASY_{it} \cdot CF_{it} + \nu_0 ASY_{it} + \beta_2 Q_{it} \\
\qquad + \beta_3 Size_{it} + Yr + Indu + Provn + \varepsilon_{1it} \\
ASY_{it} = \tau POL_{it} + \beta X_{it} + Yr + Indu + Provn + \varepsilon_{2it}
\end{cases}
\quad (4-4)
$$

$$
\begin{cases}
\Delta Cash_{it} = \beta_1 CF_{it} + \kappa POL_{it} \cdot CF_{it} + \mu POL_{it} + \lambda ASY_{it} \cdot CF_{it} \\
\qquad + \nu ASY_{it} + \beta_2 Q_{it} + \beta_3 Size_{it} + Yr + Indu + Provn + \varepsilon_{1it} \\
ASY_{it} = \tau POL_{it} + \beta X_{it} + Yr + Indu + Provn + \varepsilon_{2it}
\end{cases}
\quad (4-5)
$$

式(4-4)和式(4-5)控制了年份效应 Yr、行业效应 $Indu$ 和省份效应 $Provn$,其他变量含义同前文。

表4-7列示了估计结果,第(1)列和第(2)列显示,信息不对称方程中 POL 负显著,融资约束方程中 ASY·CF 正显著,再次确认了信息机制。第(3)列和第(4)列显示,信息不对称方程中 POL 负显著,融资约束方程中 ASY·CF 和 POL·CF 均显著,又一次表明资源效应和信息效应都发挥了作用。采用同前面完全相同的分析方法发现(表4-8),资源效应占主导地位。

表4-7 政企联系缓解融资约束的机制检验(3SLS)

	(1)	(2)	(3)	(4)
融资约束方程估计系数(被解释变量 $\Delta Cash$)				
CF	0.1922***	0.0902***	0.2354***	0.1315***
	(0.0231)	(0.0231)	(0.0314)	(0.0299)

续表

	(1)	(2)	(3)	(4)
$ASY \cdot CF$	0.026 6**	0.021 9**	0.027 5**	0.022 9**
	(0.010 9)	(0.010 1)	(0.010 9)	(0.010 1)
ASY	0.008 0	0.004 6	0.009 1	0.005 2
	(0.006 0)	(0.005 6)	(0.006 2)	(0.005 8)
$POL \cdot CF$			−0.089 7**	−0.088 4**
			(0.044 2)	(0.041 0)
POL			0.007 1	0.006 1
			(0.004 6)	(0.004 2)
Q	0.011 4***	0.011 3***	0.011 7***	0.011 5***
	(0.004 2)	(0.004 0)	(0.004 4)	(0.004 0)
$Size$	0.025 9***	0.023 8***	0.027 3***	0.024 6***
	(0.009 8)	(0.009 1)	(0.010 1)	(0.009 4)
$Expen$		−0.173 2***		−0.169 7***
		(0.028 9)		(0.029 0)
ΔNWC		−0.246 8***		−0.247 7***
		(0.020 2)		(0.020 2)
ΔSD		−0.227 8***		−0.228 0***
		(0.024 0)		(0.024 0)
R^2	0.155 5	0.291 8	0.152 4	0.292 9
信息不对称方程估计系数（被解释变量 ASY）				
POL	−0.191 2**	−0.196 4**	−0.198 9**	−0.199 2**
	(0.083 1)	(0.083 9)	(0.084 2)	(0.084 3)
$Size$	−0.889 1***	−0.889 1***	−0.888 7***	−0.889 8***
	(0.048 3)	(0.048 5)	(0.048 2)	(0.048 5)
ROA	−1.580 1**	−1.605 2**	−1.518 2**	−1.543 2**
	(0.711 5)	(0.717 6)	(0.709 8)	(0.717 0)
Lev	1.408 3***	1.393 2***	1.419 1***	1.406 4***
	(0.301 8)	(0.303 2)	(0.301 6)	(0.303 1)
$FmAge$	0.013 7	0.002 4	0.014 5	0.002 7
	(0.125 6)	(0.126 8)	(0.125 2)	(0.126 7)

续表

	(1)	(2)	(3)	(4)
Plurm	−0.0284	−0.0294	−0.0270	−0.0286
	(0.0990)	(0.1000)	(0.0987)	(0.0999)
*H*10	0.1011	0.1157	0.0846	0.1043
	(0.4942)	(0.4989)	(0.4930)	(0.4985)
NTrad	1.7680***	1.7823***	1.7670***	1.7846***
	(0.2438)	(0.2459)	(0.2432)	(0.2457)
R^2	0.7159	0.7160	0.7159	0.7159
Obs	1099	1099	1099	1099

注:回归中控制了年份效应、行业效应和省份效应,第(2)列和第(4)列在融资约束方程中进一步控制了资本支出 *Expen*、非现金净营运资本的变动 ΔNWC 和短期债务的变动 ΔSD;( )内数值是各解释变量的稳健标准误;***、** 分别表示在 1%、5% 水平上显著。

表 4-8 缓解融资约束:资源效应重要还是信息效应重要?(3SLS)

		(1)对应表 4-7 第(3)列	(2)对应表 4-7 第(4)列
政企联系通过资源效应引起的现金—现金流敏感度变动	κ	−0.0897**	−0.0884**
	$H_0:\kappa=0$	[0.0424]	[0.0312]
政企联系通过信息效应引起的现金—现金流敏感度变动	$\lambda\tau$	−0.0055**	−0.0046*
	$H_0:\lambda\tau=0$	[0.0438]	[0.0556]
资源效应与信息效应引起的现金—现金流敏感度变动之差	$\kappa-\lambda\tau$	−0.0842**	−0.0838**
	$H_0:\kappa-\lambda\tau=0$	[0.0475]	[0.0356]

注:H_0 表示检验的原假设,[ ]内数值是相应检验的显著性 p 值,除检验 $H_0:\kappa=0$ 的 p 值直接由回归得到之外,其余均由自举法反复抽样 1000 次得到;**、* 分别表示在 5%、10% 水平上显著。

二、关于政企联系内生性的讨论

政企联系固定效应(FE)估计量的一致性依赖于严格外生假设,即政企联系 POL_{is} 与特异性误差 ε_{it} 不相关($s, t=1, \cdots, T_i$)。在此,我们以信息不对称方程式(4-1)为例,讨论两类可能的内生性问题。首先是同期内生性问题(contemporaneous correlation)亦即 POL_{it} 与 ε_{it} 相关。我们在模型设定中把诸如企业规模、企业年龄等可能既与信息不对称相关又与政企联系相关的变量都纳入估计方程,并通过企业个体效应控制非时变的非观测因素(time-invariant unobservable effect),尽最大努力缓解遗漏变量问题,但仍有可能遗漏时变的非观测因素(time-varying unobservable effect)。假如这些时变非观测因素同时影响信息不对称和政企联系,就会给 POL 的估计带来偏误。其次,当期冲击 ε_{it} 较高(进而加重信息不对称程度)的企业可能会有更强的动机建立政企联系,此种反馈机制可能使得 $POL_{i,t+1}$ 与 ε_{it} 具有相关性,从而造成 POL 的固定效应估计量有偏。

针对后一种内生性问题,我们利用伍德里奇(Wooldridge,2002)提出的检验策略加以识别。具体的做法是,在原模型式(4-1)右边加入政企联系的前导变量 $POL_{i,t+1}$:

$$ASY_{it} = \tau POL_{it} + \gamma POL_{i,t+1} + \beta X_{it} + Yr + u_i + \varepsilon_{it}$$

采用固定效应方法对上式加以估计,假如 $POL_{i,t+1}$ 的估计系数 γ 显著,则表明存在内生性问题,反之则不能拒绝严格外生假定。该策略的基本逻辑是,如果 $POL_{i,t+1}$ 与 ε_{it} 相关,那么 ε_{it} 对被解释变量的影响也会体现在 $POL_{i,t+1}$ 的系数上。检验结果表明,政企联系前导变量 $POL_{i,t+1}$ 没有在 10% 水平上表现出显著性,不能拒绝严格外生假定。[①]

更一般地,我们利用杜宾-吴-豪斯曼(Durbin-Wu-Hausman,DWH)检验对 POL 进行内生性检验。按照菲斯曼和斯文森(Fisman and Svensson,2007)提出的构造分组平均值作为工具变量(IV)的思路,我们选取企业政企联系的行业—地区均值 POL^{avg} 作为 POL 的 IV。政企联系可被分解为两个部分:$POL_{it} = POL_{it}^{avg} + POL_{it}^{spc}$,其中 POL^{avg} 表示企业所在行业—地区的政企联系均

---

① 该策略实际上还具有更为一般化的内生性检验功能,它不仅针对前导变量内生性问题,也针对同期内生性问题,因为一旦 $POL_{i,t+1}$ 与扰动项 $\varepsilon_{is}(s=1, \cdots, T_i)$ 中的任何一个具有相关性,就会导致 $POL_{i,t+1}$ 的固定效应估计量显著异于 0。

值,POL^{spc} 表示企业政企联系与行业—地区均值的差异。上述分解使得企业层面非观测因素所造成的影响只与 POL^{spc} 有关,POL^{avg} 与 POL 相关但又与非观测因素不相关,是合适的 IV。① 检验的思路是:如果 POL 严格外生,则针对式(4-1)的 FE-IV 估计量与 FE 估计量都是一致的,两者之间的差异仅仅来自抽样误差,而没有系统性的差异,DWH 统计量应当不显著;反之如果内生性问题较严重,也即除了非时变的非观测效应之外还存在时变的非观测效应,则 FE 估计量不再是一致的,而 FE-IV 估计量仍是一致的,两者存在系统性差异,DWH 统计量应当显著。检验结果表明,DWH 统计量没有在 10% 水平上表现出显著性,不能拒绝严格外生假定。由于 FE-IV 估计量标准误偏大,FE 估计方法更有优势。

对于融资约束方程式(4-2)和式(4-3),我们也利用上述两种策略检验政企联系的内生性,发现同样不能拒绝严格外生假定。根据上述讨论,我们认为,政企联系的内生性问题,假如有的话,也不至于给我们的分析带来严重的影响,本章的经验结论是较为可靠的。

第五节　本章小结

长期以来,我国民营企业融资难问题突出,严重制约了企业的成长。为突破发展瓶颈,民营企业家积极与政府建立各种形式的紧密联系。前期经验研究显示,政企联系有助于民营企业缓解外部融资约束,但这些研究都没有阐明微

---

① 在具体操作中,需要使得每一个行业—地区单元内包含足够多的企业数,以确保工具变量 POL^{avg} 与企业的个体特征不相关。为此我们没有按照省份进行地区划分,而是划分为东北、华北、华东、华南、华中、西北、西南七大地理区。七大地理区的划分遵循文献的惯常划分方法:东北地区包括辽宁、吉林、黑龙江;华北地区包括北京、天津、河北、山西、内蒙古;华东地区包括上海、江苏、浙江、安徽、福建、江西、山东;华南地区包括广东、广西、海南;华中地区包括湖北、湖南、河南;西北地区包括陕西、甘肃、青海、宁夏、新疆;西南地区包括重庆、四川、贵州、云南、西藏。

观作用机理。我们认为,政企联系通过信息效应和资源效应便利企业融资:建立了政企联系的企业更有可能是经营效率更高的优质企业,政企联系能够降低资金供求双方之间关于企业未来业绩的信息不对称;同时,政企联系能够增强民营企业的资源获取能力。

本章利用民营上市公司数据,通过全面考察企业政企联系、信息不对称与民营企业融资约束之间的关系,对上述观点进行了实证检验。其一,我们借鉴金融市场微观结构文献的做法,利用证券市场的微观结构数据构造了反映逆向选择成本的信息不对称程度指标,直接检验政企联系对信息不对称的影响,发现政企联系的确有助于降低资金供给方与企业之间的信息不对称。其二,我们利用阿尔梅达等(Almeida et al.,2004)基于现金—现金流敏感度的融资约束识别策略,确认了政企联系缓解融资约束的资源效应和信息效应。进一步的经验研究表明,两种效应当中,资源效应占主导地位。

本章的发现表明,尽管政企联系的信息效应也对缓解民营企业的融资困境发挥了一定的作用,但是核心和关键还是在于资源效应。政企联系缓解企业融资约束的资源效应中,既有直接的资金获取便利,即企业能够依靠良好的政企联系获取更多的银行信贷和股权融资;也包括行业准入便利以及政策信息和产权保护等方面的广义资源效应,这些资源有助于提高企业的未来总收益,降低资金供给方提供资金的风险,单纯从商业利益的角度出发,资金供给方也愿意为具有政企联系的企业提供更多资金。资金获取便利、行业准入便利以及广义资源效应,基本涵盖了第三章所论述的政企联系资源效应。本章虽然是以民营企业的融资约束作为考察的切入点,但结论并不局限于政企联系的资金获取便利,而是能够较为全面地反映政企联系的资源效应。有鉴于此,我们认为,本章的发现为政企联系的资源效应提供了可靠的经验证据支持。

第五章　政企联系规模扩张效应的实证研究

第三章分析指出,政企联系能够强化民营企业的资源获取能力,主要表现为行业准入便利和资金获取便利两个方面。其中,行业准入便利有助于企业突破行业壁垒,进入高利润的壁垒行业,为企业开辟了新的投资领域、提供了新的投资机会,这些都会激发企业的投资积极性;而资金获取便利则有助于企业获取银行信贷和股权融资,还能帮助企业获得政府补贴和税收减免,这些都将保证企业的资金供给,为企业投资提供资金保障。在上述两种效应的共同作用下,民营企业会抓住机会,扩大投资,快速发展,做大规模,这就是政企联系的规模扩张效应。本章以我国民营上市公司作为样本,通过对企业投资水平和销售额增长率等方面的考察,为政企联系的规模扩张效应提供可靠的经验证据。

本章结构安排如下[①]:第一节基于托宾 Q 投资模型和欧拉方程投资模型,检验政企联系行业准入便利对企业投资激励的强化以及政企联系资金获取便利对企业投资资金的保障,最终是否提高了企业的投资水平;第二节以销售额增长率作为企业成长的衡量指标,考察政企联系是否有助于企业做大规模;第三节是一个辅助性检验,对政企联系与投资机会之间的关系加以直接考察,检验政企联系的行业准入便利是否为民营企业带来了更好的投资机会;第四节是本章小结。

[①] 鉴于本书的实证研究均采用我国民营上市公司作为原始样本,我们不再专门设置独立章节介绍样本选取、数据处理及变量定义,仅在本书附录二中作简要说明。

第一节　政企联系与企业投资

一、基于托宾 Q 投资模型的考察

邬爱其和金宝敏(2008)以及李悦等(2009)的调查证据显示,民营企业主要通过扩大投资来实现企业规模扩张。因此,提高投资水平是企业做大规模最重要的抓手。第三章建立的理论模型表明,由于政企联系具有行业准入便利和资金获取便利,具有政企联系的企业的资本投入要高于其他企业。在我们建立的单期模型中,资本投入实际上就等价于企业投资。下面,我们利用托宾 Q 投资模型(Tobin,1969;Hayashi,1982)考察政企联系是否有助于民营企业扩大投资,对政企联系的规模扩张效应加以检验。模型设定如下:

$$\frac{I_{i,\,t+1}}{K_{it}} = \lambda POL_{it} + \beta Q_{it} + \gamma \frac{CF_{it}}{K_{i,\,t-1}} + \eta Lev_{it} + Yr + u_i + \varepsilon_{it} \qquad (5-1)$$

托宾 Q 投资模型的经济含义是,当资本调整存在成本的情况下,企业的投资水平取决于投资机会即边际 Q(marginal Q)。由于边际 Q 无法被直接观测,布雷纳德和托宾(Brainard and Tobin,1968)建议利用资本市场的估值计算均值 Q(average Q),作为边际 Q 的代理变量。这被称为托宾 Q,也就是式(5-1)中的 Q_{it}。我们借鉴郎咸平等(Lang et al.,1996)以及艾维安等(Aivazian et al.,2005)的做法,以企业在未来一年里的投资率 $I_{i,\,t+1}/K_{it}$ 衡量投资水平。考虑到当面临融资约束时,现金流充裕程度会影响企业投资(Fazzari et al.,1988),另外债务积压问题可能会使企业错失投资机会,导致投资不足(Myers,1977;Lang et al.,1996),我们还控制了营业现金流 $CF_{it}/K_{i,\,t-1}$ 和负债率 Lev_{it}。Yr 为年份虚拟变量,用以控制年份效应。u_i 表示企业个体效应,用以控制非时变的非观测因素。ε_{it} 表示特异性误差。我们的重点是要考察,在其他条件不变的情况下,政企联系能否帮助民营企业提高投资水平。假如 POL_{it}

的估计系数λ显著为正,就验证了我们的假说。

需要说明的是,根据第三章的讨论,政企联系对企业投资的正向影响,存在资金获取便利和行业准入便利两种影响机制。其中,进入效应能够帮助民营企业进入壁垒行业,进而获得更好的投资机会。也就是说,通过行业准入便利,政企联系会导致托宾 Q 的上升。而托宾 Q 投资模型中直接对 Q 加以控制,就相当于部分地稀释了政企联系对投资的影响。但这并不会影响分析结论的可靠性。因为只要能够验证式(5−1)中 POL 显著为正,实际上是加强而非削弱了我们的结论。后文将采用两种稳健性分析策略作进一步的讨论:一是利用欧拉方程投资模型对政企联系与企业投资的关系进行考察;二是对政企联系与企业投资机会的关系进行直接考察。此处我们以托宾 Q 投资模型作为基准模型,有一个技术上的重要考虑,那就是该模型在计量处理上相对简单,采用固定效应方法即可基本缓解内生性问题,而欧拉方程投资模型则是一个动态模型,为缓解内生性问题,需要采用相对复杂的动态面板估计技术,我们留到后面再作讨论。

固定效应方法(FE)是面板数据中常用的异质性控制策略,可以控制住非观测效应中的非时变因素,从而在不依赖工具变量的前提下相当大程度地减轻内生性问题(Wooldridge,2002)。模型设定检验也表明,FE 是较为合理的估计方法。[①] 赫瓦贾和勉(Khwaja and Mian,2005)、克莱森斯等(Claessens et al.,2008)、多姆布罗夫斯基(Dombrovsky,2011)以及许年行等(Xu et al.,2013)等关于政企联系的研究也都采用了该方法。

估计结果如表 5−1 第(1)列所示。POL 在 5%水平上显著为正,表明在其他条件相同的情况下建立了政企联系的企业比其他企业有更高的投资水平。也就是说,政企联系有利于民营企业突破限制企业发展的体制性障碍,扩大投资水平,实现规模扩张。政企联系虽与企业家才能密切相关,却明显有别于一

---

① 详细检验步骤可参见本书第四章的相应部分,这里不再赘述。

般意义上的企业家才能。[①] 为了说明规模扩张效应来自政企联系而非一般的企业家能力,我们在回归中进一步控制企业高管的人力资本,具体包括性别 *Gender*、年龄 *LnAge*、受教育程度 *Educ* 以及是否为党员 *CP*。扩展模型的结果如表 5-1 第(2)列所示。*POL* 依然显著为正,而高管人力资本变量未表现出显著性。这说明具有政企联系企业的投资水平高于其他企业,主要是由政企联系的差异导致的,而非企业家能力的差异导致的。

表 5-1 　政企联系与企业投资:基于托宾 *Q* 投资模型的考察

	(1)	(2)
POL	0.123 3[**]	0.111 5[**]
	(0.050 5)	(0.054 2)
Q	0.055 3[***]	0.054 2[***]
	(0.020 0)	(0.019 4)
CF/K	−0.004 6	−0.003 7
	(0.013 9)	(0.013 4)
Lev	−0.091 7	−0.113 1
	(0.143 0)	(0.152 3)
Gender		0.014 5
		(0.137 3)
LnAge		0.042 2
		(0.207 1)
Educ		−0.041 9
		(0.033 2)
CP		0.040 7
		(0.070 7)
R^2	0.082 5	0.088 0
Obs	615	615

注:回归采用固定效应法,并控制了年份效应;( )内数值是各解释变量的稳健标准误;[***]、[**]分别表示在 1%、5% 水平上显著。

[①] 政企联系体现的实际上是企业高管的"政治企业家才能"(周其仁,1997;汪伟和史晋川,2005)。

政企联系固定效应估计量的一致性依赖于严格外生假设。而遗漏变量问题和双向因果关系问题都可能导致 POL 违背外生性假定,给估计带来偏误。我们在模型设定中遵循郎咸平等(Lang et al.,1996)以及艾维安等(Aivazian et al.,2005)的做法,将投资率变量设定为未来一期,以缓解双向因果关系问题。为了缓解遗漏变量问题,我们在标准托宾 Q 投资模型的基础上控制了营业现金流、负债率以及企业高管人力资本变量等可能既与企业投资相关又与政企联系相关的变量,并通过固定效应方法来控制企业个体效应即非时变的非观测因素。尽管采取了上述措施,仍有可能遗漏时变的非观测因素,假如这些时变非观测因素同时影响企业投资和政企联系,就会带来估计偏误。

我们利用杜宾-吴-豪斯曼(Durbin-Wu-Hausman,DWH)方法对 POL 进行内生性检验,检验的思路与本书第四章完全相同。按照构造分组平均值作为工具变量(IV)的策略(Fisman and Svensson,2007),我们选取企业政企联系的行业—地区均值 POL^{avg} 作为 POL 的 IV。该 IV 构造策略的合理性在于,POL^{avg} 与 POL 相关但又与企业层面的非观测因素不相关。如果 POL 严格外生,则针对式(5-1)的 FE-IV 估计量与 FE 估计量都是一致的,两者不会表现出系统性的差异,DWH 统计量应不显著;反之如果内生性问题较严重,则 FE 估计量不再是一致的,而 FE-IV 估计量仍是一致的,两者存在系统性差异,DWH 统计量应显著。检验结果表明,DWH 统计量没有在 10% 水平上表现出显著性,不能拒绝严格外生假定。也就是说,运用固定效应方法控制企业个体效应之后,就可以认为内生性问题基本得到了缓解。由于 FE-IV 估计量标准误偏大,FE 估计方法更有优势。

二、基于欧拉方程投资模型的考察

在基准模型里,我们采用经验研究中广为使用的托宾 Q 模型分析政企联系与企业投资之间的关系。学者们逐渐发现,Q 模型存在一些严重缺陷:首先,在市场非完全竞争的情况下,托宾 Q 并不等同于边际 Q(Hayashi,1982),未必是投资机会的良好代理变量(Chirinko,1993;Hubbard,1998);其次,在实际衡量中,托宾 Q 可能存在严重的度量误差问题(Erickson and Whited,2000;

Cummins et al.，2006)。这些因素都会影响模型估计的可靠性。

邦德和迈格赫(Bond and Meghir，1994)开发出一种能够刻画企业最优投资路径上相邻两期投资之间数量关系的欧拉方程投资模型。该模型无需依赖完全竞争假设,同时可以回避投资机会的度量误差问题,在实际应用中能够获得比 Q 模型更为理想的效果(Hubbard，1998)。为此,我们以该模型为基础进行稳健性检验。引入政企联系变量后,欧拉方程投资模型可写为如下形式:

$$
\frac{I_{i,\,t+1}}{K_{it}} = \lambda POL_{it} + \beta_1 \frac{I_{it}}{K_{i,\,t-1}} + \beta_2 \left(\frac{I_{it}}{K_{i,\,t-1}}\right)^2 + \beta_3 \frac{CF_{it}}{K_{i,\,t-1}}
$$
$$
+ \beta_4 \frac{Sales_{it}}{K_{i,\,t-1}} + Yr + u_i + \varepsilon_{it}
$$
$(5-2)$

式(5-2)中,投资率 $I_{i,\,t+1}/K_{it}$ 被认为与上期投资率 $I_{it}/K_{i,\,t-1}$ 正相关,与其平方项$(I_{it}/K_{i,\,t-1})^2$ 负相关。$Sales_{it}/K_{i,\,t-1}$ 为产出变量,可以控制非完全竞争因素对投资的影响。其系数 β_4 是关于市场需求对价格弹性 $e(e>1)$ 的反向函数,即 $\beta_4 \propto 1/(e-1)$。当市场接近完全竞争时,$e \to \infty$, $\beta_4 \to 0$;反之,$\beta_4 > 0$。

欧拉方程投资模型中不含托宾 Q,这不仅能够避免度量误差问题,就我们的研究目的而言,还有一个额外的好处,那就是无论是政企联系的资金获取便利,还是行业准入便利,它们对企业投资水平的影响都会反映在 POL 的估计系数λ 中。而在托宾 Q 投资模型中,反映投资机会的托宾 Q 被直接作为控制变量,相当于部分地把政企联系的行业准入便利从 POL 的估计系数 λ 中分离出来了。假如式(5-2)POL 的估计系数 λ 依然显著为正,就说明我们的结论并不依赖于特定的前提假设和模型设定形式,是较为可信的。

式(5-2)是一个动态面板模型,固定效应估计量不再是一致的(Anderson and Hsiao，1981;Nickell，1981;Bond，2002)。为克服动态面板的内生性问题,我们采用阿雷拉诺和博韦尔(Arellano and Bover，1995)、布伦德尔和邦德(Blundell and Bond，1998)提出的系统广义矩估计方法(System Generalized Method of Moments,以下简称"系统 GMM")。相比于阿雷拉诺和邦德(Arellano and Bond,1991)的一阶差分广义矩估计方法(First-difference Generalized Method of Moments,以下简称"一阶差分 GMM"),系统 GMM 方法利用差分方程和水平方程组成方程系统,一同加以估计,可以增加估计效率,有效缓解滞后水平变量与差分变量相关性较小导致的一阶差分 GMM 弱 IV 问题。在对式(5-2)的差分方程中,我们以滞后水平变量 $I_{i,\,t-j}/K_{i,\,t-j-1}$ 和 $(I_{i,\,t-j}/K_{i,\,t-j-1})^2$ $(j=1,2,\cdots)$ 作为差分变量 $\triangle I_{it}/K_{i,\,t-1}$ 和 $\triangle (I_{it}/K_{i,\,t-1})^2$ 的 IV;在水平方程中,以差分变量 $\triangle I_{it}/K_{i,\,t-1}$ 和 $\triangle(I_{it}/K_{i,\,t-1})^2$ 作为水平变量 $I_{it}/K_{i,\,t-1}$ 和 $(I_{it}/K_{i,\,t-1})^2$ 的 IV。[①] 在估计时,我们同时采用一步系统 GMM 方法和两步系统 GMM 方法,其中一步系统 GMM 方法采用稳健标准误,两步系统 GMM 方法采用经温德梅杰(Windmeijer,2005)方法调整的稳健标准误。[②]

[①] 需要说明的是,在为差分变量选取 IV 时,为最大限度利用信息,我们借鉴阿雷拉诺和邦德(Arellano and Bond,1991)的做法,以所有有效的滞后水平变量(滞后 1 阶以及更高阶数)作为 IV。同时,为了避免"过多 IV"问题,我们采用贝克和莱文(Beck and Levine,2004)、卡克维奇和莱文(Carkovic and Levine,2005)建议的"collapsed GMM-style" IV 设定形式,该策略能够在减少 IV 数量的同时又尽可能多地保留滞后变量信息。

[②] 系统 GMM 方法可以分为一步法和两步法。它们的区别在于对 GMM 加权矩阵构造的方法有所不同。一步系统 GMM 方法中,加权矩阵是先验选定的,虽然一步系统 GMM 是一致估计,但其有效性依赖于扰动项的同方差假设。一步系统 GMM 估计的标准误对于扰动项的异方差和序列相关是不稳健的,因而在对变量进行显著性检验时有必要采用稳健标准误(Hayashi,2000)。两步系统 GMM 方法无需事先设定加权矩阵的具体形式,而是利用第一步 IV 估计获得的一致估计量加以构造,作为第二步 IV 估计中的加权矩阵,因此能够得到异方差和序列相关条件下的有效估计量(Hayashi,2000)。从理论上讲,使用两步系统 GMM 方法更为合理,但它在实际应用中也存在一些问题。尽管在渐进意义上,两步法比一步法更加有效,但该性质在有限样本中成立与否,本质上是一个实证问题。此外,两步法需要进行两步 IV 估计,样本容量较小时标准误可能会有向下的偏误(Arellano and Bond,1991;Cameron and Trivedi,2009)。温德梅杰(Windmeijer,2005)针对两步法标准误的小样本偏误问题,提出了一种调整办法。鲁德曼(Roodman,2009)指出,在进行温德梅杰(Windmeijer,2005)标准误调整之后,两步系统 GMM 方法相比于采用稳健标准误的一步法,还是具有一定的优势。对于本章所采用的样本,我们发现怀特-康克(White-Koenker)异方差检验拒绝了同方差原假设,说明一步系统 GMM 估计法并非是有效的,又考虑到两步系统 GMM 估计法的小样本性质可能存在缺陷,我们同时给出的一步系统 GMM 和两步系统 GMM 方法的估计结果,其中一步系统 GMM 采用稳健标准误,两步系统 GMM 采用经温德梅杰(Windmeijer,2005)方法调整的稳健标准误。

表 5-2 列示了估计结果。我们从如下四个方面来说明系统 GMM 估计的合理性。第一,从汉森(Hansen)过度识别检验的结果来看,Hansen J 统计量没有在 10%水平上表现出显著性,不能拒绝 IV 严格外生的假定,表明整体而言 IV 选取是合理的。第二,Arellano-Bond AR(1)和 AR(2)残差序列相关性检验显示,AR(1)检验对应的统计量在 1%水平上显著,AR(2)检验对应的统计量未在 10%水平上表现出显著性,说明差分方程残差只存在一阶序列相关性而无二阶序列相关,因此在差分方程中以滞后一阶及更高阶水平变量作为差分变量的 IV 具有合理性。第三,系统 GMM 在附加的水平方程中以差分变量作为滞后水平变量的 IV,需要依赖差分变量与企业个体效应的无关性假定,Difference-in-Hansen 统计量不显著,不能拒绝额外矩条件的有效性,说明额外 IV 具有合理性。最后,我们利用邦德(Bond,2002)建议的标准再次确认系统 GMM 估计的合理性。由于混合最小二乘(POLS)估计量会高估滞后变量的影响(Anderson and Hsiao,1981;Bond,2002),而固定效应(FE)估计量会低估其影响(Nickell,1981;Bond,2002),因此滞后变量的一致估计应当处于两者之间(Bond,2002)。我们发现,滞后变量的 GMM 估计量的确落在两者之间,表明系统 GMM 估计不至于因弱 IV 问题而出现严重偏误,估计结果是较为可靠的。

表 5-2 政企联系与企业投资:基于欧拉方程投资模型的考察

	(1) 一步系统 GMM	(2) 一步系统 GMM	(3) 两步系统 GMM	(4) 两步系统 GMM
POL	0.055 3**	0.055 7**	0.054 1**	0.056 8**
	(0.023 6)	(0.024 6)	(0.022 5)	(0.023 8)
I/K	−0.023 6	−0.031 0	−0.006 0	−0.004 3
	(0.063 5)	(0.063 1)	(0.068 4)	(0.068 0)
$(I/K)^2$	0.066 8	0.064 6	0.054 6	0.050 8
	(0.079 8)	(0.079 5)	(0.083 9)	(0.082 9)

续表

	（1） 一步系统 GMM	（2） 一步系统 GMM	（3） 两步系统 GMM	（4） 两步系统 GMM
Sales/*K*	0.002 6**	0.002 9***	0.002 7*	0.002 7**
	(0.001 1)	(0.001 1)	(0.001 4)	(0.001 4)
CF/*K*	0.000 8	0.000 3	0.004 4	0.004 1
	(0.006 5)	(0.006 6)	(0.005 7)	(0.005 7)
Gender		0.124 1		0.107 7
		(0.082 8)		(0.089 4)
LnAge		0.014 1		0.021 5
		(0.097 5)		(0.089 3)
Educ		−0.032 0**		−0.014 9
		(0.015 5)		(0.013 1)
CP		0.006 7		−0.015 3
		(0.025 6)		(0.024 7)
GMM 估计的模型设定检验				
Hansen J	15.70	15.45	15.70	15.45
统计量	［0.735］	［0.750］	［0.735］	［0.750］
Difference-in-	0.67	0.80	0.67	0.80
Hansen 统计量	［0.716］	［0.670］	［0.716］	［0.670］
AR(1)检验	−5.87	−5.92	−5.39	−5.34
	［0.000］	［0.000］	［0.000］	［0.000］
AR(2)检验	0.28	0.28	0.44	0.45
	［0.780］	［0.780］	［0.660］	［0.653］
Obs	615	615	615	615

注：回归中控制了年份效应；（ ）内数值是各解释变量的稳健标准误，其中第（3）列和第（4）列中的标准误经过温德梅杰（Windmeijer，2005）方法调整；［ ］内数值是 GMM 估计模型设定检验中相应统计量的显著性 p 值；***、**、* 分别表示在 1%、5% 及 10% 水平上显著；Hansen J 统计量用于 Hansen 过度识别检验，原假设是全部工具变量严格外生，若不能拒绝原假设则表明工具变量是合理的；AR(1) 和 AR(2) 检验用于检验差分方程残差是否具有一阶和二阶序列相关性，假如只存在一阶序列相关性而无二阶序列相关，就表明在差分方程中以滞后一阶以及更高阶水平变量 $I_{i,\,t-j}/K_{i,\,t-j-1}$ 和 $(I_{i,\,t-j}/K_{i,\,t-j-1})^2(j=1,\,2,\,\cdots)$ 作为差分变量 $\triangle I_{it}/K_{i,\,t-1}$ 和 $\triangle(I_{it}/K_{i,\,t-1})^2$ 的 IV 是合理的；系统 GMM 估计中，原来的水平方程也被纳入方程系统，差分变量 $\triangle I_{it}/K_{i,\,t-1}$ 和 $\triangle(I_{it}/K_{i,\,t-1})^2$ 被用来作为水平变量 $I_{it}/K_{i,\,t-1}$ 和 $(I_{it}/K_{i,\,t-1})^2$ 的工具变量，Difference-in-Hansen 统计量就是用于检验这些额外工具变量的外生性的，原假设是这些工具变量为严格外生的，若不能拒绝原假设则表明使用系统 GMM 估计法是合理的。

无论是一步系统 GMM 还是两步系统 GMM 的估计结果都显示,产出变量 $Sales_{it}/K_{i,t-1}$ 显著为正,说明市场存在非完全竞争,托宾 Q 投资模型具有局限性。欧拉方程投资模型可有效缓解 Q 模型的缺陷。估计结果清楚地列示,政企联系对企业投资的影响在 5% 水平上显著为正,说明政企联系的确具有规模扩张效应,有助于民营企业扩大投资。这一结论在纳入高管人力资本变量后依然成立。

需要说明的是,欧拉方程投资模型式(5-2)中,政企联系通过资金获取便利和行业准入便利对企业投资所起的影响都反映在 POL 的估计系数 λ 中;而托宾 Q 投资模型式(5-1)中,由于控制了托宾 Q,行业准入便利从 λ 中被分离了出去。因此从理论上讲,式(5-2)λ 的估计系数应该高于式(5-1)。而我们却未能在估计结果中观察到这一现象,原因很可能在于,两种投资模型采用了不同的估计方法,估计系数不具有可比性。

第二节　政企联系与企业成长

前面的经验证据显示,政企联系有利于民营企业扩大投资规模。注意到民营企业的主要目标还是在于做大企业规模、实现企业发展,而扩大投资只是实现该目标的手段(邬爱其和金宝敏,2008;李悦等,2009)。那么,政企联系最终是否帮助企业做大规模、实现了更快的企业成长呢? 我们采用如下经验模型加以检验:

$$Grow_{i,t+1} = \mu POL_{it} + \beta X_{it} + Yr + u_i + \varepsilon_{it} \tag{5-3}$$

式(5-3)中,$Grow$ 代表企业的成长指标,以销售额增长率来衡量。与投资模型相一致,成长指标也设定为未来一期。销售额增长率被认为是最具一般性,也是在实际应用中效果最好的企业成长指标(Hoy et al.,1992;Delmar et al.,2003)。原因主要有两点:一是尽管企业成长有多种维度,但几乎所有维度的成长最终都会体现为销售额的增长(Davidsson and Wiklund,2000);二是销售额增长率在不同地区和行业的企业之间具有可比性(Hoy et al.,1992;Delmar et al.,2003)。如果说前一节研究的投资水平是反映企业规模扩张的投入指标,那么这里关注的销售额增长率就是反映企业规模扩张的产出指标或者说结果指标。

关于控制变量 X 的选取,我们同样遵循相关的经验文献来进行。用于解释企业间成长差异的变量主要有企业高管人力资本、企业个体特征、所处地理位置以及行业背景等(Storey,1994;Baum et al.,2001;Gilbert et al.,2006)。参照埃文斯(Evans,1987)、瓦利亚姆和克雷比尔(Variyam and Kraybill,1992)、郎咸平等(Lang et al.,1996)等的做法,我们把企业个体特征变量设定为企业规模 $Size$、负债率 Lev、资本密集度 K/L、企业年龄 $LnFmAge$、股权集中度 $H10$、实际控制人是否担任董事长或总经理 $Ucpd$。在扩展模型中,我们还控制了高管人力资本变量,具体设定与前面的投资模型一致。

回归采用 FE 方法,结果在表 5-3 列示。POL 在 5%水平上对销售额增长率具有显著的正向影响,并且结论在控制高管人力资本变量后依然稳健成立。政企联系的规模扩张效应得到了再一次的验证,政企联系帮助民营企业扩大投资,并最终促进了企业的规模扩张和成长。我们的经验结论与彭维刚和陆亚东(Peng and Luo,2000)、法西奥和帕斯利(Faccio and Parsley,2009)的研究是一致的,他们也发现企业与政府官员的关系与销售额增长正相关。邬爱其和金宝敏(2008)以及李悦等(2009)的调查证据显示,大部分民营企业把追求规模扩张作为企业发展最重要的目标,我们的发现与他们的调查证据是相吻合的。

表 5-3 政企联系与企业成长

	(1)	(2)
POL	0.1303**	0.1337**
	(0.0609)	(0.0646)

续表

	（1）	（2）
Size	−0.520 7***	−0.520 3***
	(0.044 3)	(0.044 6)
Lev	0.730 8***	0.686 4***
	(0.161 7)	(0.166 1)
K/L	−0.006 7***	−0.006 5***
	(0.001 2)	(0.001 2)
LnFmAge	0.129 8	0.131 6
	(0.216 6)	(0.219 3)
H10	−0.588 8*	−0.578 0
	(0.353 9)	(0.356 0)
Ucpd	−0.001 3	−0.007 3
	(0.052 0)	(0.052 6)
Gender		0.011 9
		(0.165 0)
LnAge		0.102 6
		(0.232 4)
Educ		−0.057 8
		(0.040 7)
CP		−0.028 6
		(0.083 0)
R^2	0.369 5	0.373 3
Obs	641	641

注：回归采用固定效应法，并控制了年份效应；（ ）内数值是各解释变量的稳健标准误；***、**、*分别表示在1%、5%及10%水平上显著。

另外，从表5-3可以看出，控制变量的表现也比较符合经济直觉。第一，信贷获取能力强（表现为高负债率）的企业成长得更快。第二，大规模企业和资本密集度高的企业，成长性相对较低。这是一个很有意思的结果，说明单纯依靠资本驱动的粗放发展模式对企业成长的拉动作用是非常有限的。通过政企联系的资源效应，民营企业虽然能够获得短期的快速成长，但长期来看，这种过度依赖关系和资源的发展模式必将是不可持续的。这一结果也暗示企业的长期健康发展并无捷径可走,最终还是要回归到企业核心竞争能力的建设上来,走集约化的发展道路。第六章将从生产经营效率的角度对此作更进一步的说明。

第三节 政企联系与投资机会

民营企业能够通过政企联系的行业准入便利获取更好的投资机会。在托宾 Q 投资模型中,由于控制了托宾 Q,该种效应对企业投资的影响很可能并没有完全反映在 POL 的估计系数 λ 上。下面,我们就政企联系如何影响企业的投资机会进行直接考察,经验模型设定如下:

$$Q_{it} = \xi POL_{it} + \beta X_{it} + Yr + u_i + \varepsilon_{it} \qquad (5-4)$$

由于投资机会(即边际 Q)无法观测,我们同样遵循布雷纳德和托宾 (Brainard and Tobin,1968)的做法,以托宾 Q 作为代理变量,此即式(5-4)中的 Q_{it}。控制变量 X 继续沿用前述成长模型式(5-3)中的设定,这与吴文锋等 (Wu et al.,2012a)关于控制变量的设定是基本类似的。扩展模型中还进一步控制了高管人力资本变量。

回归同样采用 FE 方法。从表5-4 列示的估计结果来看,POL 的估计系数 ξ 为正,但统计上并不显著。原因很可能是因为托宾 Q 并不能真实地反映企业的投资机会,也就无法准确捕捉政企联系对投资机会的影响。从理论上讲,投资机会本质上是边际 Q,而在竞争不完全的情况下投资机会的代理变量托宾 Q 与边际 Q 并不相等(Hayashi,1982)。从实际衡量上讲,托宾 Q 的衡量难以避免度量误差(Erickson and Whited,2000;Cummins et al.,2006)。托宾 Q 指企业价值与资本重置成本的比值。但企业价值无法直接衡量,只能以市场价值(股权价值与债权价值之和)作为代理变量。按照惯例,股权价值以某个时点

（通常是年末）的股票价格作为计算的基准，而受整体市场环境和投资者情绪的影响，股票价格的波动非常大，特定时点的价格往往不能准确反映企业的内在价值。同时，关于资本重置成本的计算也存在很多争议。

表 5-4 政企联系与投资机会

	（1）	（2）
POL	0.1712	0.2162
	(0.1289)	(0.1428)
Size	−0.0814	−0.0747
	(0.0930)	(0.0890)
Lev	−1.0215***	−0.9530**
	(0.3731)	(0.3864)
K/L	−0.0010	−0.0011
	(0.0016)	(0.0017)
LnFmAge	0.9231*	0.9298*
	(0.5035)	(0.5070)
H10	−0.8905	−0.8278
	(0.6573)	(0.6636)
Ucpd	−0.1530	−0.1421
	(0.0955)	(0.0948)
Gender		0.2982
		(0.4102)
LnAge		−0.2337
		(0.3355)
Educ		0.0132
		(0.0728)
CP		−0.1269
		(0.1923)
R^2	0.5394	0.5411
Obs	909	909

注：回归采用固定效应法，并控制了年份效应；（）内数值是各解释变量的稳健标准误；***、**、*分别表示在1%、5%及10%水平上显著。

第四节　本章小结

本章利用我国民营上市公司作为研究样本,通过对政企联系与企业投资、政企联系与企业成长的多方位考察,为政企联系的规模扩张效应提供了可靠的经验证据,也印证了大部分民营企业把追求规模扩张作为企业发展主要目标的调查证据(邬爱其和金宝敏,2008;李悦等,2009)。

首先,我们在托宾 Q 投资模型的框架下,采用固定效应回归策略检验政企联系对企业投资的影响,研究发现在控制企业特征变量、企业高管人力资本以及企业个体效应的基础上,具有政企联系的企业仍然表现出较高的投资水平,说明政企联系有助于企业扩大投资。为了克服托宾 Q 投资模型的一些内在缺陷,我们还采用了欧拉方程投资模型,研究发现结论依然成立。

其次,除了关注反映企业规模扩张的投入指标也即投资水平,我们还对反映企业规模扩张的产出指标或者说结果指标加以重点关注。我们以销售额增长率作为衡量指标,考察政企联系是否有助于企业做大规模。回归结果显示,在其他条件相同的情况下,建立了政企联系的企业有更高的销售额增长率,说明政企联系的确加快了企业的规模扩张和企业成长。

最后,政企联系的规模扩张效应既有可能来自政企联系行业准入便利对企业投资激励的强化,也有可能来自政企联系资金获取便利对企业投资资金的保障,因此我们还以托宾 Q 作为投资机会的代理变量,就政企联系对企业投资机会的影响加以直接检验。遗憾的是,由于托宾 Q 的一些内在缺陷,我们未能发现政企联系显著正向影响托宾 Q 的经验证据。

第六章　政企联系效率减损效应的实证研究

　　第三章分析指出,政企联系的资源效应除了有助于民营企业做大规模,也会给企业的生产经营效率带来负面影响,此即政企联系的效率减损效应。政企联系导致企业效率下降的原因在于,建立和维持政企联系会挤占企业家用于生产性活动的时间和精力,同时还会抑制企业创新并加重企业的政策性负担,此外建立政企联系后企业盲目实施多元化特别是非相关多元化战略,企业家无法兼顾多个行业部门的生产经营活动,这些因素都会扭曲企业的行为和决策。本章以我国民营上市公司作为样本,基于资本生产率、劳动生产率以及 SFA 生产效率分析框架等多个维度,就政企联系与企业生产经营效率之间的关系进行考察,为政企联系的效率减损效应提供可靠的经验证据。

　　本章结构安排如下[①]:第一节以资本生产率和劳动生产率作为企业生产率水平的代理变量,考察政企联系对其是否具有负面影响;考虑到基于单要素生产率的分析结果可能受到要素投入变化的干扰,在第二节中我们运用 SFA 分析框架就政企联系对企业生产效率水平的影响加以直接分析,为政企联系的效率减损效应提供更为坚实的经验证据;第三节利用事件研究法对民营企业建立政企联系的经济合理性进行检验,通过经验证据来说明规模扩张效应给企业带来的正面影响的确要超过效率减损效应的负面影响;第四节对现有经验文献的一个争论焦点——政企联系如何影响企业绩效——加以讨论,首先提供政企联系负向影响企业绩效的确凿经验证据,随后利用本书建立的“规模扩张效应—效率减损效应”分析框架对此进行解释,说明企业绩效下降实际上源于效率损

---

① 　关于本章涉及数据和变量的说明,参见本书附录二。

失;第五节是本章小结。

第一节 政企联系与要素生产率

我们采用如下经验模型检验政企联系究竟是提高了还是降低了民营企业的生产效率:

$$y_{it} = \rho POL_{it} + \beta X_{it} + Yr + u_i + \varepsilon_{it} \qquad (6-1)$$

式(6-1)中,y 代表企业的生产效率,遵循多玛等(Domar et al.,1964)、休斯里德(Huselid,1995)以及兰布斯多夫(Lambsdorff,2003)等的做法,我们分别以资本生产率 VA/K 和劳动生产率 VA/L 作为代理变量。X 为控制变量,参考休斯里德(Huselid,1995)、普什恩(Pushner,1995)等关于企业生产效率的经验研究以及李宏彬等(Li et al.,2008)、王庆文和吴世农(2008)等关于我国企业政企联系与企业财务绩效(ROA)的经验研究,我们选取企业规模 $Size$、负债率 Lev、资本密集度 K/L、成长性 $Grow$、企业年龄 $LnFmAge$、股权集中度 $H10$、实际控制人是否担任董事长或总经理 $Ucpd$ 作为控制变量,在扩展模型中还进一步控制了企业高管的人力资本(设定与第五章完全相同)。ρ 的符号及显著性将是我们的关注重点,假如在资本生产率和劳动生产率回归中,ρ 均显著为负,就表明政企联系降低了企业的生产效率。

回归采用固定效应方法,结果在表6-1列示,其中第(1)列和第(2)列以资本生产率作为要素生产率的代理指标,第(3)列和第(4)列以劳动生产率作为代理指标。从回归结果来看,政企联系对资本生产率 VA/K 和劳动生产率 VA/L 的影响均在5%水平上显著为负。采用同前文相同的 DWH 内生性检验方法发现,控制企业个体效应之后,政企联系的内生性问题就基本得到了缓解,因此 POL 的固定效应估计结果是可靠的。进一步控制高管人力资本变量重复上述回归,结论是稳健的。应当说明的是,除了生产效率损失,资本生产率和劳动生产率的下降还可能来自产出的边际递减效应(diminishing return)和资本密集度的变化①,但鉴于回归中已对企业规模和资本密集度加以控制,这个问题应该不至于特别严重。我们认为,政企联系对资本生产率和劳动生产率同时具有负向影响,最大的可能性就是政企联系导致了企业在生产效率方面的损失,进而降低了要素生产率。

表6-1 政企联系与要素生产率

	(1) VA/K	(2) VA/K	(1) VA/L	(2) VA/L
POL	−0.2094**	−0.2482***	−3.2256**	−4.0512**
	(0.0960)	(0.0950)	(1.6123)	(1.6698)
Size	0.4975***	0.5014***	12.5239***	12.5776***
	(0.1306)	(0.1296)	(2.6566)	(2.5534)
Lev	−1.2258***	−1.2642***	−22.9149***	−24.4733***
	(0.4498)	(0.4381)	(8.2994)	(8.0241)
K/L	−0.0008	−0.0011	0.3940***	0.3881***
	(0.0032)	(0.0034)	(0.0597)	(0.0608)
Grow	−0.1325	−0.1337	0.4560	0.4166
	(0.0826)	(0.0880)	(1.5921)	(1.6407)
LnFmAge	0.0448	−0.0113	−12.4130	−13.7821*
	(0.4510)	(0.4495)	(8.1206)	(8.0699)
H10	2.0945**	1.9226**	29.3171	24.8537
	(0.9046)	(0.9128)	(18.5929)	(18.5196)
Ucpd	−0.0784	−0.1068	−1.5752	−2.4004
	(0.1148)	(0.1166)	(2.7498)	(2.8216)

---

① 由于生产函数关于资本的二阶导数以及关于劳动的二阶导数为负,关于资本和劳动的交叉二阶导数为正,因此在其他条件不变的情况下,由政企联系规模扩张效应带来的资本投入上升会导致资本边际产出以及资本生产率的下降,导致劳动边际产出以及劳动生产率的上升;由政企联系规模扩张效应带来的劳动力投入上升会导致资本边际产出以及资本生产率的上升,导致劳动边际产出以及劳动生产率的下降。

续表

	(1) VA/K	(2) VA/K	(1) VA/L	(2) VA/L
Gender		−0.1634		−6.5017
		(0.4514)		(8.8639)
LnAge		0.8947*		25.1939**
		(0.4611)		(9.7929)
Educ		0.1192		2.8257
		(0.1191)		(2.2430)
CP		−0.0617		−2.9935
		(0.1835)		(4.1801)
R^2	0.1644	0.1718	0.2493	0.2625
Obs	909	909	909	909

注:回归采用固定效应法,并控制了年份效应;第(1)列和第(2)列以资本生产率作为要素生产率的代理指标,第(3)列和第(4)列以劳动生产率作为代理指标;( )内数值是各解释变量的稳健标准误;***、**、*分别表示在1%、5%及10%水平上显著。

表6-1中,主要控制变量的估计结果符合经济直觉。第一,要素生产率与企业规模正相关。规模越大的企业,创新研发实力也往往越强,生产效率越高;同时,大规模企业的市场势力也越强,定价能力越高,也会正向影响要素生产率。第二,负债率负向影响生产效率。原因有两方面:一是企业家与债权人之间的委托代理冲突会引发"资产替代效应"(asset substitution effect)(Jensen and Meckling, 1976),负债率过高时企业家可能会投资于债权人所不希望的高风险项目①,而从净现值(NPV)的角度来看,这些项目是低效率的;二是企业家与外部股东之间的委托代理冲突会引发"债务积压问题"(debt overhang)(Myers, 1977),由于投资收益将被优先用于偿还债务,因此当负债过高时企业就难以获得外部股权融资,进而错失净现值为正的投资机会,导致低效率。第

---

① 这些项目的成功概率很小而失败的风险却很大,项目一旦成功,收益将主要由企业家获得,而项目失败造成的损失却主要由债权人来承担。

三,由于生产函数关于资本和劳动的交叉二阶导数为正,资本密集度的提高(或者说资本深化)会提高劳动生产率而降低资本生产率。

第二节　政企联系与生产效率:随机前沿分析框架

前一节以资本生产率和劳动生产率作为代理变量考察政企联系对企业生产率的影响,发现政企联系显著降低了两种要素生产率。考虑到政企联系具有规模扩张效应,而企业规模的扩大会引发边际产出递减,这也会降低要素生产率。为了排除要素投入变化可能给分析带来的干扰,我们利用由艾格纳等(Aigner et al. 1977)、穆森和范·登·布鲁克(Meeusen and Van Den Broeck,1977)等学者开发的随机前沿分析框架(SFA)来作稳健性检验。SFA 框架把产出区分为产出前沿(best-practice production frontier)和实际产出。由于实际产出要低于产出前沿,两者间的差距就反映了企业生产经营活动的无效率性,它是一个关于生产效率的反向衡量指标(Van Biesebroeck,2007)。模型基本设定如下:

$$
\begin{aligned}
y_{it}^{*} &= X_{it}\beta + v_{it} \\
y_{it} &= X_{it}\beta + v_{it} - u(Z_{it},\delta)
\end{aligned}
\qquad (6-2)
$$

式(6-2)中,y^{*} 代表产出前沿,它被设定为关于要素投入 X 的函数与随机扰动项 v 之和。y 为实际产出,它等于产出前沿 y^{*} 减去生产无效率项(one-sided inefficiency)$u(Z,\delta)$。$u(Z,\delta) \geq 0$ 是一个与参数 Z 和 δ 有关的非负随机变量,反映实际产出与产出前沿之间的差距,差距越大就表明生产效率越低。Z 代表不直接进入生产函数但会对生产效率产生影响的因素,δ 是 Z 的对应参数。随机扰动项 v 服从分布 $N(0,\sigma_{v}^{2})$,并且与 X、Z 及 u 相独立。在我们的研究中,实际产出 y 以增加值表示,要素投入 X 包括资本和劳动力(产出变量和投入变量均取对数值,分别记为 Ln VA、Ln K 和 Ln L);生产效率的影响因素

Z设定为政企联系 POL 以及前文关于要素生产率的研究所涉及的企业层面控制变量。[①] 我们重点关注政企联系是否降低了企业的效率水平。

应用 SFA 模型分析企业生产效率的影响因素,可供选择的方法有一步法和两步法。两步法在早期研究中被采用得比较多,其思路是先在不考虑影响因素 Z 的前提下利用投入变量 X 和产出变量 y 估算生产无效率项 u_{it}[②],然后再对 Z 作回归。该方法在第一步估计中忽略了 Z 的影响,存在模型误设问题,会对 u 的估计造成偏误,影响分析的可靠性(Caudill and Ford,1993;Kumbhakar and Lovell,2000)。而一步法能够克服两步法的不足,因其估计过程自始至终都没有忽略无效率项 u 与 Z 的相关性(Wang and Schmidt,2002)。我们在分析中采用一步法。

关于无效率项 $u(Z_{it},\delta)$ 的具体设定形式,我们援用 SFA 经验研究中广为使用的贝泰斯和科埃利(Battese and Coelli,1995)"无条件均值"(unconditional mean)框架(以下简称 BC95)。在该框架下,$u(Z_{it},\delta)$ 服从截断正态(truncated normal)分布 $N^+(\mu_{it},\sigma_u^2)$,其中截断正态分布的均值是关于 Z 的函数,$\mu_{it}=Z_{it}\delta$。这样一来,无效率项就与 Z 建立起了联系。通过 Z 的估

---

① 鉴于要素生产率回归中,企业高管人力资本变量未表现出很强的显著性,我们没有将它们引入生产效率的影响因素 Z。另外,我们也没有引入企业规模变量 $Size$,因其与资本投入 $\text{Ln} K$(固定资产净值对数值)的相关程度非常高,假使引入的话会导致资本投入的估计系数出现较大偏误。

② 最早的面板 SFA 模型假定每个企业的生产无效率项都是非时变的,即 $u_{it}\equiv u_i$(Schmidt and Sickles,1984)。后来考虑到无效率项的时变性质,李和施密特(Lee and Schmidt,1993)将其设定为 $u_{it}=\beta(t)u_i$,$\beta(t)$ 是关于时间 t 的函数。比如,昆巴卡(Kumbhakar,1990)将 $\beta(t)$ 设定为 $[1+exp(\gamma t+\delta t^2)]^{-1}$,贝泰斯和科埃利(Battese and Coelli,1992)将 $\beta(t)$ 设定为 $exp[-\gamma(t\text{-}T)]$,其中贝泰斯和科埃利(Battese and Coelli,1992)模型在经验研究中的应用曾一度非常广泛。应当说,早期面板 SFA 模型关于生产无效率项 u_{it} 的设定过于简单化了。这些模型隐含假定样本区间内所有企业生产率的相对排序保持不变(Van Biesebroeck,2007)。该假定对于较长时间跨度的样本来说是不够合理的。而我们所采用的贝泰斯和科埃利(Battese and Coelli,1995)、王泓仁和施密特(Wang and Schmidt,2002)框架通过在生产无效率项 u_{it} 中引入影响因素 Z,可以克服早期模型的上述缺陷。

计系数 δ，我们就可以判断 Z 对无效率项 $u(Z,\delta)$ 的影响方向。注意到，Z 给企业生产效率带来的影响恰好与 δ 的符号方向相反。我们预期政企联系 POL 的估计系数为正，即政企联系降低了企业的经营效率。

为保证分析的稳健性，我们还对无效率项 $u(Z_{it},\delta)$ 采用了王泓仁和施密特（Wang and Schmidt，2002）提出的具有"比例特性"（scaling property）的设定形式（以下简称 WS02）。在该框架下，$u(Z_{it},\delta)=exp(Z_{it}\delta)\cdot u_0$，其中 u_0 服从截断正态分布 $N^+(\mu_0,\sigma_{u0}^2)$。注意到，在 BC95 框架下，$u(Z_{it},\delta)$ 所服从的截断正态分布仅均值与 Z 有关，方差是一个常数；而 WS02 框架则进一步容许截断正态分布的方差也取决于 Z。尽管 WS02 框架的设定形式与 BC95 框架有所差异，但政企联系 POL 估计系数符号方向所表征的经济含义是一致的。假如估计系数为正，就表明政企联系是降低企业生产效率的。[①] 倘若在两种分布假定下我们都能得到政企联系负向影响企业生产效率的结论，就表明我们的经验证据是较为可信的。

待估计的参数包括生产前沿方程中要素投入 X 的系数 β、效率方程中 Z

---

① BC95 框架中，无效率项 $u(Z_{it},\delta)$ 所服从的分布相当于通过对 $N^+(0,\sigma_u^2)$ 进行左右"平移"所得（保持方差不变），平移幅度（$\mu_{it}=Z_{it}\delta$）取决于经营效率的影响因素 Z，如果 Z 中某种因素 $z[k]$ 的系数 $\delta[k]$ 越大，分布向右移动的幅度就越大，相应地，无效率项的均值就越大，企业的生产效率水平越低；而 WS02 框架中，无效率项 $u(Z_{it},\delta)$ 所服从的分布相当于通过对 $N^+(\mu_0,\sigma_0^2)$ 在均值和方差（严格来说是标准差）两个维度上进行等比例"缩放"所得，缩放幅度 $exp(Z_{it}\delta)$ 取决于 Z，如果 $z[k]$ 的系数 $\delta[k]$ 越大，分布被"放大"的幅度就越大，相应地，无效率项的均值就越大，企业的生产效率水平越低。下面我们明确给出影响因素 $z[k]$ 对无效率项期望值 $E(u_{it})$ 的边际效应（可参见 Wang，2002）。在 BC95 框架下，$E(u_{it})=\sigma_u[\Lambda_{it}+\phi(\Lambda_{it})/\Phi(\Lambda_{it})]$，$E(u_{it})$ 关于 $z[k]$ 的偏效应为 $\partial E(u_{it})/\partial z[k]=\delta[k]\{1-\Lambda_{it}[\phi(\Lambda_{it})/\Phi(\Lambda_{it})]-[\phi(\Lambda_{it})/\Phi(\Lambda_{it})]^2\}\propto\delta[k]$，其中 $\Lambda_{it}=\mu_{it}/\sigma_u$，$\phi(.)$ 表示标准正态分布的概率密度函数（pdf），$\Phi(.)$ 表示标准正态分布的累积分布函数（cdf）；在 WS02 框架下，$E(u_{it})=exp(Z_{it}\delta)E(u_0)$，$\partial E(u_{it})/\partial z[k]=\delta[k]exp(Z_{it}\delta)E(u_0)\propto\delta[k]$，其中 $E(u_0)=\sigma_0[\Lambda_0+\phi(\Lambda_0)/\Phi(\Lambda_0)]$，$\Lambda_0=\mu_0/\sigma_0$。可见，虽然两种模型关于无效率项 $u(Z_{it},\delta)$ 与影响因素 Z 之间的函数设定形式存在差异，两种模型下因素 $z[k]$ 对应系数 $\delta[k]$ 的具体经济含义不完全相同，但 $z[k]$ 对无效率项期望值 $E(u_{it})$ 的边际效应的符号方向都是与 $\delta[k]$ 的符号方向相一致的。

的系数 δ 以及相应分布函数的参数(因模型设定的不同而有所差异,BC95 模型中为 σ_u^2 和 σ_v^2,WS02 模型中为 μ_0、σ_{u0}^2 和 σ_v^2),估计采用极大似然法。表 6-2 给出了估计结果。从模型的整体设定来看,无论是 BC95 框架还是 WS02 框架,chi^2 统计量都在 1% 水平上显著,说明模型设定是较为合理的。下面我们利用 LR 检验分别就两个模型引入无效率项 $u(Z_{it},\delta)$ 的合理性进行考察。

表 6-2　政企联系与生产效率:基于 SFA 框架的考察

贝泰斯和科埃利(Battese and Coelli, 1995)框架		王泓仁和施密特(Wang and Schmidt, 2002)框架	
生产前沿方程		生产前沿方程	
LnK	0.304 6***	LnK	0.306 1***
	(0.042 8)		(0.044 4)
LnL	0.342 9***	LnL	0.349 7***
	(0.040 8)		(0.042 2)
效率方程		效率方程	
POL	1.745 8*	POL	0.210 9*
	(0.942 2)		(0.120 3)
Lev	2.645 4	Lev	0.220 1
	(2.610 8)		(0.354 1)
K/L	−0.018 9	K/L	−0.002 7
	(0.021 3)		(0.003 1)
$Grow$	−4.885 1**	$Grow$	−0.668 7**
	(2.091 9)		(0.290 8)
$LnFmAge$	−2.137 8**	$LnFmAge$	−0.289 3*
	(0.911 3)		(0.159 5)
$H10$	−11.701 5**	$H10$	−1.783 7**
	(5.623 9)		(0.849 0)
$Ucpd$	−1.587 2*	$Ucpd$	−0.191 8
	(0.898 9)		(0.117 2)

续表

贝泰斯和科埃利（Battese and Coelli, 1995）框架		王泓仁和施密特（Wang and Schmidt, 2002）框架	
分布函数参数		分布函数参数	
$Ln(\sigma_u^2+\sigma_v^2)$	1.7042***	μ_0	−47.4259***
	(0.2179)		(16.4924)
Inverse logit of	2.1259***	$Ln(\sigma_{u0}^2)$	4.3491***
$\sigma_u^2/(\sigma_u^2+\sigma_v^2)$	(0.2781)		(0.5546)
		$Ln(\sigma_v^2)$	−0.4450***
			(0.1007)
模型设定检验统计量		模型设定检验统计量	
chi^2	510.32***	chi^2	507.89***
Log-likelihood value	−1094.71	Log likelihood value	−1097.74
LR 检验1（$H_0:\sigma_u^2=0$）	68.50***	LR 检验1（$H_0:\sigma_{u0}^2=0$）	62.43***
LR 检验2（H_0:Constant Conditional Mean）	21.70***	LR 检验2（H_0:No Scaling Property）	15.63**
Obs	789	Obs	789

注：回归控制了年份效应；chi^2 为模型整体设定检验 chi^2 统计量；Log-likelihood value 为模型对应的极大似然估计的对数似然函数值；BC95 框架中，LR 检验1的原假设为无效率项 $u(Z_{it},\delta)$ 所服从截断正态分布 $N^+(\mu_{it},\sigma_u^2)$ 的方差 σ_u^2 为0，若拒绝原假设则表明无效率项不能被忽略，采用 SFA 分析框架是非常必要的；LR 检验2的原假设为 $N^+(\mu_{it},\sigma_u^2)$ 的均值 μ_{it} 与 Z 无关，若拒绝原假设则表明在无效率项的影响因素中包含 Z 非常有必要；WS02 框架中，LR 检验1的原假设为无效率项 $u(Z_{it},\delta)=exp(Z_{it}\delta)\cdot u_0$ 中，u_0 所服从截断正态分布 $N^+(\mu_0,\sigma_{u0}^2)$ 的方差 σ_{u0}^2 为0，若拒绝原假设则表明无效率项不能被忽略，采用 SFA 分析框架是非常必要的；LR 检验2的原假设为无效率项不存在"比例特性"，即与 Z 无关，若拒绝原假设则表明在无效率项的影响因素中包含 Z 非常有必要；（ ）内数值是各解释变量的标准误；***、**、* 分别表示在 1%、5% 及 10% 水平上显著。此处本样本容量较前文的要素生产率回归有所减少，是因为部分企业的增加值 VA 为负，我们删去这部分样本重新作前面的回归，发现结论并不改变。

BC95 框架中，LR 检验1的统计量在 1% 水平上显著，拒绝了无效率项 $u(Z_{it},\delta)$ 所服从截断正态分布 $N^+(\mu_{it},\sigma_u^2)$ 的方差 σ_u^2 为0的原假设，说明企业生产经营活动中的确存在生产无效率，运用 SFA 分析框架具有合理性；LR 检验2的统计量在 5% 水平上显著，拒绝了 $N^+(\mu_{it},\sigma_u^2)$ 的均值 μ_{it} 与 Z 无关的原假设,因此有必要在无效率项的影响因素中包含 Z。

WS02 框架中的情形也十分类似,LR 检验 1 的统计量在 1%水平上显著,拒绝了无效率项 $u(Z_{it}, \delta) = exp(Z_{it}\delta) \cdot u_0$ 中 u_0 所服从截断正态分布 N^+ (μ_0, σ_{u0}^2) 的方差 σ_{u0}^2 为 0 的原假设,说明采用 SFA 分析框架是合理的;LR 检验 2 的统计量在 5%水平上显著,拒绝了无效率项不存在"比例特性"的原假设,说明有必要将 Z 引入无效率项。此外,两个模型中要素投入 LnK 和 LnL 的估计系数也相当接近,进一步说明模型设定是较为稳健的。

表 6-2 清楚地列示,尽管 BC95 框架和 WS02 框架关于无效率项 $u(Z_{it}, \delta)$ 的影响因素 Z 的设定形式有所不同,两个模型中政企联系变量 POL 都在 10%水平上显著为正。这就意味着,企业建立政企联系后,经营效率水平会显著下降,即政企联系降低了企业的生产效率。该结论对模型设定的具体形式不敏感,是较为可信的。

由于模型设定形式的差别,两个模型中 POL 估计系数的数值大小不具有可比性。为了进行更为直观的比较,我们援用王泓仁(Wang, 2002)采取的策略,考察政企联系 POL 对无效率项 $u(Z_{it}, \delta)$ 的期望值 $E(u_{it})$ 的边际效应。[①] 我们发现,BC95 框架下和 WS02 框架下政企联系对无效率项期望值的边际效应相当接近,分别为 0.14 和 0.12。也就是说,建立政企联系后,民营企业的生产效率水平大约要下降 12%到 14%。基于 SFA 框架的稳健性分析验证了前文基于资本生产率和劳动生产率的分析结论。

值得注意的是,政企联系的行业准入便利能够帮助民营企业进入高壁垒行业,进而增强企业的市场势力和定价能力,而我们在本节所采用的 SFA 分析框架以及在前一节所采用的要素生产率分析框架并未对市场势力和生产效率加

---

① 在 BC95 框架下,$\partial E(u_{it})/\partial z[k] = \delta[k]\{1 - \Lambda_{it}[\phi(\Lambda_{it})/\Phi(\Lambda_{it})] - [\phi(\Lambda_{it})/\Phi(\Lambda_{it})]^2\}$,其中 $\delta[k]$ 为 $z[k]$ 的对应系数,$\Lambda_{it} = \mu_{it}/\sigma_u$,$\phi(.)$ 表示标准正态分布的概率密度函数,$\Phi(.)$ 表示标准正态分布的累积分布函数;在 WS02 框架下,$\partial E(u_{it})/\partial z[k] = \delta[k]exp(Z_{it}\delta)E(u_0)$,其中 $E(u_0) = \sigma_0[\Lambda_0 + \phi(\Lambda_0)/\Phi(\Lambda_0)]$,$\Lambda_0 = \mu_0/\sigma_0$。

以明确区分,市场势力的因素实际上也被归为了生产效率。博塔索和森贝涅利(Bottasso and Sembenelli,2001)曾开发出一种估计策略对市场势力和生产效率加以区分,遗憾的是该策略需要对生产效率的函数形式作一些过强的简化假定,因此我们无法从一个统一的分析框架出发,同时就政企联系对生产效率和市场势力的影响加以考察。需要说明的是,尽管本节采用的分析框架未能分离市场势力的因素,但这并不会削弱我们的结论:由于政企联系对市场势力的正向效应也被归入生产效率,可能会低估政企联系对生产效率的负面影响,因此假如排除市场势力的干扰,政企联系对生产效率的负向影响将会表现得更为显著。

第三节　建立政企联系的经济合理性分析:企业价值

政企联系一方面具有规模扩张效应,有助于民营企业扩大投资、做大规模,这将会正向影响企业价值;另一方面又具有效率减损效应,降低了企业的生产效率,这将会负向影响企业价值。建立政企联系本质上是一种寻租活动。从逻辑上讲,寻租成本应当以租金总额为上限(Tullock,1980;1994)。只有寻租所获的收益超过付出的成本,即政企联系规模扩张效应给企业价值带来的正向影响超过效率减损效应带来的负向影响,民营企业才有动力建立和维持政企联系。因为民营企业建立和维持政企联系的目的就是希望其为企业带来经济利益(Chen et al.,2011)。① 如果用第三章建立的理论模型对民营企业建立政企

---

① 不可否认,当选人大代表、政协委员的荣誉感、成就感以及政治参与感的确是民营企业家参政议政的重要激励因素,但"在商言商"才是民营企业之根本所在。中央统战部、全国工商联和中国私营经济研究联合会于 2006 年进行的全国民营企业抽样显示,在被问及在经济、政治和社会生活中的打算时,高达 70.8%的民营企业家认为,最为迫切的事情就是"在商言商,把企业办好"(参见 2007 年 10 月 30 日《中国青年报》)。郈爱其和金宝敏(2008)针对浙江民营企业的调查证据也显示,促进企业发展是民营企业家参政的主要动因。

联系的经济合理性进行说明，那就是建立政企联系后的企业利润（单期模型中也就相当于企业价值）必须高于建立之前的水平（即 $\pi^* > \pi_0$）。

要从经验角度就民营企业建立政企联系是否有助于增进企业价值加以检验，有两种可选策略：一是利用年度数据考察政企联系对企业的托宾 Q 值是否具有正向影响，二是利用事件研究法考察政企联系是否能为相关企业带来显著为正的股票超额回报。

应当指出，基于托宾 Q 的研究策略具有一些严重的内在缺陷。首先，从指标合理性上讲，尽管经验研究通常都以托宾 Q 作为企业价值的衡量指标，但就我们的研究目的而言，托宾 Q 并非企业价值的良好代理变量。企业价值是一个总量概念，而托宾 Q 则是企业价值与重置成本的比值，两者的经济含义有明显的差别。在依赖关系和资源的发展模式下，我国民营企业依靠政企联系获得发展资源，企业的投资和规模迅速扩张，企业重置成本的上升甚至有可能超过市场价值的提高，因此从理论上讲政企联系未必正向影响托宾 Q。而且托宾 Q 在实际衡量中也难以避免度量误差问题（Erickson and Whited，2000；Cummins et al.，2006）。其次，从研究策略合理性上讲，该策略通常采用年度数据进行实证研究，随之而来的问题是，在一年的时间跨度内有诸多因素会对托宾 Q 产生影响，其中有些因素可能是观测不到的，难以在回归中一一加以控制，从而导致遗漏变量问题，干扰分析的准确性。

相比之下，事件研究法则是更为理想的研究策略：第一，政企联系变动对企业价值的影响会反映在股价变动上，指标的经济含义非常明确，同时也可以回避托宾 Q 的度量误差问题；第二，事件窗口通常较短，企业基本面的情况在此期间来不及发生实质性变化，剔除市场因素之后的公司股价变动就仅仅来自投资者关于政企联系价值的预期，从而可以成功识别出政企联系的价值。

在此，我们采用事件研究法作为研究策略。具体来讲，就是以民营上市公司政企联系的变动作为研究事件，考察政企联系变化前后公司股价的变动情况。假如政企联系能为公司股票带来超额回报，就表明政企联系能够增进企业价值,企业建立政企联系的经济合理性即得到验证。研究区间设定为 1998—2009 年。①

事件研究的时序参见图 6-1。企业政企联系发生变动之日即为事件日(event date,$t=0$)。在本书所遵循的以企业高管身份衡量企业政企联系的文献通常做法之下,当前任董事长和总经理不具有代表委员或前政府官员等身份,而新任董事长或总经理之一具有上述身份时,企业政企联系发生正向变化,POL 由 0 变为 1;反之,政企联系发生负向变化,POL 由 1 变为 0。参照国内外相关研究,我们选择事件日前 7 个交易日至事件日后 7 个交易日作为事件窗口(event window),即[-7,+7]。我们还要求事件窗口内没有年报公布、配股、增发、分红等信息披露,以消除其他事件对股票表现的影响。最后筛选得到政企联系发生正向变化的公司 42 家次,发生负向变化的公司 55 家次。

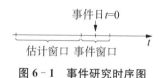

图 6-1　事件研究时序图

我们遵循麦金雷(MacKinlay,1997)、科塔里和沃纳(Kothari and Warner,2007)等学者所概括的技术路线来计算事件窗口内公司股票的累积超额收益率(cumulative abnormal returns,CAR)。概述如下:

$$CAR_i(-7,+7) = \sum_{t=-7}^{+7} AR_{it} \qquad (6-3)$$

式(6-3)中,$CAR_i(-7,+7)$ 是企业 i 在事件窗口内的股票累积超额回报率,其中超额回报率 AR_{it} 由下式计算得到:

---

① 受制于控制变量的数据可得性,前文面板回归的样本区间选定为 2003—2009 年,而这里的事件研究方法仅需要股票收益率数据就可以了,我们把起始年份设定为 1998 年以尽可能地扩大样本容量。

$$AR_{it} = R_{it} - (\hat{\alpha}_i + \hat{\beta}_i R_{mt}), t \in [-7, +7] \qquad (6-4)$$

式(6-4)中,AR_{it}代表企业i在事件窗口内交易日t的股票超额回报率,R_{it}是企业i在交易日t的股票回报率,R_{mt}是交易日t的市场回报率,以考虑现金再投资的沪深综合 A 股市场回报率来衡量。式(6-4)的含义是,以政企联系变动这一事件为条件的真实回报率(real return)R_{it}与不以该事件为条件的"正常"回报率(normal return)$\hat{\alpha}_i + \hat{\beta}_i R_{mt}$之差,即为超额回报率$AR_{it}$,其中参数$\hat{\alpha}_i$和$\hat{\beta}_i$由如下市场模型估计得到:[①]

$$R_{it} = \alpha_i + \beta_i R_{mt} + \varepsilon_{it}, t \in [-210, -30] \qquad (6-5)$$

式(6-5)中,β_i代表公司个股的风险参数(beta risk),反映其股票收益与整体市场的联动程度,ε_{it}表示扰动项。关于估计窗口(estimation window)的选择,假如估计窗口过短,则参数的估计不够准确;而假如过长,参数又可能发生结构性变化。我们选取事件日前 210 个交易日至前 30 个交易日作为估计窗口,即[-210, -30]。

表 6-3 Panle A 和 Panle B 第(1)列报告了按照前述方法测算的政企联系发生变化时公司股票的累积超额回报率 CAR。为了对个股回报率中的行业效应加以控制,我们援用夏普(Sharpe, 1970)的做法,在市场模型式(6-5)的基础上进一步增加公司所属行业的行业指数回报率作为控制变量,行业指数分别以申万行业指数和证监会行业指数来衡量,相应的 CAR 在第(2)列和第(3)列给出。

---

① 计算正常回报率,可供选择的模型有均值调整模型、市场模型(Fama et al., 1969)、资本资产定价模型(CAPM, Sharpe, 1964;Lintner, 1965)、无套利定价模型(APT, Ross, 1976)等。其中以市场模型最为简单实用,应用也最为广泛。麦金雷(MacKinlay, 1997)指出,相比于均值调整模型,市场模型能够剔除个股收益中与市场收益波动的联动部分,提高对事件效应的检定力;CAPM 模型施加的限制条件过强,近年来在事件研究中的应用日渐式微;APT 模型大大增加了分析的复杂度,但从经验实践来看,并不比市场模型有更佳的分析效果。陈信元和江峰(2005)以我国 A 股上市公司为抽样总体检验了不同方法的检定力,也发现市场模型的表现最佳。

表 6-3　政企联系发生变动时公司股票的累积超额回报

	（1）	（2）	（3）
Panel A：政企联系发生正向变化时（*POL* 由 0 变为 1）的累积超额回报			
CAR（%）	0.5037	0.3806	1.3981
	（1.7023）	（1.9403）	（2.2854）
Obs	42	35	29
样本区间	1998.01.01—2009.12.31	2000.01.04—2009.12.31	2001.07.02—2009.12.31
Panel B：政企联系发生负向变化时（*POL* 由 1 变为 0）的累积超额回报			
CAR（%）	−3.0532*	−3.5030*	−3.9403*
	（1.6501）	（2.0035）	（2.1721）
Obs	55	46	40
样本区间	1998.01.01—2009.12.31	2000.01.04—2009.12.31	2001.07.02—2009.12.31
Panel C：政企联系变动对公司股票累积超额回报的影响			
DPOL	1.9493*	2.1538	2.8718*
	（1.1920）	（1.4154）	（1.5798）
R^2	0.0271	0.0281	0.0463
Obs	97	81	69
样本区间	1998.01.01—2009.12.31	2000.01.04—2009.12.31	2001.07.02—2009.12.31

注：*CAR* 表示事件窗口内公司股票的累积超额回报率；在利用市场模型计算 *CAR* 时，第（1）列只控制了沪深综合 A 股市场回报率，第（2）列和第（3）列则进一步控制了公司所属行业的行业指数回报率，分别以申万行业指数和证监会行业指数作为代理变量，由于申万行业指数始自 2000 年 1 月 4 日，证监会行业指数始自 2001 年 7 月 2 日，故有一定数量的样本损失；Panle A 和 Panle B（）内数值是 *CAR* 的标准差，Panle C（）内数值是变量 *DPOL* 的稳健标准误；* 表示在 10% 水平上显著。

结果显示，当政企联系发生正向变化时（Panle A），公司股票的累积超额回报率 *CAR* 约为 0.38%～1.40%，统计上不显著，原因可能是样本容量较小；当政企联系发生负向变化时（Panle B），*CAR* 约为 −3.94%～−3.05%，在 10%水平上显著。上述结论意味着政企联系能够为民营上市公司带来股票的超额回报，即政企联系给企业带来的综合效应是正向的，表明民营企业建立政企联系的确是出于企业价值最大化的考量。我们的经验证据与民营企业家参政议政积极性日益高涨（陈钊等，2008；冯天丽和井润田，2009）的现实观察是相符合的。

接下来，我们把政企联系发生正向变化和发生负向变化的样本合在一起，考察政企联系变动对事件公司股票累积超额回报率 CAR 的影响。具体做法是以 CAR 对变量 DPOL 作 OLS 回归，其中 DPOL 表示政企联系的变动方向，POL 正向变化时取 1，负向变化时取 −1。[①] 从表 6-3 Panle C 列示的回归结果来看，变量 DPOL 在 10%水平上正显著，再次确认了民营企业建立政企联系的经济合理性。

作为稳健性检验，我们采用宾德尔（Binder，1985）提出的基于多元回归的分析策略检验事件效应。该策略把前述的首先利用市场模型估算"正常"回报率然后再计算超额回报率的"两步法"合并为一步，可在一定程度上提高解释变量的估计效率（Eckbo, et al., 1990）。政企联系文献中，罗伯茨（Roberts，1990）曾采用过类似的研究策略检验 1983 年美国参议员亨利·杰克逊（Henry Jackson）意外死亡事件给与其存在关联的公司带来的负面影响。估计模型设定如下：

$$R_{it} = \alpha_i + \beta_i R_{mt} + \gamma D_{it} + \varepsilon_{it}, \ t \in [-210, -30] \bigcup [-7, +7] \qquad (6-6)$$

在该策略下，落入事件窗口[−7，+7]与估计窗口[−210，+30]的样本点都被纳入到回归中来。式(6-6)中变量的含义与式(6-5)相同，R_{it} 和 R_{mt} 分别表示公司个股回报率和市场回报率，其中市场回报率以考虑现金再投资的沪深综合 A 股市场回报率来衡量。变量 D 用来反映政企联系的变动情况，是我们关注的重点。根据研究样本的不同，D 的设定略有差别，分别以 POLposChgD、POLnegChgD 和 POLChgD 表示，具体说明如下：(1)对于政企

[①] 贝斯勒和伯吉斯（Besley and Burgess，2004）在就法律对劳动者保护程度的变动会给产业发展带来何种影响进行考察时，曾采用过类似的设置，他们把政策强度设置为 −1 和 1，分别对应于减少保护和增强保护。

联系发生正向变化的样本,当属于事件窗口时 *POLposChgD* 取 1,当属于估计窗口时取 0;(2)对于政企联系发生负向变化的样本,当属于事件窗口时 *POLnegChgD* 取 1,当属于估计窗口时取 0;(3)对于政企联系发生变化的全体样本,当属于事件窗口且 *POL* 发生正向变化时 *POLChgD* 取 1、发生负向变化时取 −1,当属于估计窗口时取 0。上述三种情形的估计结果分别列示在表 6 - 4 第(1)列至第(3)列。

表 6 - 4　政企联系变动对公司股票回报的影响:基于多元回归的稳健性检验

	(1) 政企联系发生正向 变化的样本	(2) 政企联系发生负向 变动的样本	(3) 政企联系发生 变化的全体样本
POLposChgD	0.0369		
	(0.1015)		
POLnegChgD		−0.2008**	
		(0.0856)	
POLChgD			0.1297**
			(0.0655)
R^2	0.4177	0.3891	0.3962
Obs	8 190	10 725	18 915

注:第(1)列对应政企联系发生正向变化的样本,第(2)列对应政企联系发生负向变化的样本,第(3)列对应政企联系发生变化的全体样本;公司个股的风险参数 β_i 未报告;( )内数值是解释变量的稳健标准误;** 表示在 5%水平上显著。

从表 6 - 4 的估计结果可以看出:(1)*POLposChgD* 为正,但未表现出显著性,这与表 6 - 3 Panel A 的发现相一致;(2)*POLnegChgD* 在 5%水平上负显著,说明政企联系负向变动会降低公司股票回报率,这与表 6 - 3 Panel B 的发现相一致;(3)*POLChgD* 在 5%水平上正显著,说明就整体样本而言政企联系能够提升公司股票回报率,这与表 6 - 3 Panel C 的发现相一致。由于基于回归的事件研究策略增进了估计效率,此处显著性较表 6 - 3 有所提高。这些经验证据再次表明,政企联系有助于提高企业价值。

第四节 理解政企联系与企业绩效:效率视角

在关于我国民营企业的政企联系研究中,有相当多的文献从资产利润率 *ROA* 等财务指标入手,考察政企联系对企业经营绩效的影响,并以此为基础讨论政企联系给民营企业带来的综合效应为正还是为负。然而,已有的研究尚没有就政企联系究竟如何影响企业绩效达成共识,不同研究的结论有相当大的差异。

王庆文和吴世农(2008)、陈任如和赖煜(2010)等以民营上市公司为样本的研究发现,政企联系有助于增进企业绩效。李宏彬等(Li et al.,2008)利用全国工商联民营企业调查数据所作的研究发现,民营企业家的党员身份有助于提高企业绩效,但人大代表和政协委员身份以及政府任职经历都没有对企业绩效产生显著的正面影响。杜兴强等(2009)也发现整体而言政企联系对民营上市公司绩效并无显著影响。邓建平和曾勇(2009)以企业注册地作为政企联系的工具变量,研究发现政企联系程度越高,企业经营绩效反而越差。李维安等(2010)也发现民营上市公司的政企联系程度越强,财务绩效相对越差。①

---

① 一些学者把范博宏等(Fan et al.,2007)、博巴科里等(Boubakri et al.,2008)的经验研究也归入"政企联系负向影响企业绩效"的文献类别。我们认为这样的解读似有不妥,在此特别作出一些澄清。范博宏等(Fan et al.,2007)考察了我国 1993—2001 年上市的 790家新近部分私有化(newly partially privatized)企业在上市之后的经营状况,发现无论是股票超额回报率(*CAR*),还是盈利增长率、销售增长率等会计绩效,那些总经理为现任或前任政府(军队)官员的企业的表现都要显著低于其他企业。博巴科里等(Boubakri et al.,2008)考察了 27 个发展中国家和 14 个发达国家 1980—2002 年 245 家新近私有化企业在私有化前后的绩效变化,发现建立了政企联系的企业私有化之后的绩效提升不如非关联企业那么显著。应当注意,上述文献的研究对象均为新近私有化企业,与民营企业主动建立的政企联系相比,这些企业的政企联系在内涵上存在明显的差别:政企联系实际上是政府试图保留其在企业中的影响力所采用的间接手段,私有化越不彻底,则高管拥有政治身份的可能性就越大(Boubakri et al.,2008)。由此可见,上述文献的经验结论,与其说是"政企联系负向影响企业绩效",倒不如说是"私有化不彻底有损于企业绩效"更为贴切。

我们认为,已有的研究主要存在两个方面的不足。第一,在当前的政企联系建立模式下,经营绩效好的优质民营企业更容易建立政企联系,而现有研究多采用(混合)最小二乘回归策略来作计量分析,未能有效缓解政企联系的内生性问题,干扰了分析结论的可靠性。第二,现有文献以政企联系对企业绩效的影响方向来判断政企联系带给企业的综合效应(杜兴强等,2009),这是不够全面的,会使人们对政企联系的理解产生误导。

本节首先为政企联系如何影响企业绩效提供确凿的经验证据——政企联系对企业绩效的真实影响是负面的;随后从本书第三章所论述的政企联系规模扩张效应和效率减损效应的角度出发,尝试为上述经验结果提供一种更为合理的经济学解释——建立政企联系后企业绩效的下降缘于生产经营效率的降低(尽管企业的总价值是提高的)。

一、政企联系降低企业绩效的经验证据

我们采用如下经验模型检验政企联系对企业绩效的影响,模型设定与要素生产率方程式(6-1)完全类似:

$$Perf_{it} = \upsilon POL_{it} + \beta X_{it} + Yr + u_i + \varepsilon_{it} \qquad (6-7)$$

式(6-7)中 $Perf$ 代表企业绩效,我们分别以资产收益率 ROA(总利润与总资产之比)和净资产收益率 ROE(净利润与股东权益之比)来衡量。控制变量的选取与要素生产率方程式(6-1)相同,这也是与李宏彬等(Li et al.,2008)、王庆文和吴世农(2008)等研究所采用的主要控制变量相一致的。扩展模型中还进一步控制了高管人力资本变量。

与前面一样,回归采用固定效应方法(FE)。为了说明缓解内生性偏误的重要性并便于和现有的经验研究结果进行比较,我们同时给出了基于混合最小二乘方法(POLS)的估计结果。表6-5和表6-6分别列示了以资产收益率 ROA 和净资产收益率 ROE 作为被解释变量的估计结果。

表6－5　政企联系与企业绩效(资产收益率 *ROA*)

	(1) POLS	(2) POLS	(3) POLS	(4) FE	(5) FE
POL	0.0178***	0.0018	0.0032	−0.0170*	−0.0207**
	(0.0049)	(0.0041)	(0.0043)	(0.0089)	(0.0099)
Size		0.0204***	0.0207***	0.0413***	0.0414***
		(0.0024)	(0.0025)	(0.0069)	(0.0068)
Lev		−0.1969***	−0.1974***	−0.2082***	−0.2097***
		(0.0163)	(0.0164)	(0.0307)	(0.0301)
K/L		−0.0002**	−0.0002**	−0.0001	−0.0001
		(0.0001)	(0.0001)	(0.0001)	(0.0001)
Grow		0.0377***	0.0373***	0.0181***	0.0173***
		(0.0052)	(0.0052)	(0.0048)	(0.0050)
LnFmAge		0.0213***	0.0206***	0.0074	0.0063
		(0.0055)	(0.0055)	(0.0334)	(0.0343)
*H*10		0.0097	0.0108	0.0868	0.0828
		(0.0239)	(0.0239)	(0.0661)	(0.0661)
Ucpd		0.0116***	0.0115***	0.0029	0.0029
		(0.0043)	(0.0043)	(0.0084)	(0.0087)
Gender			−0.0021		−0.0174
			(0.0110)		(0.0185)
LnAge			−0.0067		0.0031
			(0.0166)		(0.0385)
Educ			−0.0024		0.0018
			(0.0025)		(0.0054)
CP			−0.0074		0.0136
			(0.0049)		(0.0144)
R^2	0.2234	0.4836	0.4855	0.3174	0.3201
Obs	909	909	909	909	909

注:第(1)列至第(3)列采用混合最小二乘回归(POLS)估计法,第(4)列和第(5)列采用固定效应估计法(FE);所有回归均控制了年份效应,混合最小二乘回归还进一步控制了行业效应和省份效应;( )内数值是各解释变量的稳健标准误;***、**、*分别表示在1%、5%及10%水平上显著。

表 6 - 6　政企联系与企业绩效(净资产收益率 *ROE*)

	(1) POLS	(2) POLS	(3) POLS	(4) FE	(5) FE
POL	0.0225***	0.0043	0.0067	−0.0250*	−0.0287*
	(0.0071)	(0.0060)	(0.0063)	(0.0144)	(0.0155)
Size		0.0366***	0.0371***	0.0681***	0.0680***
		(0.0037)	(0.0038)	(0.0105)	(0.0104)
Lev		−0.1539***	−0.1554***	−0.1782***	−0.1816***
		(0.0243)	(0.0246)	(0.0365)	(0.0353)
K/L		−0.0004**	−0.0003**	−0.0002	−0.0002
		(0.0001)	(0.0001)	(0.0002)	(0.0002)
Grow		0.0590***	0.0583***	0.0324***	0.0313***
		(0.0085)	(0.0085)	(0.0068)	(0.0069)
LnFmAge		0.0304***	0.0288***	0.0087	0.0083
		(0.0085)	(0.0087)	(0.0506)	(0.0513)
H10		0.0254	0.0283	0.1189	0.1157
		(0.0336)	(0.0335)	(0.1003)	(0.1012)
Ucpd		0.0146**	0.0143**	0.0107	0.0108
		(0.0067)	(0.0068)	(0.0142)	(0.0148)
Gender			−0.0048		−0.0346
			(0.0165)		(0.0313)
LnAge			0.0001		−0.0005
			(0.0248)		(0.0616)
Educ			−0.0054		0.0012
			(0.0039)		(0.0090)
CP			−0.0138*		0.0123
			(0.0074)		(0.0211)
R^2	0.2058	0.4314	0.4349	0.2603	0.2623
Obs	909	909	909	909	909

注:第(1)列至第(3)列采用混合最小二乘回归(POLS)估计法,第(4)列和第(5)列采用固定效应估计法(FE);所有回归均控制了年份效应,混合最小二乘回归还进一步控制了行业效应和省份效应;( )内数值是各解释变量的稳健标准误;***、**、*分别表示在1%、5%及10%水平上显著。

从第(1)列至第(3)列的 POLS 回归结果来看,当不控制任何企业特征变量时,政企联系 *POL* 的估计系数 v 显著为正,说明政企联系与企业绩效之间存在显著的正相关关系。也就是说,整体而言建立了政企联系的企业具有更高的绩效水平,即这些企业通常是那些绩效较好的优质企业。但是,上述相关关系尚不足以帮助我们判断政企联系对企业绩效到底有何影响。建立了政企联系的企业和未建立政企联系的企业,本身就是异质性的企业,在企业自身特征方面存在系统性的差异。假如不对这些异质性因素加以控制,*POL* 就会与扰动项 ε 相关,导致内生性偏误。为了识别政企联系与企业绩效之间究竟具有何种因果关系,我们需要缓解内生性问题的干扰,得到关于 *POL* 的一致估计。

作为缓解内生性的第一步,我们引入企业特征变量和高管人力资本变量,对企业异质性加以控制。从表 6-5 和表 6-6 第(2)列和第(3)列给出的 POLS 估计结果可以看到,无论是对 *ROA* 和 *ROE*,尽管 *POL* 的估计系数还是为正,但不仅在数量上相比于第(1)列大大减小,在统计上也变得不再显著了。这一结果与吴文锋等(Wu et al.,2012a)的发现是非常类似的,他们在以 *ROA* 对政企联系所作的 POLS 回归中也发现了这种非显著的正相关关系。控制变量中,企业特征变量较为显著,而高管人力资本变量的影响则不显著。规模越大、成长性越好、负债率越低、成立年限越久的企业,以及由实际控制人担任董事长或总经理的企业,绩效水平也越高。控制变量的表现符合经济直觉,也与王庆文和吴世农(2008)、邓建平和曾勇(2009)、杜兴强等(2009)等现有经验研究的主要结论相一致。

但是,基于 POLS 的 *POL* 估计结果仍然可能存在内生性偏误。原因可能有两方面,一是遗漏变量(missing variable)问题,二是双向因果关系(two-way causality)或称同时性(simultaneity)问题。首先,尽管已经控制了企业特征变量和高管人力资本变量,但仍有可能遗漏不可观测的因素(unobservable variable)。假如某些非观测因素同时对政企联系和企业绩效具有正向影响,政企联系和企业绩效就会表现出同向变动趋势,于是 *POL* 的最小二乘估计量将会产生向上的偏误(upward bias)。估计系数的正向效应很可能应当被归因于上述非观测因素而非政企联系。其次,政企联系与企业绩效的关系并非只是单向的,不仅政企联系会影响企业绩效,事实上政企联系本身也与企业绩效有关。第三章的理论分析表明,绩效好的优质企业有更大的可能性建立政企联系。企业绩效与政企联系之所以具有正相关关系,很有可能是由于建立了政企联系的企业本身就是那些绩效比较好的企业,而并不是因为政企联系提升了企业绩效。

为了更进一步地缓解内生性问题,我们采用固定效应方法(FE),对非观测效应中的非时变因素加以控制。关于固定效应方法,有一种经典看法认为,它主要是用来处理遗漏变量偏误的。而 *POL* 估计量的内生性偏误还可能来自政企联系与企业绩效之间的双向因果关系。那么,固定效应方法能否有效缓解双向因果关系内生性问题呢? 实际上,双向因果偏误可被视为一种特殊的遗漏变量偏误,因此从技术上讲也可以利用固定效应方法加以缓解。[①] 我们认为,只要导致内生性偏误的非观测因素主要是非时变的,那么在控制企业个体效应之后内生性问题就能得到有效缓解,使用固定效应方法就是合理的。为此,我们采用同前文完全相同的 DWH 内生性检验策略加以检验。检验结果支持了我们的判断,因此 *POL* 的固定效应估计结果是可靠的。

从 FE 回归结果来看[表 6-5 和表 6-6 第(4)列和第(5)列],无论是对

---

① 不同类别的内生性偏误并非总是存在十分鲜明的分野(Wooldridge,2002)。双向因果偏误(或同时性偏误)实际上也可以被视为一种特殊的遗漏变量偏误(Kim and Frees,2005;陈云松和范晓光,2011)。阿雷拉诺(Arellano,2003)曾以经典的供给和需求同时性问题(supply-and-demand simultaneity problem)为例对此加以说明:由于成交量和价格是由供给方程和需求方程共同决定的均衡结果,以成交量对价格所作的回归不能被简单地解释成需求方程;而假如要从遗漏变量的视角出发来作理解,可以认为需求有一个不可观测的外生平移(shift),它不仅会影响购买量,还会通过供给效应影响价格,上述的需求平移就构成了需求方程中的遗漏变量。类似地,对于双向因果关系,也可以从遗漏变量的角度加以理解。就文中所述的遗漏变量偏误和双向因果偏误而言,它们都会导致政企联系对企业绩效的影响被高估,两者的实际效果是较为相似的。

ROA 还是对 *ROE*,控制变量的表现都较为稳健,而政企联系 *POL* 的估计系数
v 均显著为负。由于内生性问题已经得到了有效缓解,*POL* 的 FE 估计量可以
被解释为因果关系,即政企联系实际上降低了企业绩效。这一结果在控制高管
人力资本后依然成立。

二、基于效率视角的解释

在缓解了内生性偏误之后,我们稳健地发现,政企联系对企业绩效的真实
影响是负向的。我们不禁要问,上述经验结果究竟反映了怎样的经济含义呢?
我们认为,这实际上反映了建立政企联系后企业生产经营效率的下降,而不是
现有文献所认为的“政企联系‘掠夺之手’效应超过了‘扶持之手’效应”或者说
“政企联系降低了企业价值”。

关于政企联系对企业绩效影响方向的经济解释,现有文献往往归结为政企
联系“扶持之手”的正面效应占据主导还是“掠夺之手”的负面效应占据主导(杜
兴强等,2009)。[①] 支持政企联系正向影响企业绩效的文献倾向于认为“扶持之
手”起了主导作用(Li et al., 2008;王庆文和吴世农,2008;陈任如和赖煜,
2010),而支持政企联系负向影响绩效的文献则认为“掠夺之手”起了主导作用
(邓建平和曾勇,2009;李维安等,2010)。

我们认为,不加改变地从“扶持之手—掠夺之手”经典视角出发分析政企联
系对企业绩效的影响,容易产生误导。现有文献基于对企业绩效的考察来判断
政企联系给民营企业带来的综合效应为正还是为负,是失之偏颇的。实际上,
政企联系对民营企业的综合效应究竟为正还是为负,应当根据政企联系对企业
价值(firm value)的影响而非对企业财务绩效(financial performance)的影响
加以判断。第三节基于事件研究法的经验证据显示,政企联系有助于增进企业
价值,说明政企联系的综合效应确实是正向的,这一结论与民营企业踊跃建立
政企联系的现实观察(陈钊等,2008;冯天丽和井润田,2009)也是一致的。

---

① 关于“扶持之手—掠夺之手”分析视角的简要介绍,请参见本书第二章第三节。

企业绩效与企业价值是企业运营的两个不同维度,两者在经济内涵上有着明显的差别。财务绩效指标究竟具有怎样的经济含义? 从定义不难看出,ROA 和 ROE 等绩效指标本质上是一种效率指标,衡量的是企业的资本利润率,即单位资本所能创造的利润额。我们认为,政企联系负向影响企业绩效,实际上反映的是企业在生产效率方面所受的损失,绩效指标的下降正是其外在的表现。

下面我们就此作进一步的说明。企业的经营绩效与生产率水平紧密相关(Hitt and Brynjolfsson,1996;Dey and Ray,2003)。利用杜邦分析法(Dupont Analysis),企业的财务绩效可以被分解为利润率(profit margin)与资本生产率(productivity of asset)之乘积(Dey and Ray,2003)。[1] 企业绩效的变化取决于资本生产率和利润率的相对变化。一方面,建立和维持政企联系会分散企业家的精力,同时也削弱了企业的创新激励、加重了企业的政策性负担,这些都会降低企业的生产经营效率,资本生产率也随之降低,第一节和第二节已经为此提供了经验证据。而另一方面,政企联系具有行业准入便利,可以帮助企业获取超额利润,因此利润率是趋于上升的。政企联系对企业绩效的影响为正还是为负,就取决于利润率的上升与资本生产率的下降两者何者占据主导。我们的经验证据显示政企联系负向影响企业绩效,说明资本生产率的下降起了主导作用。

虽然"扶持之手—掠夺之手"经典分析视角为我们理解政企联系对企业价值的影响提供了洞见,但它本身是一个以政府为主体的分析视角。现有文献简单套用该框架来分析政企联系对企业绩效的影响,忽视了政企联系"扶持之手"效应以及"掠夺之手"效应可能会改变企业原有的行为决策,以及上述改变给企

---

[1] 尽管在不同的绩效指标中资本生产率所对应"资本"的计算口径略有不同,但本质的含义是非常接近的:当以 ROA 衡量企业绩效时,"资本"可以理解为总资产;当以 ROE 衡量企业绩效时,"资本"可以理解为股东权益资本;而在本章第一节的经验研究中,"资本"则以固定资产来衡量的。

业运营带来的经济后果,容易陷入理解上的误区。本书所提供的"规模扩张效应—效率减损效应"政企联系分析视角则是一个以企业为主体的分析视角,明确阐述了政企联系对企业决策的影响以及给企业运营造成的经济后果。如果说经典分析视角仍停留在"政企联系给企业带来了什么",那么我们的分析视角则更侧重于分析企业获得政企联系之后的内生反应(图6-2)。

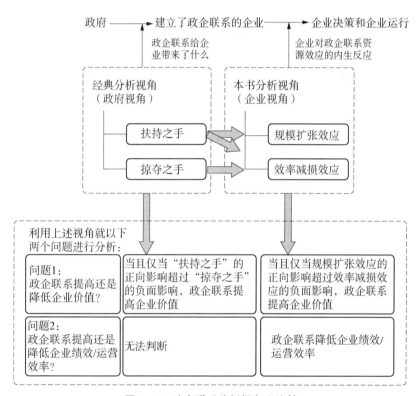

图6-2 政企联系分析视角之比较

我们认为,政企联系"扶持之手"对企业运行造成的经济后果主要表现为规模扩张效应,政企联系能够帮助企业获取资金支持、行业准入等稀缺资源,这些都有利于企业扩大投资、做大规模。而"掠夺之手"对于企业运行造成的经济后果则主要表现为效率减损效应即导致企业生产经营效率的下降。需要说明的是,不仅"掠夺之手"即政府对企业的掠夺和干预会影响企业效率,实际上"扶持之手"也同样具有效率减损效应。如同第三章所论述的那样,当企业能够方便地利用政企联系获取资源进而通过规模扩张提高企业价值的时候,就会忽视技术和管理的创新,放松企业核心能力的建设,最终导致低效率。

我们的分析视角特别强调政企联系对企业运营效率的影响。民营企业的寻租成本,也即政企联系给企业带来的负面影响,不仅在于政企联系建立初期付出的"进入"成本,更在于建立政企联系之后企业在生产经营方面蒙受的巨大效率损失。第三章的理论模型分析表明,具有可加性的政企联系建立成本只对企业利润造成影响,并不会直接干扰企业的生产决策[参见第三章命题($ext\,1a$)]。相比之下,政企联系对企业运营效率的危害更应当引起我们的重视:政企联系不仅分散了企业家的精力,还削弱了创新激励、加重了企业的政策性负担,这些因素都会直接干扰企业决策、扭曲企业行为,进而降低企业的核心竞争力和生产经营效率[参见第三章基本命题和命题($ext\,3-2a$)]。利用本书的分析视角立即可知,政企联系的效率减损效应将会导致企业生产经营绩效的降低。

第五节　本章小结

本章利用我国民营上市公司作为研究样本,通过对资本生产率、劳动生产率以及基于SFA分析框架的企业生产效率水平的全面考察,为政企联系的效率减损效应提供了可靠的经验证据。至此,第三章基于"规模扩张效应—效率减损效应"政企联系分析视角得出的理论结论得到了经验研究的全面验证。

首先,我们以资本生产率和劳动生产率作为代理变量,考察政企联系对企业生产率水平的影响。回归结果表明,在控制其他条件不变的情况下,相比于未建立政企联系的企业,建立了政企联系的企业有更低的资本生产率和劳动生产率。最为可能的解释就是政企联系降低了企业效率。

其次,要素投入变化可能对基于单要素生产率的分析结果产生干扰,为此我们运用SFA分析框架就政企联系对企业生产效率水平的影响加以直接分析。稳健起见,关于SFA模型生产无效率项的具体设定,我们同时采用贝泰斯和科埃利(Battese and Coelli,1995)的"无条件均值"模型以及王泓仁和施密特(Wang and Schmidt,2002)的"比例特性"模型两种设定方式。研究显示,两种设定形式下,政企联系对生产效率水平的影响均显著为负,建立政企联系之后,企业的效率水平大约要下降12%~14%。

再次,我们利用事件研究法确认了民营企业建立政企联系的经济合理性。研究发现政企联系给相关公司的股票带来了显著为正的超额收益率,这表明政企联系整体上是有助于提高企业价值的,也即规模扩张效应的正面影响要超过效率减损效应的负面影响,因此建立政企联系是民营企业的理性选择。

最后,我们通过确凿的经验证据,并利用本书提出的政企联系"规模扩张效应—效率减损效应"分析视角,厘清了现有经验文献关于政企联系如何影响企业绩效的争论。研究发现,在缓解内生性问题之后,政企联系实际上降低了企业的绩效,这并不是因为现有文献所讲的政企联系对企业的负面效应超过正面效应,而是反映了企业在生产经营效率方面的损失。

第七章 拓展讨论：政企联系与民营企业发展动力转换

投资扩张和研发创新是驱动经济增长的两大动力。但长期来看,由于资本边际报酬递减,投资扩张所带来的外延式增长不可持续,只有研发创新才是增长的源泉(Wei et al.,2017)。当前,我国经济已由高速增长阶段转向高质量发展阶段,正处在转变发展方式、优化经济结构、转换增长动力的攻关期。企业作为经济增长的微观主体,如何实现从投资扩张到研发创新的发展动力转换,对于宏观经济从规模速度型粗放增长转向质量效率型集约增长、实现高质量发展至关重要。那么,依靠政企联系获取资源和收益会对企业发展动力产生何种影响? 本章基于第三章提出的分析视角对此问题进行拓展讨论。

本章结构安排如下[①]:第一节以资金获取和行业准入这两种便利为切入点,分析政企联系如何通过影响企业投资扩张和研发创新,对企业发展动力转换产生影响;第二节是实证分析,为政企联系是否会对企业发展动力造成扭曲提供经验证据;第三节以市场势力测度企业通过行业准入便利形成的垄断力量和竞争优势,并以其作为中介变量,就政企联系对企业发展动力的作用机制进行检验;第四节是本章小结。

第一节 政企联系的资源效应与企业发展动力转换

在市场体系还不甚健全的背景下,融资难和行业准入壁垒是困扰我国民营企业发展最为突出的两大制度性障碍(周其仁,2017;Cheng et al.,2019)。根

---

① 关于本章涉及数据和变量的说明,参见本书附录二。

据第三章的分析,借助与政府建立的紧密联系,民营企业一方面可以获得资金获取便利,通过更多信贷融资、股权融资、政府补贴和税收减免来纾解融资约束;另一方面可以获得行业准入便利,突破准入壁垒进入某些传统规制性行业,进而通过市场势力获取超额利润。接下来,我们在第三章分析框架的基础上,以资金获取和行业准入这两种便利为切入点,分析政企联系如何通过影响企业投资扩张和研发创新,对企业发展动力转换产生影响。

企业投资与研发均需要资金支持。资金获取便利有助于缓解企业融资约束,促进企业投资与研发(Xu et al.,2013;Hou et al.,2017)。然而,与资金获取便利不同,行业准入便利对企业投资和研发的影响却具有异质性——其促进投资、抑制研发。理解这一异质性的关键线索是,企业通过行业准入便利进入规制性行业,进而能利用行业壁垒形成市场势力(姜付秀和余晖,2007;丁启军,2010)。市场势力强化了这些企业的定价能力,使得其通过投资扩大产能就能获取超额利润。而一旦如此,企业就存在投资扩张偏向,不再有激励进行高成本、高风险、长周期的研发活动(Peng and Luo,2000)。

这是因为,依靠政企联系突破准入壁垒、形成更强的市场势力,改变了企业从事固定资产投资和研发创新的激励。在竞争性市场中,企业依据边际成本原则给产品定价,无法单纯依靠投资扩张获取超额利润。企业想要获取超额利润,唯有通过研发创新形成独特的竞争优势(Schumpeter,1942),强化自身的市场势力——要么通过生产工艺创新降低边际生产成本,要么通过产品创新提高产品定价能力。研发创新的高不确定性则是企业获取超额利润必须承担的风险和代价。但在不完善的制度环境中,情况有所不同。企业通过政企联系进入高壁垒行业、成为在位企业(incumbent firm)后,准入壁垒由不利因素转变为有利因素,企业可利用壁垒阻遏潜在进入者,形成垄断地位和市场势力。由于有更强的市场势力和定价能力,企业仅依靠加大投资、扩张规模就可获取超额利润,削弱了其通过研发活动获得超额利润的激励。

政企联系能够帮助企业获得资金获取与行业准入两种便利。对于投资扩张,两种便利均有促进效应;对于研发创新,资金获取便利具有促进效应,但行业准入便利却具有抑制效应。由此,我们认为,政企联系对投资扩张的强化作用更大,导致投资扩张偏向从而扭曲企业发展动力。

至于政企联系对研发创新的综合影响究竟为正还是为负,取决于资金获取便利的促进效应和行业准入便利的抑制效应孰强孰弱。研发创新具有高成本、高风险、长周期的特征,银行信贷等需按约定时间还本付息的债务融资不适合作为研发创新的最佳资金来源(Brown et al.,2009),因此资金获取便利对研发创新的促进效应相对较弱。而行业准入便利对研发创新的抑制效应则可能比较强。尽管近年来我国为打破准入壁垒采取了不少政策措施,但整体而言仍存在一些制约(王小鲁等,2019),民营企业的准入瓶颈依然较为严重(周其仁,2017)。在这样的背景下,依靠政企联系进入传统规制性行业,可为民营企业带来较为可观的竞争优势和市场势力。依靠非市场力量形成的市场势力越强,企业通过投资而非研发获取超额利润的动机就越强,对研发创新的抑制作用就更严重,乃至超过资金获取便利的促进效应。

第二节 实证结果和分析

本节首先考察政企联系对企业投资与研发的影响,为政企联系是否会对企业发展动力造成扭曲提供实证证据;其次,考察政企联系对企业发展动力的扭曲效应是否与市场化程度有关。

一、政企联系对企业投资与研发的影响

为考察政企联系是否会驱使企业更倾向于以固定资产投资为代表的传统要素驱动增长,而非以研发创新驱动增长,我们以固定资产投资和研发投入作为被解释变量,检验政企联系的影响效应。鉴于研发投入可视为一类特殊的投资(Brown et al.,2009),在分析政企联系对企业固定资产投资和研发投入的影响时,我们采用经验研究中广为使用的托宾 Q 投资模型作为基准模型,设定

如下:

$$INV_{it} = \lambda POL_{it} + \beta X_{it} + Indu + Yr + \varepsilon_{it} \qquad (7-1)$$

$$R \& D_{it} = \mu POL_{it} + \beta X_{it} + Indu + Yr + \varepsilon_{it} \qquad (7-2)$$

在式(7-1)和式(7-2)中,*INV* 代表企业固定资产投资,*R&D* 代表研发投入,*POL* 代表政企联系。为了控制其他因素对固定资产投资和研发投入的影响,我们参考蔡卫星等(2011)、袁建国等(2015)、胡里奥和陆(Julio and Yook,2012)、许年行等(Xu et al.,2013)、徐刚和矢野(Xu and Yano,2017)等研究选取控制变量 *X*,具体包括:托宾 *Q*、营业现金流 *OCF*、企业规模 *Size*、企业年龄 *LnFmAge*、负债率 *Lev*、股权集中度 *H*10、实际控制人是否担任董事长或总经理 *Ucpd*。除此之外,还控制了行业和年份虚拟变量 *Indu* 和 *Yr*。式(7-1)中政企联系 *POL* 的系数 λ 和式(7-2)中 *POL* 的系数 μ,是我们感兴趣的两个参数。如果 λ 大于 0 且大于 μ,就表明相对于研发创新,企业投资扩张受到政企联系更大程度的强化,从而导致企业发展动力受到扭曲。

表7-1第(1)列显示,政企联系 *POL* 对投资 *INV* 的影响为 0.006 3,且在1%水平上显著。第(4)列显示,政企联系对研发 *R&D* 的影响为−0.002 5,同样在1%水平上显著。上述实证结果表明,保持其他条件不变,政企联系将使得企业投资在样本均值水平上(0.051 9)提高约12%(=0.006 3/0.051 9),使得研发在样本均值水平上(0.028 4)下降约9%(=0.002 5/0.028 4)。政企联系促进企业投资扩张、抑制研发创新,导致企业发展动力受到了扭曲。

资金获取与行业准入两大便利均会促进企业投资扩张,但对研发创新的影响却方向相反——资金获取便利的影响为正、行业准入便利的影响为负。表7-1第(4)列的实证结果显示,政企联系总体上抑制了企业研发创新,表明行业准入便利对研发创新的负向影响超过资金获取便利对其的正向影响。

制造业是实体经济根基、是经济高质量发展的根本支撑,而高新技术企业是推动研发创新的主力军,创新活动最为活跃(Cheng et al.,2019)。为此,我

表 7 - 1 政企联系与企业发展动力

	INV			R&D		
	全样本 (1)	制造业企业 (2)	高新技术企业 (3)	全样本 (4)	制造业企业 (5)	高新技术企业 (6)
POL	0.0063*** (0.0020)	0.0059** (0.0023)	0.0059*** (0.0023)	-0.0025*** (0.0007)	-0.0019*** (0.0008)	-0.0026*** (0.0008)
Q	-0.0015* (0.0008)	-0.0018* (0.0010)	-0.0018** (0.0009)	0.0036*** (0.0004)	0.0030*** (0.0005)	0.0037*** (0.0005)
OCF	0.1818*** (0.0154)	0.2198*** (0.0189)	0.1833*** (0.0167)	0.0505*** (0.0065)	0.0544*** (0.0075)	0.0572*** (0.0070)
Size	-0.0035*** (0.0013)	-0.0040*** (0.0015)	-0.0031** (0.0014)	-0.0012** (0.0006)	-0.0012** (0.0006)	-0.0014** (0.0006)
LnFmAge	-0.0124*** (0.0027)	-0.0127*** (0.0032)	-0.0131*** (0.0033)	-0.0020 (0.0012)	-0.0022* (0.0013)	-0.0023* (0.0014)
Lev	0.0206*** (0.0061)	0.0276*** (0.0072)	0.0189*** (0.0067)	-0.0002 (0.0025)	0.0003 (0.0028)	0.0020 (0.0028)
H10	0.0384*** (0.0071)	0.0390*** (0.0086)	0.0374*** (0.0082)	0.0026 (0.0031)	0.0018 (0.0032)	0.0051 (0.0034)
Ucpd	0.0122*** (0.0024)	0.0144*** (0.0031)	0.0125*** (0.0027)	0.0047*** (0.0011)	0.0048*** (0.0012)	0.0040*** (0.0012)
Indu	是	是	是	是	是	是
Yr	是	是	是	是	是	是
Obs	10036	7421	8003	9259	7185	7745
R^2	0.0877	0.0642	0.0887	0.2510	0.1492	0.2359

注：第(1)列至第(3)列为投资方程估计结果，第(4)列至第(6)列为研发方程估计结果；( )内数值是各解释变量的稳健标准误；***、**、* 分别表示在 1%、5% 及 10% 水平上显著。

们进一步考察政企联系对制造业企业和高新技术企业发展动力转换的影响。表 7-1第(2)列和第(5)列对应制造业企业,第(3)列和第(6)列对应高新技术企业。[①] 回归结果显示,政企联系促进制造业企业和高新技术企业的投资扩张,抑制两类企业的研发创新。政企联系会削弱我国整体的创新能力,不利于宏观经济高质量发展。

二、市场化程度异质性

企业与政府建立联系的关键制度背景是,市场体系不甚健全,市场化程度有待进一步提高(杨其静,2011)。在市场化程度较低时,通过政企联系进入规制性行业的概率更大(罗党论和赵聪,2013),而规制性行业相比于其他竞争性行业的定价优势亦更大(姜付秀和余晖,2007)。因此,企业通过行业准入便利所形成的市场势力在市场化程度较低时更大。我们认为,通过行业准入便利形成市场势力,是政企联系扭曲企业发展动力的重要机制。若此机制成立,则根据前述分析,可进一步演绎出以下推论:政企联系对企业发展动力的扭曲效应随着市场化程度提高而减弱。

为考察政企联系对企业发展动力的扭曲效应是否随着市场化程度提高而减弱,我们首先依据王小鲁等(2019)编制的分省份市场化指数,将样本企业按所在省份市场化程度高低划分为两个组别,其中市场化排名高于中位数的企业归为市场化程度较高的组别,其余归为市场化程度较低的组别(饶品贵等,2017),然后分别利用式(7-1)和式(7-2)进行分组回归。我们预期,关于政企联系对投资扩张与研发创新的影响,市场化程度较低组别均强于市场化程度较高组别。

表 7-2的实证结果与此推测一致。具体来说,政企联系 POL 对投资的影响,在市场化程度较低的组别为 0.009 2,且其在 1%水平上显著,见第(1)列;在

[①] 国家科技部、财政部和税务总局组成全国高新技术企业认定管理工作领导小组,对企业实行资格认证。我们将通过认证的企业识别为高新技术企业。

市场化程度较高的组别为 0.003 6,且其仅在 20%水平上边际显著,见第(2)列。自举法分析显示,两者间的差异在 5%水平上显著。政企联系 *POL* 对研发的影响,在市场化程度较低的组别为 −0.003 0,且其在 1%水平上显著,见第(3)列;在市场化程度较高的组别为 −0.001 5,且其仅在 10%水平上显著,见第(4)列。两者间的差异同样在 5%水平上显著。

表 7 - 2　政企联系与企业发展动力:按所在地区市场化程度分组

	INV		R&D	
	市场化程度较低的组别 (1)	市场化程度较高的组别 (2)	市场化程度较低的组别 (3)	市场化程度较高的组别 (4)
POL	0.009 2***	0.003 6	−0.003 0***	−0.001 5*
	(0.003 1)	(0.002 6)	(0.001 0)	(0.000 9)
Q	−0.001 1	−0.001 7	0.003 8***	0.003 6***
	(0.001 2)	(0.001 1)	(0.000 6)	(0.000 7)
OCF	0.157 2***	0.201 4***	0.033 0***	0.064 9***
	(0.021 8)	(0.021 1)	(0.009 6)	(0.008 4)
Size	−0.001 3	−0.004 9***	−0.000 5	−0.001 7**
	(0.001 8)	(0.001 6)	(0.000 8)	(0.000 8)
LnFmAge	−0.014 9***	−0.010 7***	−0.002 2	−0.001 9
	(0.004 0)	(0.003 4)	(0.001 9)	(0.001 5)
Lev	0.017 6*	0.022 1***	−0.006 3*	0.005 1
	(0.009 1)	(0.007 9)	(0.003 4)	(0.003 6)
H10	0.030 1***	0.049 4***	0.003 1	0.001 2
	(0.010 1)	(0.009 7)	(0.004 3)	(0.004 4)
Ucpd	0.009 0***	0.015 3***	0.004 7***	0.004 4***
	(0.003 4)	(0.003 4)	(0.001 6)	(0.001 4)
Indu	是	是	是	是
Yr	是	是	是	是
Obs	4 898	5 138	4 369	4 890
R^2	0.087 2	0.096 2	0.279 7	0.235 5

注:( )内数值是各解释变量的稳健标准误;***、**、*分别表示在 1%、5%及 10%水平上显著。

第三节　基于市场势力的中间机制识别

政企联系扭曲企业发展动力的中间机制是什么? 我们给出的回答是,政企联系给企业带来行业准入便利,有利于企业形成市场势力。在本节中,我们利用市场势力测度企业依靠政企联系获取的垄断力量和竞争优势,并以其作为中介变量,就政企联系对企业发展动力的作用机制进行检验。具体而言,我们遵循巴伦和肯尼(Baron and Kenny, 1986)提出的中介效应检验策略,首先考察政企联系是否有助于提升企业市场势力,然后将市场势力引入投资方程式(7-1)和研发方程式(7-2),检验市场势力对企业投资和研发的影响,并考察控制市场势力之后政企联系 POL 的影响是否明显减小,若是,则表明通过非市场力量形成的垄断定价能力是政企联系扭曲企业发展动力的一个重要原因。

以市场势力识别政企联系在行业准入方面帮助企业获取的竞争优势,是出于两方面的考虑:第一,从形成机理上讲,我国行业进入壁垒的根本症结在于政府规制(汪伟和史晋川,2005),规制性壁垒是企业市场势力的主要决定因素(姜付秀和余晖,2007);第二,从实证度量上讲,相比于规制性行业销售额占总销售额的比重,市场势力即价格加成能力可直接反映超额利润(Collins and Preston, 1969),能够更为准确地刻画企业通过政企联系获取的竞争优势。不同的规制性行业,行政垄断程度也不尽相同,厂商定价能力和可获得的超额利润存在差异,因此规制性行业销售额占比可能无法准确刻画政企联系在行业准入方面给企业带来的竞争优势。

为检验政企联系是否有助于企业提高市场势力、获取竞争优势,我们采用如下经验模型:

$$Markup_{it} = \delta POL_{it} + \beta X_{it}^{Markup} + Indu + Yr + \varepsilon_{it} \qquad (7-3)$$

式(7-3)中,$Markup$ 代表企业市场势力。我们按照德洛克和瓦尔金斯基

(De Loecker and Warzynski，2012)的方法，采用劳动产出弹性与劳动成本份额之比衡量市场势力 *Markup*。劳动产出弹性通过生产方程估算，劳动成本份额即员工薪酬占产出的比例。生产方程以增加值(销售收入－购买产品与劳务的现金支出－应付账款增量)作为产出变量，以员工数量和固定资产净值作为投入变量。[①]

关于式(7-3)的控制变量 X^{Markup}，我们参考柯林斯和珀斯顿(Collins and Perston，1969)、多莫维茨等(Domowitz et al.，1986)及德洛克和瓦尔金斯基(De Loecker and Warzynski，2012)等研究选取，具体包括：企业规模 *Size*、企业年龄 *LnFmAge*、主营业务行业是否为规制性行业 *BARR*(是取 1，否取 0)[②]、专利数量 *LnPatent*[(发明专利数＋1)对数值]、资本壁垒 *K/Sales*(固定资产除以销售额)。此外还控制行业和年份虚拟变量。

我们关注 *POL* 的系数δ，假如δ的估计值显著为正，就表明政企联系能够帮助企业提高市场势力。

表7-3第(1)列显示，政企联系对市场势力的影响为 0.069 4，且在 5%水平上显著，表明企业能够通过政企联系形成更强的市场势力。表7-3第(2)列与第(3)列显示，制造业企业和高新技术企业同样能够通过政企联系形成更强的市场势力。

表7-3第(4)列和第(5)列显示，政企联系对企业市场势力的影响效应随着市场化程度提高而减弱。第(4)列对应市场化程度较低的组别，政企联系对市场势力的影响显著为正；第(5)列对应市场化程度较高的组别，政企联系的影

---

① 采用超越对数(Translog)生产函数估算劳动产出弹性。采用超越对数生产函数可避免误将企业的生产技术差异归结为市场势力差异(De Loecker and Warzynski，2012)。考虑到用 OLS 方法估算生产方程可能存在内生性偏误，我们按照奥利和帕克斯(Olley and Pakes，1996)的思路，以投资作为生产率的代理变量，并采用阿克伯格(Ackerberg et al.，2015)提出的改进策略，进行半参数估计。企业市场势力的测度详见本书附录三。

② 参照罗党论和刘晓龙(2009)，我们把水电煤气、煤炭、石油、钢铁、有色金属、航空航天、采盐、烟草、铁路、航空、电信、邮政行业定义为规制性行业。

表7-3 政企联系与市场势力

	（1） 全样本	（2） 制造业企业	（3） 高新技术企业	（4） 市场化程度 较低的组别	（5） 市场化程度 较高的组别
POL	0.0694**	0.0797**	0.0665**	0.1404***	−0.0281
	(0.0306)	(0.0350)	(0.0315)	(0.0423)	(0.0422)
Size	−0.0406*	0.0200	−0.0120	−0.0238	−0.0565**
	(0.0215)	(0.0257)	(0.0218)	(0.0305)	(0.0282)
LnFmAge	0.0895**	0.0848*	0.0431	0.0642	0.1029*
	(0.0442)	(0.0492)	(0.0491)	(0.0617)	(0.0589)
BARR	0.4643***	0.7174***	0.4011***	0.4921***	0.3564***
	(0.1028)	(0.1516)	(0.1116)	(0.1428)	(0.1056)
LnPatent	−0.1360***	−0.1593***	−0.1348***	−0.1527***	−0.1179***
	(0.0141)	(0.0171)	(0.0160)	(0.0205)	(0.0179)
K/Sales	1.1373***	1.1943***	1.1270***	1.0511***	1.2386***
	(0.0522)	(0.0636)	(0.0568)	(0.0676)	(0.0757)
Indu	是	是	是	是	是
Yr	是	是	是	是	是
Obs	10036	7421	8003	4898	5138
R^2	0.3746	0.3712	0.3938	0.3783	0.3817

注:( )内数值是各解释变量的稳健标准误,***、**、*分别表示在1%、5%及10%水平上显著。

响不显著。自举法分析显示,两者间的差异在1%水平上显著。政企联系对市场势力的影响同样表现出市场化程度异质性,进一步佐证,政企联系通过强化企业市场势力而扭曲了企业发展动力。

表7-3还显示,企业主营业务属于规制性行业带来更强的市场势力,而专利数量却未对市场势力产生正向影响。这表明,当前我国企业的市场势力主要源自规制性因素,而非研发创新等市场活动(姜付秀和余晖,2007;丁启军,2010)。这意味着,我们以市场势力来衡量政企联系在行业准入方面给企业带来的竞争优势是较为合理的。其他控制变量的表现也符合经济直觉:资本壁垒

$K/Sales$ 的估计系数显著为正,表明潜在进入者所面对的资本壁垒越高,则在位企业的市场势力越强(Collins & Perston,1969)。

为考察政企联系对企业发展动力的作用机制,我们在投资方程式(7-1)和研发方程式(7-2)基准回归[表7-1第(1)列和第(4)列]的基础上,进一步控制中介变量市场势力 *Markup*。为便于比较,表7-4第(1)列和第(4)列分别重复了表7-1第(1)列和第(4)列的结果。表7-4第(2)列和第(5)列的回归结果显示,市场势力对投资的影响为0.0158,对研发的影响为-0.0076,两者均在1%水平上显著。更重要的是,控制市场势力后,政企联系对投资和研发投入的影响均显著减小:对投资的正向影响从0.0063变为0.0048,对研发的负向影响从-0.0025变为-0.0018。自举法分析显示,这两个变化均在5%水平上显著。索贝尔(Sobel)检验表明,市场势力是政企联系扭曲企业发展动力的中介变量。

根据我们的分析,通过政企联系,企业不但可以获得行业准入便利,还可以获得资金获取便利。为此,我们在表7-4第(2)列和第(5)列的基础上,引入新增信贷△*Debt*、股权再融资 *EquiIss* 和政府补贴 *Sub*[①],考察资金获取便利的影响,见表7-4第(3)列和第(6)列。结果显示,与理论分析一致,无论是对投资还是研发,新增信贷、股权再融资和政府补贴均具有显著正向影响。此外,表7-4第(3)列和第(6)列显示,在资金获取便利得到控制后,政企联系 *POL* 和市场势力 *Markup* 的估计系数相较第(2)列和第(5)列变化很小,表明企业通过政企联系建立市场势力进而导致其发展动力受到扭曲这一中间机制是稳健的。

[①]　其中,新增信贷△*Debt* 以有息债务增量衡量(有息债务=短期借款+长期借款+1年内到期的非流动负债+应付债券),股权再融资 *EquiIss* 以增发与配股实际募集金额衡量,政府补贴 *Sub* 以扣除增值税返还后的补贴收入衡量,以上变量均用期初总资产进行了标准化处理。

表7-4 政企联系与企业发展动力：机制检验

	(1) INV	(2) INV	(3) INV	(4) R&D	(5) R&D	(6) R&D
POL	0.0063***	0.0048**	0.0040**	-0.0025***	-0.0018***	-0.0019***
	(0.0020)	(0.0020)	(0.0018)	(0.0007)	(0.0007)	(0.0007)
Markup		0.0158***	0.0150***		-0.0076***	-0.0076***
		(0.0012)	(0.0011)		(0.0005)	(0.0004)
ΔDebt			0.2294***			0.0172***
			(0.0130)			(0.0028)
EquiIss			0.0730***			0.0099***
			(0.0068)			(0.0018)
SUB			0.8452***			0.4226**
			(0.1905)			(0.0887)
控制变量	是	是	是	是	是	是
Indu	是	是	是	是	是	是
Yr	是	是	是	是	是	是
Obs	10 036	10 036	10 036	9 259	9 259	9 259
R^2	0.0877	0.1232	0.2200	0.2510	0.3326	0.3531

注：控制变量与表7-1相同，限于篇幅未报告；（）内数值是各解释变量的稳健标准误；***、**分别表示在1%、5%水平上显著。

第四节　本章小结

民营企业通过投资扩张获得快速发展,奠定了我国经济过去四十余年高速增长的微观基础。在此过程中,不少企业与政府建立紧密联系,以突破融资困境和行业准入壁垒这两大制度性障碍。随着我国经济进入高质量发展阶段,企业发展动力亟需从投资扩张转向研发创新。那么,政企联系究竟会促进还是阻碍这一转换呢?本章基于第三章提出的分析视角,以资金获取与行业准入两种便利为切入点,就政企联系对企业发展动力转换的影响进行拓展讨论,并基于我国民营上市公司数据进行实证检验。

本章研究显示,政企联系在促进投资的同时抑制了研发,不利于企业发展动力从投资扩张转向研发创新;即使对于创新最为活跃的高新技术企业,政企联系扭曲企业发展动力的效应仍然存在;政企联系对企业发展动力的扭曲效应随着市场化程度提高而减弱,表现出异质性。研究还显示,政企联系有利于增强企业市场势力,且此效应同样随着市场化程度提高而减弱。

我们认为,企业通过政企联系进入规制性行业,进而建立市场势力,是导致其发展动力受到扭曲的重要原因。为进一步识别这一作用机制,我们进行中介效应检验,发现一旦控制市场势力,政企联系对投资和研发的影响显著减小,表明更强的市场势力强化投资激励、弱化创新激励,是政企联系扭曲企业发展动力的中间机制。

高速但较为粗放的发展时代已经过去,我国经济社会转向一个以推动高质量发展为主题、以深化供给侧结构性改革为主线的新阶段,而民营经济是推动高质量发展的重要主体。本章研究表明,深入贯彻党的十九大"全面实施市场准入负面清单制度,清理废除妨碍统一市场和公平竞争的各种规定和做法,支持民营企业发展,激发各类市场主体活力"精神,坚持竞争中立原则推动有为政府与有效市场更好结合,全面落实放宽民营企业准入的政策措施,持续优化民营企业营商环境,对于促进民营企业发展动力从投资扩张转向研发创新,实现经济高质量发展意义重大。

第八章　总　结

第一节　主要发现

我国改革开放四十余年来,民营经济蓬勃发展,已成为支撑我国经济持续快速增长的重要力量,同时也成为推动产业结构合理化、提升产业竞争力的主要推动力之一。尽管取得了巨大的成就,民营企业的成长依然面临诸多制度性障碍。在此背景下,民营企业纷纷与政府建立紧密联系,通过政企联系获取关键资源、突破发展瓶颈。上述现象引起了学界的浓厚兴趣和高度关注,并引发了研究的热潮,也取得了较为丰富的研究结论。但应当看到,大多数现有政企联系研究的分析视角仍停留在源于政府理论的"扶持之手—掠夺之手"经典分析视角,研究关注的重点也主要在于"政企联系给企业带来了什么",而对于政企联系给企业行为决策造成的影响以及政企联系在企业运行和发展中所扮演的角色,我们仍知之甚少。

为了探索这些理论研究上的未知与疑惑,进一步澄清政企联系影响企业价值的微观作用机制,加深我们关于政企联系的认识,并进而为我国民营企业和民营经济的持续健康发展提供些许可资借鉴的政策启示,本书从政企联系的资源效应入手,提出一个以企业为主体的"规模扩张效应—效率减损效应"政企联系分析视角,重点剖析民营企业在建立政企联系之后企业的行为与决策将会发生哪些变化,以及这些变化又会给企业的运行和发展带来何种影响。

分析表明,政企联系能够给民营企业带来发展所需的关键资源,这种资源效应可以被概括为资金获取和行业进入两个方面。资金获取便利就是政企联系有利于企业获取资金支持,具体包括银行信贷、股权融资、税收减免以及政府补贴等等;而行业准入便利就是政企联系能够帮助企业突破行业准入壁垒,进入到具有高额利润的高壁垒行业。

政企联系的资源效应会深刻改变民营企业的行为和决策,进而显著影响企业的运行和发展。该种影响主要表现为规模扩张效应和效率减损效应两个方面。一方面,政企联系有助于企业进入到高壁垒行业和高盈利行业、为企业提供了良好的投资机会,同时也缓解了企业的融资约束、为企业提供了资金保障,这些都有利于企业扩大投资、做大规模,此即规模扩张效应;另一方面,建立政企联系会挤占企业家用于生产性活动的时间和精力,同时还会抑制企业创新并加重企业的政策性负担,这些都有损于企业的生产经营效率,此即效率减损效应。

至此,我们可以把政企联系对民营企业价值的影响机制归纳为规模扩张效应和效率减损效应这一正一负两种效应。规模扩张效应会增进价值,而效率减损效应则会损害价值。政企联系究竟是提高还是降低企业价值,取决于上述两种效应中何种效应占主导地位。我们通过一个简单的理论模型,对企业家在规模扩张和效率损失之间所作的权衡加以讨论。结果显示,由于政府仍在关键资源的配置中起主导作用,规模扩张效应对企业价值的正向影响要超过效率减损效应的负向影响,因此企业家具有“强烈的争夺资源的动机”(王一江,2005),不惜损失效率也要做大规模。

政企联系的资源效应是我们分析的逻辑起点,而规模扩张效应和效率减损效应则是资源效应在企业运行方面的具体体现,也是政企联系影响企业价值的作用机制。在本书的实证研究中,我们以我国民营上市公司为原始样本,建立起一个企业和企业高管相匹配的微观数据库,通过细致严谨的计量分析,为政企联系的资源效应、规模扩张效应以及效率减损效应提供可靠的经验证据。经验研究的主要发现有以下几点。

其一,我们通过对政企联系缓解民营企业融资约束的微观作用机制的识别,确认了政企联系的资源效应。利用阿尔梅达等(Almeida et al.,2004)基于现金—现金流敏感度的融资约束识别策略,我们发现政企联系主要通过资源效应和信息效应两种机制缓解企业的融资约束。资源效应就是政企联系有助于强化民营企业的资源获取能力,提高企业的未来总收益;信息效应就是政企联系能够起到信号发送功能,降低资金供求双方的信息不对称。两种效应当中,资源效应占主导地位。也就是说,政企联系缓解融资约束的核心和关键还是在于资源效应,这就是政企联系资源效应的确凿经验证据。

其二,我们通过对政企联系与企业投资、政企联系与企业成长的多方位考察,确认了政企联系的规模扩张效应。基于托宾 Q 投资模型和欧拉方程投资模型的研究都显示,相比于未建立政企联系的企业,建立了政企联系的企业有较高的投资水平;经验研究还显示,建立了政企联系的企业有更高的销售额增长率。这些经验证据表明,政企联系有助于企业扩大投资,加快了企业的规模扩张和企业成长。

其三,我们基于资本生产率、劳动生产率以及随机前沿生产效率分析框架(SFA)等多个维度,就政企联系如何影响企业的生产经营效率加以考察,确认了政企联系的效率减损效应。研究发现,政企联系对企业的资本生产率和劳动生产率有显著的负面影响;基于SFA框架的进一步分析表明,政企联系会导致企业的生产效率水平下降大约12%～14%。

其四,我们利用事件研究法确认了民营企业建立政企联系的经济合理性。研究发现政企联系给相关公司的股票带来了显著为正的超额收益率。这说明政企联系规模扩张效应对企业价值的正面影响的确要超过效率减损效应的负面影响,整体而言政企联系是有助于提高企业价值的。建立政企联系是民营企业的理性选择,企业为了做大规模,宁可损失效率。

其五,我们从本书提出的政企联系"规模扩张效应—效率减损效应"分析视角出发,澄清现有经验文献关于政企联系如何影响企业绩效的争论。经验证据显示,缓解内生性问题之后,政企联系对企业绩效的真实影响是负向的。这并非因为现有文献所讲的政企联系对企业的负面效应超过正面效应,而是相关企业所采用的重规模轻效率的发展战略在企业运行方面所表现出来的外在特征,反映的是政企联系给企业生产经营效率造成的损失。

此外,我们还基于上述分析视角,以资金获取与行业准入两种便利为切入点,就政企联系将会如何影响企业发展动力转换进行拓展讨论。研究发现,政企联系会促进企业投资、抑制研发,导致企业发展动力受到扭曲,且扭曲效应随着市场化程度提高而减弱,表现出异质性;政企联系的行业准入便利有利于企业增强市场势力,而更强的市场势力强化投资激励、弱化创新激励,是政企联系扭曲企业发展动力的中间机制。

第二节 理论启示

本书的研究显示,政企联系一方面有助于企业扩大投资,加快了企业的规模扩张和企业成长;但另一方面也会显著降低企业的生产经营效率。这一发现有助于扩展我们关于建立政企联系等寻租活动(或者说非生产性寻利活动)对经济活动影响的认识。我们所发现的政企联系对企业本身的效率的负面影响,是一种现有文献未予以充分认识的社会成本,而该种效率成本可能要比政企联系的初始建立成本更为重要。巴格沃蒂(Bhagwati, 1982)指出,判断寻租活动对经济运行效率的影响,需要考虑寻租活动之前的资源配置状况:假如资源配置事先存在扭曲,则寻租活动反倒有可能改善资源配置、增进效率。但我们的研究结论表明,在资源配置存在事先扭曲的情况下,即使政企联系在短期内改善资源的整体配置效率、促进原本在资源分配上处于不利地位的优质企业迅速发展,也不能简单认为建立政企联系等非生产性寻利活动就是有效率的。原因在于,它可能扭曲相关企业的行为和决策,降低企业运行效率,从而在长期阻碍企业成长。

如果我们将政企联系的规模效应理解为政企联系对企业发展的短期效应,将政企联系的效率效应理解为其对企业发展的长期效应,那么我们的研究结论就能够为深入理解转型国家的一些特殊制度和特殊经济现象（例如腐败和经济增长）提供微观基础。在转型国家之中，高效率的民营企业通过建立政企联系等寻租行为廉价地获取各种稀缺资源，从而在短期实现高速增长；而与此同时企业的生产效率则持续降低，不利于企业的长期可持续发展。因此，存在政府管制的国家里，寻租和腐败在短期能够促进经济增长，但是长期可能阻碍一国经济的发展。

第三节　政策含义

在资源分配存在体制性主从次序的背景下，我国民营企业更倾向于借助政企联系，廉价地获取各种稀缺资源，通过企业规模的快速扩张提高企业价值，而不是通过管理和技术创新提高企业的核心竞争力。实际上，企业家对政企联系给企业带来的不利影响并非毫无意识，而是有着深刻的切身体会。陆铭和潘慧（2009）基于广西柳州企业调研所作的研究显示，政府干预给建立了政企联系的企业带来沉重负担，乃至影响企业家的心理健康。由此可见，民营企业家建立和维持政企联系，主要是出于企业发展的考虑，权衡正面效应和负面效应之后作出的务实选择，是特定发展时期的权宜之策。

不可否认，政企联系对于我国民营企业成长起到了相当大的积极作用，但也应当看到，政企联系在客观上扭曲了企业的行为，负面的影响不容小视。民营企业不是专注于研发创新等生产性活动，把企业"做精做深"，而是通过搞好政企联系等非生产性活动方便地获取要素和资源，片面追求"做大做强"。[①] 企业将会陷入关系和资源争抢大竞赛，而不是效率提升大竞赛和自主创新大竞赛（张文魁，2013）。长此以往，民营企业的核心竞争力就无从谈起，民营企业长期

---

① "做大做强"作为企业的努力方向，假如实施得当，本也无可厚非，只是在实践当中常常异化为"大而不强"的"虚胖"。

积累的效率优势也将丧失殆尽,最终会被锁定在依赖关系和资源的规模扩张型发展模式上。

更加重要的是,当前建立了政企联系的民营企业恰恰是那些生产效率最高、最具有竞争力的优质企业,而正如墨菲等(Murphy et al.,1991,1993)所指出的,它们是推动一国技术创新和经济增长的关键因素。如果不尽快改革现有的要素分配机制、扫除阻碍民营企业发展的制度性障碍,那么企业的盈利能力和价值将仅仅与其是否具有政企联系有关,而不是取决于生产效率等企业基本面因素。企业的竞争力是宏观经济持续健康增长的微观经济基础,倘若失去了企业这个微观基础,宏观经济的增长也就如同无源之水。

民营企业普遍更加青睐依赖于关系和资源的规模扩张型发展战略,对企业核心竞争能力建设的重视不够,不利于企业竞争力的提高和经济的可持续发展。造成企业行为扭曲的根源在于,我国的市场经济体系尚不完善,特别是要素市场化发育不够充分、部分行业仍存在隐性准入壁垒,民营企业在发展中面临许多障碍。本书的政策建议是,坚持竞争中立原则推动有为政府与有效市场更好地结合,创造公平竞争的制度环境,加快推进要素市场改革、全面落实放宽市场准入的政策措施,真正让市场机制在资源配置中发挥决定性作用,确保各类所有制企业通过市场手段平等获取生产要素和商业机会。

附　录

附录一　理论模型的推导和证明

一、关于第三章第三节基本命题的推导

下面我们来证明：

（1）本章第三节最优化问题式（3-2）中，$\pi(\theta, K)$ 在 (θ^*, K^*) 处取到最大值 π^*；

（2）有 $\pi^* > \pi_0$、$K^* > K_0$ 以及 $Y^* > Y_0$ 成立。

其中，θ^*、K^*、Y^* 以及 π^* 分别由式（3-6）至式（3-9）给出。

证明：

（1）

利用式（3-5），我们可以把资本投入 K、产出水平 Y 以及利润水平 π 都写成关于 θ 的函数：

$$K(\theta) = A^{\frac{1}{1-\alpha}}(1-\theta)^{\frac{\gamma}{1-\alpha}}\left(\frac{\alpha}{e^{-\lambda\theta}c}\right)^{\frac{1}{1-\alpha}} \qquad (A1-1)$$

$$Y(\theta) = A^{\frac{1}{1-\alpha}}(1-\theta)^{\frac{\gamma}{1-\alpha}}\left(\frac{\alpha}{e^{-\lambda\theta}c}\right)^{\frac{\alpha}{1-\alpha}} \qquad (A1-2)$$

$$\pi(\theta) = (1-\alpha)A^{\frac{1}{1-\alpha}}(1-\theta)^{\frac{\gamma}{1-\alpha}}\left(\frac{\alpha}{e^{-\lambda\theta}c}\right)^{\frac{\alpha}{1-\alpha}} \qquad (A1-3)$$

$K(\theta)$ 是在给定 θ 时最大化企业利润的资本投入，$Y(\theta)$ 和 $\pi(\theta)$ 是与 θ 和 $K(\theta)$ 相对应的产出水平以及利润水平。

下面我们来考察 $\pi(\theta)$ 关于 θ 的增减性。令

$$h(\theta) = (1-\theta)^{\gamma} e^{\alpha\lambda\theta} \qquad (A1-4)$$

则式(A1-3)可改写为 $\pi(\theta) = (1-\alpha)A^{\frac{1}{1-\alpha}}\left(\frac{\alpha}{c}\right)^{\frac{\alpha}{1-\alpha}}h(\theta)^{\frac{1}{1-\alpha}} = \pi_0 h(\theta)^{\frac{1}{1-\alpha}}$。

$\pi(\theta)$ 的增减性与 $h(\theta)$ 相同,我们只需考察 $h(\theta)$ 的增减性。$h(\theta)$ 对 θ 求导,有:

$$h'(\theta) = \alpha\lambda e^{\alpha\lambda\theta}(1-\theta)^{\gamma-1}\left[\left(1-\frac{\gamma}{\alpha\lambda}\right)-\theta\right] \qquad (A1-5)$$
$$= \alpha\lambda e^{\alpha\lambda\theta}(1-\theta)^{\gamma-1}(\theta^*-\theta)$$

由式(A1-5)可知,当且仅当 $\theta\in[0,\theta^*)$ 时有 $h'(\theta)>0$ 成立,因此 $h(\theta)$ 在 $\theta\in[0,\theta^*)$ 上严格单调递增、在 $\theta\in[\theta^*,1]$ 上严格单调递减。

因此,$\pi(\theta)$ 也在 $\theta\in[0,\theta^*)$ 上严格单调递增、在 $\theta\in[\theta^*,1]$ 上严格单调递减,并在 $\theta=\theta^*$ 处取到最大值。这也意味着函数 $\pi(\theta,K)$ 在 $[\theta^*, K^*=K(\theta^*)]$ 处取到最大值:尽管 $\pi(\theta,K)$ 本身并不是一个凹函数,但由于 $K(\theta)$ 能保证 $\pi(\theta,K)$ 在给定 θ 的情况下取到最大值 $\pi(\theta)$,因此只要再对 θ 做优化就能取到 $\pi(\theta,K)$ 的全局最大值[实际上 $\pi(\theta)$ 可以被理解为关于 $\pi(\theta,K)$ 的包络线]。或者也可以用变量代换的方法来理解。令 $\delta=1-\theta$,于是 $\pi(\theta,K)$ 可改写 $\pi(\delta,K) = A\delta^{\gamma}K^{\alpha} - e^{-\lambda(1-\delta)}cK$,容易证明 $\pi(\delta,K)$ 是一个凹函数,因而在 $[\delta^*=1-\theta^*, K^*=K(\theta^*)]$ 处取到最大值。我们之所以选择 θ 而不是 δ 作为利润函数 π 的自变量,是为了更加明确地反映企业家用于政企联系建设的精力投入。

把 θ^* 代回到式(A1-1)至式(A1-3),立即可以得到最优决策时的资本投入 K^*、产出水平 Y^* 以及利润水平 π^*,也就是式(3-7)至式(3-9)。

(2)

由 $\pi(\theta)$ 在 $\theta\in[0,\theta^*)$ 上的单调递增特性,立即可知 $\pi^*=\pi(\theta^*)>\pi(0)$ $=\pi_0$。而 $Y(\theta) = \frac{1}{1-\alpha}\pi(\theta)$,所以有 $Y^*>Y_0$。另外,$K^*>K_0$ 也是容易证明

的。令

$$g(\theta) = (1-\theta)^{\gamma} e^{\lambda \theta} \qquad (A1-6)$$

则式(A1-1)可改写为 $K(\theta) = A^{\frac{1}{1-\alpha}} \left(\frac{\alpha}{c}\right)^{\frac{1}{1-\alpha}} g(\theta)^{\frac{1}{1-\alpha}} = K_0 g(\theta)^{\frac{1}{1-\alpha}}$。$K(\theta)$ 的增减性与 $g(\theta)$ 相同，我们只需考察 $g(\theta)$ 的增减性。$g(\theta)$ 对 θ 求导，有：

$$g'(\theta) = \lambda e^{\lambda \theta} (1-\theta)^{\gamma-1} \left[\left(1-\frac{\gamma}{\lambda}\right) - \theta\right] \qquad (A1-7)$$

由式(A1-7)可知,当且仅当 $\theta \in \left[0, 1-\frac{\gamma}{\lambda}\right)$ 时有 $g'(\theta) > 0$ 成立,因此 $g(\theta)$ 在 $\theta \in \left[0, 1-\frac{\gamma}{\lambda}\right)$ 上严格单调递增、在 $\theta \in \left[1-\frac{\gamma}{\lambda}, 1\right]$ 上严格单调递减。由于 $\theta^* = 1-\frac{\gamma}{\alpha\lambda}$ 落在单调递增区间 $\left[0, 1-\frac{\gamma}{\lambda}\right)$ 内,因此有 $g(\theta^*) > g(0) = 1$,进而有 $K^* = K_0 g(\theta^*)^{\frac{1}{1-\alpha}} > K_0$。

二、关于第三章第四节命题($ext3-1$)的推导

下面我们来证明：

(1)最优化问题式(3-13)中,$\pi_{ext3-1}(\theta, K, L)$ 在 $(\theta^*_{ext3-1}, K^*_{ext3-1}, L^*_{ext3-1})$ 处取到最大值 π^*_{ext3-1};

(2)有 $\pi^*_{ext3-1} > \pi_{ext3-1, 0}$、$K^*_{ext3-1} > K_{ext3-1, 0}$、$L^*_{ext3-1} > L_{ext3-1, 0}$ 以及 $Y^*_{ext3-1} > Y_{ext3-1, 0}$ 成立。

其中,θ^*_{ext3-1}、K^*_{ext3-1}、L^*_{ext3-1}、Y^*_{ext3-1} 以及 π^*_{ext3-1} 分别由式(3-18)至式(3-22)给出。

证明：

(1)

式(3-16)和式(3-17)两式相除,立即得到 $K = \frac{\alpha}{e^{-\lambda\theta}c}\frac{w}{\beta}L$。将此式代回到

式(3-16),我们可以把资本投入、劳动力投入、产出水平以及利润水平都写成关于 θ 的函数:

$$K_{ext3-1}(\theta) = A^{\frac{1}{1-\alpha-\beta}}(1-\theta)^{\frac{\gamma}{1-\alpha-\beta}}\left(\frac{\alpha}{e^{-\lambda\theta}c}\right)^{\frac{1-\beta}{1-\alpha-\beta}}\left(\frac{\beta}{w}\right)^{\frac{\beta}{1-\alpha-\beta}} \quad (A2-1)$$

$$L_{ext3-1}(\theta) = A^{\frac{1}{1-\alpha-\beta}}(1-\theta)^{\frac{\gamma}{1-\alpha-\beta}}\left(\frac{\alpha}{e^{-\lambda\theta}c}\right)^{\frac{\alpha}{1-\alpha-\beta}}\left(\frac{\beta}{w}\right)^{\frac{1-\alpha}{1-\alpha-\beta}} \quad (A2-2)$$

$$Y_{ext3-1}(\theta) = A^{\frac{1}{1-\alpha-\beta}}(1-\theta)^{\frac{\gamma}{1-\alpha-\beta}}\left(\frac{\alpha}{e^{-\lambda\theta}c}\right)^{\frac{\alpha}{1-\alpha-\beta}}\left(\frac{\beta}{w}\right)^{\frac{1-\alpha}{1-\alpha-\beta}} \quad (A2-3)$$

$$\pi_{ext3-1}(\theta) = (1-\alpha-\beta)A^{\frac{1}{1-\alpha-\beta}}(1-\theta)^{\frac{\gamma}{1-\alpha-\beta}}\left(\frac{\alpha}{e^{-\lambda\theta}c}\right)^{\frac{\alpha}{1-\alpha-\beta}}\left(\frac{\beta}{w}\right)^{\frac{\beta}{1-\alpha-\beta}} \quad (A2-4)$$

$K_{ext3-1}(\theta)$ 和 $L_{ext3-1}(\theta)$ 分别是在给定 θ 时最大化企业利润的资本投入和劳动力投入,$Y_{ext3-1}(\theta)$ 和 $\pi_{ext3-1}(\theta)$ 是与 θ、$K_{ext3-1}(\theta)$ 以及 $L_{ext3-1}(\theta)$ 相对应的产出水平以及利润水平。

利用式(A1-4)定义的 $h(\theta)$,式(A2-4)可被改写为 $\pi_{ext3-1}(\theta) = \pi_{ext3-1,0}h(\theta)^{\frac{1}{1-\alpha-\beta}}$。因此 $\pi_{ext3-1}(\theta)$ 的增减性与 $h(\theta)$ 相同。而式(A1-5)已经证明,$h(\theta)$ 在 $\theta\in[0,\theta^*]$ 上严格单调递增、在 $\theta\in[\theta^*,1]$ 上严格单调递减。因此,$\pi_{ext3-1}(\theta)$ 在 $\theta\in[0,\theta^*]$ 上严格单调递增、在 $\theta\in[\theta^*,1]$ 上严格单调递减,并且在 $\theta=\theta^*$(也即 θ^*_{ext3-1} 处取到最大值。这一点与不包含劳动力变量的基本模型完全相同。

把 θ^* 代回到式(A2-1)至式(A2-4),立即可以得到最优决策时的资本投入 K^*_{ext3-1}、劳动力投入 L^*_{ext3-1}、产出水平 Y^*_{ext3-1} 以及利润水平 π^*_{ext3-1},也就是式(3-19)至式(3-22)。

(2)

由 $\pi_{ext3-1}(\theta)$ 在 $\theta\in[0,\theta^*)$ 上的单调递增特性,立即可知 $\pi^*_{ext3-1}=\pi_{ext3-1}(\theta^*)>\pi_{ext3-1}(0)=\pi_{ext3-1,0}$。而 $Y_{ext3-}(\theta)=\frac{1}{1-\alpha-\beta}\pi_{ext3-1}(\theta)$,所以有 Y^*_{ext3-1}

$> Y_{ext3-1,0}$。另外，$K^*_{ext3-1} > K_{ext3-1,0}$ 和 $L^*_{ext3-1} > L_{ext3-1,0}$ 也是容易证明的。令

$$f(\theta) = (1-\theta)^{\gamma} e^{(1-\beta)\lambda\theta} \qquad (A2-5)$$

则式（A2-1）可改写为 $K_{ext3-1}(\theta) = K_{ext3-1,0} f(\theta)^{\frac{1}{1-\alpha-\beta}}$。$K_{ext3-1}(\theta)$ 的增减性与 $f(\theta)$ 相同，我们只需考察 $f(\theta)$ 的增减性。$f(\theta)$ 对 θ 求导，有：

$$f'(\theta) = (1-\beta)\lambda e^{(1-\beta)\lambda\theta}(1-\theta)^{\gamma-1}\left[\left(1-\frac{\gamma}{(1-\beta)\lambda}\right)-\theta\right] \quad (A2-6)$$

由式（A2-6）可知，当且仅当 $\theta \in \left[0, 1-\frac{\gamma}{(1-\beta)\lambda}\right)$ 时有 $f'(\theta) > 0$ 成立，因此 $f(\theta)$ 在 $\theta \in \left[0, 1-\frac{\gamma}{(1-\beta)\lambda}\right)$ 上严格单调递增、在 $\theta \in \left[1-\frac{\gamma}{(1-\beta)\lambda}, 1\right]$ 上严格单调递减。我们假定 $\alpha+\beta < 1$，则 $\theta^* = 1-\frac{\gamma}{\alpha\lambda}$ 落在单调递增区间 $\left[0, 1-\frac{\gamma}{(1-\beta)\lambda}\right)$ 内，因此有 $f(\theta^*) > f(0) = 1$，进而有 $K^*_{ext3-1} = K_{ext3-1,0} f(\theta^*)^{\frac{1}{1-\alpha-\beta}} > K_{ext3-1,0}$。

利用式（A1-4）定义的 $h(\theta)$，式（A2-2）可被改写为 $L_{ext3-1}(\theta) = L_{ext3-1,0} h(\theta)^{\frac{1}{1-\alpha-\beta}}$，而式（A1-5）已经证明 $h(\theta)$ 在 $\theta \in [0, \theta^*]$ 上严格单调递增，因此有 $h(\theta^*) > h(0) = 1$，进而有 $L^*_{ext3-1} = L_{ext3-1,0} h(\theta^*)^{\frac{1}{1-\alpha-\beta}} > L_{ext3-1,0}$。

三、关于第三章第四节命题（$ext3-2$）的推导

下面我们来证明：

（1）最优化问题式（3-24）中，$\pi_{ext3-2}(\theta, K, \underline{L})$ 在 $(\theta^*_{ext3-2}, K^*_{ext3-2})$ 处取到最大值 π^*_{ext3-2}；

（2）存在一个临界值 $L_1(L_1 > L^*_{ext3-1})$，当且仅当 $\underline{L} < L_1$ 时有 $\pi^*_{ext3-2} > \pi_{ext3-1,0}$ 成立；

（3）相应的资本投入、劳动力投入以及产出水平不仅高于不存在劳动力过

度雇佣时的最优情形,也要高于无政企联系时的最优情形:$K^*_{ext3-2} > K^*_{ext3-1} > K_{ext3-1,0}$,$L^*_{ext3-2}(=\underline{L}) > L^*_{ext3-1} > L_{ext3-1,0}$ 以及 $Y^*_{ext3-2} > Y^*_{ext3-1} > Y_{ext3-1,0}$;

(4)假如允许企业在生产率方面(也就是技术水平 A)具有异质性,则对于给定的劳动力雇佣下限 $\underline{L}$,存在一个临界值 A_2,当且仅当 $A > A_2$ 时有 $\pi^*_{ext3-2} > \pi_{ext3-1,0}$ 成立。

其中,θ^*_{ext3-2}、K^*_{ext3-2}、Y^*_{ext3-2} 以及 π^*_{ext3-2} 分别由式(3-27)至式(3-30)给出。

证明:

(1)

完全类似于基本模型式(3-2)的求解过程,我们可以写出给定 θ 情况下资本投入的最优取值,进而把产出水平以及利润水平也都写成关于 θ 的函数:

$$K_{ext3-2}(\theta) = A^{\frac{1}{1-\alpha}}(1-\theta)^{\frac{\gamma}{1-\alpha}}\left(\frac{\alpha}{e^{-\lambda\theta}c}\right)^{\frac{1}{1-\alpha}}\underline{L}^{\frac{\beta}{1-\alpha}} \qquad (A3-1)$$

$$Y_{ext3-2}(\theta) = A^{\frac{1}{1-\alpha}}(1-\theta)^{\frac{\gamma}{1-\alpha}}\left(\frac{\alpha}{e^{-\lambda\theta}c}\right)^{\frac{\alpha}{1-\alpha}}\underline{L}^{\frac{\beta}{1-\alpha}} \qquad (A3-2)$$

$$\pi_{ext3-2}(\theta) = (1-\alpha)A^{\frac{1}{1-\alpha}}(1-\theta)^{\frac{\gamma}{1-\alpha}}\left(\frac{\alpha}{e^{-\lambda\theta}c}\right)^{\frac{\alpha}{1-\alpha}}\underline{L}^{\frac{\beta}{1-\alpha}} - w\underline{L} \qquad (A3-3)$$

$K_{ext3-2}(\theta)$ 是在给定 θ 时最大化企业利润的资本投入,$Y_{ext3-2}(\theta)$ 和 $\pi_{ext3-2}(\theta)$ 是与 θ 和 $K_{ext3-2}(\theta)$ 相对应的产出水平以及利润水平。

利用式(A1-4)定义的 $h(\theta)$,式(A3-3)可被改写为 $\pi_{ext3-2}(\theta) = (1-\alpha)A^{\frac{1}{1-\alpha}}\left(\frac{\alpha}{c}\right)^{\frac{\alpha}{1-\alpha}}\underline{L}^{\frac{\beta}{1-\alpha}}h(\theta)^{\frac{1}{1-\alpha}} - w\underline{L}$。因此 $\pi_{ext3-2}(\theta)$ 的增减性与 $h(\theta)$ 相同。而式(A1-5)已经证明,$h(\theta)$ 在 $\theta \in [0, \theta^*]$ 上严格单调递增、在 $\theta \in [\theta^*, 1]$ 上严格单调递减。因此,$\pi_{ext3-2}(\theta)$ 也在 $\theta \in [0, \theta^*]$ 上严格单调递增、在 $\theta \in [\theta^*, 1]$ 上严格单调递减,并且在 $\theta = \theta^*$(也即 θ^*_{ext3-2})处取到最大值。

把 θ^* 代回到式(A3-1)至式(A3-3),立即可以得到最优决策时的资本投

入 K^*_{ext3-2}、产出水平 Y^*_{ext3-2} 以及利润水平 π^*_{ext3-2}，也就是式（3 - 28）至式（3 - 30）。

（2）

利用式（3 - 30），我们可以把建立了政企联系的企业的最大利润表示为关于劳动力雇佣下限的函数。以 l 来表示可变的劳动力雇佣下限（l 定义在 $[L^*_{ext3-1}, +\infty)$ 上），则存在劳动力过度雇佣情况下此类企业的最大利润 $\Pi(l)$ 可写为：

$$\Pi(l) = (1-\alpha)A^{\frac{1}{1-\alpha}}(1-\theta^*)^{\frac{\gamma}{1-\alpha}}\left(\frac{\alpha}{e^{-\lambda\theta^*}c}\right)^{\frac{\alpha}{1-\alpha}}l^{\frac{\beta}{1-\alpha}} - wl \qquad (A3-4)$$

式（A3 - 4）构造的函数 $\Pi(l)$ 有一些非常良好的特性。当 l 的取值为无雇佣下限约束时的最优劳动力雇佣水平 L^*_{ext3-1} 时，$\Pi(l)$ 恰好取到相应情形的最大利润 π^*_{ext3-1}，也即 $\Pi(L^*_{ext3-1}) = \pi^*_{ext3-1}$；而当 l 的取值为式（3 - 23）设定的劳动力雇佣下限 $\underline{L}$ 时，$\Pi(l)$ 恰好取到相应情形的最大利润 π^*_{ext3-2}，也即 $\Pi(\underline{L}) = \pi^*_{ext3-2}$。下面我们就利用式（A3 - 4）定义的函数 $\Pi(l)$ 证明，存在一个临界值 $L_1(L_1 > L^*_{ext3-1})$，当且仅当 $\underline{L} < L_1$ 时有 $\pi^*_{ext3-2} > \pi_{ext3-1,0}$ 成立。

我们首先证明，$\Pi(l)$ 是一个凹函数，并且在 $[L^*_{ext3-1}, +\infty)$ 上严格单调递减。$\Pi(l)$ 的一阶导数为 $\Pi'(l) = \beta A^{\frac{1}{1-\alpha}}(1-\theta^*)^{\frac{\gamma}{1-\alpha}}\left(\frac{\alpha}{e^{-\lambda\theta^*}c}\right)^{\frac{\alpha}{1-\alpha}}l^{-\frac{1-\alpha+\beta}{1-\alpha}} - w$，由此可知 $\Pi(l)$ 的二阶导数 $\Pi''(l) < 0$，因此 $\Pi(l)$ 是一个凹函数。$\Pi''(l) < 0$ 也意味着 $\Pi'(l)$ 是一个严格单调递减函数，又因为 $\Pi'(L^*_{ext3-1}) = 0$，故当 $l > L^*_{ext3-1}$ 时有 $\Pi'(l) < 0$，也即 $\Pi(l)$ 在 $l \in [L^*_{ext3-1}, +\infty)$ 上严格单调递减。

凹函数 $\Pi(l)$ 在 $l = L^*_{ext3-1}$ 处取到最大值 π^*_{ext3-1}，且在 $[L^*_{ext3-1}, +\infty)$ 上严格单调递减，由函数的连续性可知，必能找到一个临界值 $L_1(L_1 > L^*_{ext3-1})$，使得下式成立：

$$\Pi(L_1) = \pi_{ext3-1,0} < \pi^*_{ext3-1} \qquad (A3-5)$$

因此,当且仅当 $L \in (L_{ext3-1}^*, L_1)$,有 $\Pi(\underline{L}) > \Pi(L_1)$ 即 $\pi_{ext3-2}^* > \pi_{ext3-1,0}$ 成立(如图 A-1 所示)。也就是说,只要劳动力雇佣下限 $\underline{L}$ 不是太高,那么企业建立政企联系后所获的利润 π_{ext3-2}^* 仍将高于无政企联系时的利润 $\pi_{ext3-1,0}$。

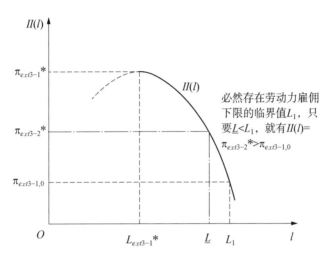

图 A-1　不同劳动力雇佣下限对应的企业最大利润

(3)

$L_{ext3-2}^* = \underline{L} > L_{ext3-1}^* > L_{ext3-1,0}$,显然成立。而 $K_{ext3-2}^* > K_{ext3-1}^* > K_{ext3-1,0}$ 和 $Y_{ext3-2}^* > Y_{ext3-1}^* > Y_{ext3-1,0}$ 也不难证明。

将 $\underline{L} > L_{ext3-1}^*$ 和式(3-20) $L_{ext3-1}^* = A^{\frac{1}{1-\alpha-\beta}}(1-\theta^*)^{\frac{\gamma}{1-\alpha-\beta}}\left(\frac{\alpha}{e^{-\lambda\theta^*}c}\right)^{\frac{\alpha}{1-\alpha-\beta}}\left(\frac{\beta}{w}\right)^{\frac{1-\alpha}{1-\alpha-\beta}}$

代入式(3-28) $K_{ext3-2}^* = A^{\frac{1}{1-\alpha}}(1-\theta^*)^{\frac{\gamma}{1-\alpha}}\left(\frac{\alpha}{e^{-\lambda\theta^*}c}\right)^{\frac{1}{1-\alpha}}\underline{L}^{\frac{\beta}{1-\alpha}}$,立即有:

$$K_{ext3-2}^* > A^{\frac{1}{1-\alpha}}(1-\theta^*)^{\frac{\gamma}{1-\alpha}}\left(\frac{\alpha}{e^{-\lambda\theta^*}c}\right)^{\frac{1}{1-\alpha}}L_{ext3-1}^{*\frac{\beta}{1-\alpha}}$$

$$= A^{\frac{1}{1-\alpha-\beta}}(1-\theta^*)^{\frac{\gamma}{1-\alpha-\beta}}\left(\frac{\alpha}{e^{-\lambda\theta^*}c}\right)^{\frac{1-\beta}{1-\alpha-\beta}}\left(\frac{\beta}{w}\right)^{\frac{\beta}{1-\alpha-\beta}}$$

$$= K_{ext3-1}^*$$

$$(A3-6)$$

而前面已经证明 $K^*_{ext3-1} > K^*_{ext3-1,0}$，因此有 $K^*_{ext3-2} > K^*_{ext3-1} > K^*_{ext3-1,0}$ 成立。$Y^*_{ext3-2} > Y^*_{ext3-1} > Y^*_{ext3-1,0}$ 的证明也是完全类似的，不再赘述。

（4）

假如我们允许企业的生产率（也即技术水平 A）是异质性的，则式（A3-5）中定义的临界值 L_1 实际上是一个关于 A 的函数，记为 $L_1(A)$。下面我们来证明，$L_1(A)$ 是关于 A 的严格递增函数，即 $L'_1(A) > 0$。式（A3-5）可改写为：

$$\Pi(L_1(A), A) = \pi_{ext3-1,0}(A) \tag{A3-7}$$

其中，$\Pi(L_1(A), A) = (1-\alpha)A^{\frac{1}{1-\alpha}}(1-\theta^*)^{\frac{\gamma}{1-\alpha}}\left(\dfrac{\alpha}{e^{-\lambda\theta^*}c}\right)^{\frac{\alpha}{1-\alpha}}L_1(A)^{\frac{\beta}{1-\alpha}} - wL_1(A)$，$\pi_{ext3-1,0}(A) = (1-\alpha-\beta)A^{\frac{1}{1-\alpha-\beta}}\left(\dfrac{\alpha}{c}\right)^{\frac{\alpha}{1-\alpha-\beta}}\left(\dfrac{\beta}{w}\right)^{\frac{\beta}{1-\alpha-\beta}}$。

式（A3-7）对 A 求微分，有：

$$\frac{\partial\Pi(L_1, A)}{\partial L_1}L'_1(A) + \frac{\partial\Pi(L_1, A)}{\partial A} = \pi'_{ext3-1,0}(A) \tag{A3-8}$$

化简可得：

$$L'_1(A) = \left[\pi'_{ext3-1,0}(A) - \frac{\partial\Pi(L_1, A)}{\partial A}\right]\Big/\frac{\partial\Pi(L_1, A)}{\partial L_1} \tag{A3-9}$$

其中

$$\pi'_{ext3-1,0}(A) = A^{\frac{\alpha+\beta}{1-\alpha-\beta}}\left(\dfrac{\alpha}{c}\right)^{\frac{\alpha}{1-\alpha-\beta}}\left(\dfrac{\beta}{w}\right)^{\frac{\beta}{1-\alpha-\beta}} \tag{A3-10}$$

$$\frac{\partial\Pi(L_1, A)}{\partial A} = A^{\frac{\alpha}{1-\alpha}}(1-\theta^*)^{\frac{\gamma}{1-\alpha}}\left(\dfrac{\alpha}{e^{-\lambda\theta^*}c}\right)^{\frac{\alpha}{1-\alpha}}L_1^{\frac{\beta}{1-\alpha}} \tag{A3-11}$$

$$\frac{\partial\Pi(L_1, A)}{\partial L_1} = \beta A^{\frac{1}{1-\alpha}}(1-\theta^*)^{\frac{\gamma}{1-\alpha}}\left(\dfrac{\alpha}{e^{-\lambda\theta^*}c}\right)^{\frac{\alpha}{1-\alpha}}L_1^{-\frac{1-\alpha-\beta}{1-\alpha}} - w \tag{A3-12}$$

将 $L_1 > L^*_{ext3-1}$ 和式（3-20）$L^*_{ext3-1} = A^{\frac{1}{1-\alpha-\beta}}(1-\theta^*)^{\frac{\gamma}{1-\alpha-\beta}}\left(\dfrac{\alpha}{e^{-\lambda\theta^*}c}\right)^{\frac{\alpha}{1-\alpha-\beta}}\left(\dfrac{\beta}{w}\right)^{\frac{1-\alpha}{1-\alpha-\beta}}$

代入式(A3 - 11)和式(A3 - 12),可知 $\pi'_{ext3-1,0}(A) - \dfrac{\partial \Pi(L_1, A)}{\partial A} < 0$ 和

$\dfrac{\partial \Pi(L_1, A)}{\partial L_1} < 0$。也就是说,式(A3 - 9)右边的分子和分母均为负,因此有

$L'_1(A) > 0$ 成立。

　　$L_1(A)$ 的严格递增性质意味着,随着企业生产率水平(即技术水平 A)的上升,使得企业仍有动力建立政企联系的劳动力雇佣下限的临界值 L_1 也是提高的(图 A - 2)。因此,对于给定的劳动力雇佣下限 $\underline{L}$,必定存在一个临界值 A_2,当且仅当 $A > A_2$ 时有 $\pi^*_{ext3-2} > \pi_{ext3-1,0}$ 成立。

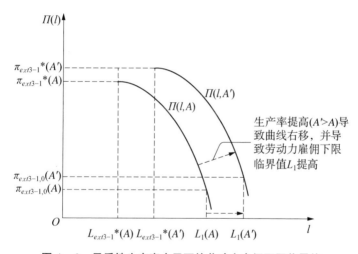

图 A - 2　异质性生产率水平下的劳动力雇佣下限临界值

附录二　实证研究涉及的数据和变量

一、第五章涉及的数据和变量

选取 2003 年到 2009 年间在沪深证券交易所上市的非金融类民营上市公司数据作为原始样本,并采用与第四章完全相同的方法构建起一个企业数据和高管数据相匹配的微观数据库。以 2003 年作为起始年份是受到数据可得性的限制,控制变量之一为实际控制人是否担任董事长或总经理,证监会从 2003 年开始要求上市公司明确披露实际控制人的详细信息。涉及的变量及设定如下。

被解释变量。企业投资 $I_{i,t+1}/K_{it}$,其中 K_{it} 表示企业的当期资本,以固定资产净值来衡量,$I_{i,t+1}$ 表示下一期的投资水平,以下一期固定资产原值与当期固定资产原值之差来衡量;企业成长指标 $Grow$ 为销售额增长率;投资机会(托宾 Q)为(总负债＋股权价值)/总资产,其中股权价值＝流通股本×股价＋非流通股本×每股净资产。

解释变量。政企联系 POL:与本书第四章的衡量方法相同。

控制变量包括企业特征变量和企业高管人力资本变量两个层面。

企业特征变量。营业现金流 $CF_{it}/K_{i,t-1}$,其中 CF_{it} 表示当期营业现金流,以经营活动产生的现金流量净额来衡量,$K_{i,t-1}$ 表示前一期的资本;产出变量 $Sales_{it}/K_{i,t-1}$,其中 $Sales_{it}$ 表示当期销售额,以主营业务销售收入来衡量;企业规模 $Size$ 为总资产对数值(单位:Ln 万元);负债率 Lev 为总负债与总资产之比;资本劳动比 K/L 为固定资产净值与企业雇佣员工数之比(单位:万元/人);企业年龄 $LnFmAge$ 为企业成立年数对数值;股权集中度 $H10$ 为前 10 位大股东持股比例的平方和;实际控制人是否担任董事长或总经理 $Ucpd$ 是取 1,否取 0。

企业高管人力资本变量。性别 $Gender$ 男性取 1,女性取 0;年龄 $LnAge$ 为高管年龄对数值;受教育水平 $Educ$ 为初中及以下取 0,高中中专取 1,大专

2，本科取 3，硕士取 4，博士及以上取 5；是否为党员 CP 是取 1，否取 0。本书所指的企业高管包括公司董事长和总经理，在构造人力资本变量时，先衡量每个人的取值，然后再取平均值。

二、第六章涉及的数据和变量

使用的样本与第五章完全相同。事件研究所涉及的公司个股日回报率、沪深综合 A 股市场日回报率、申万行业指数日回报率以及证监会行业指数日回报率，均取自国泰安数据库。涉及的变量及设定如下。

被解释变量。资本生产率 VA/K 为增加值与固定资产净值之比，其中，增加值＝总产出－中间投入，总产出以销售收入衡量，中间投入的衡量遵循李捷瑜和江舒韵（2009）的做法，以购买产品与劳务的现金支出与企业当年应付账款增量两者之和来衡量；劳动生产率 VA/L 为增加值与企业雇佣员工数之比（单位：万元/人）；SFA 生产效率分析框架中的产出水平 $LnVA$ 为增加值对数值（单位：Ln 万元）；资产收益率 ROA 为总利润与总资产之比；净资产收益率 ROE：净利润与股东权益之比。

解释变量。政企联系 POL：与本书第四章和第五章的衡量方法完全相同。

控制变量包括企业特征变量和企业高管人力资本变量两个层面。其中，人力资本变量与第五章相同；企业特征变量包括企业规模 $Size$、负债率 Lev、资本劳动比 K/L、成长性 $Grow$、企业年龄 $LnFmAge$、股权集中度 $H10$ 以及实际控制人是否担任董事长或总经理 $Ucpd$，变量设定与第五章相同。此外，SFA 分析框架还涉及资本投入水平 LnK 和劳动力投入水平 LnL，分别以固定资产净位对数值（单位：Ln 万元）和企业雇佣员工数对数值（单位：Ln 人）来衡量。

三、第七章涉及的数据和变量

考虑到国泰安数据库从 2009 年起较为系统地披露上市公司的研发支出，之前年份缺失较多，选取 2009 至 2019 年在沪深证券交易所上市的非金融类民营上市公司作为研究样本。涉及的变量及设定如下。

被解释变量涉及企业投资 INV 和研发投入 $R\&D$，遵循布朗等（Brown et

al.，2009)、胡里奥和陆(Julio and Yook，2012)、徐刚和矢野(Xu and Yano，2017)等的做法，以期初总资产对固定资产投资总额和研发投入进行标准化。

解释变量。政企联系 POL：与第四、五、六章的衡量方法相同。

控制变量。包括托宾 Q、营业现金流 OCF、企业规模 $Size$、企业成立年数对数值、负债率 Lev、股权集中度 $H10$ 以及实际控制人是否担任董事长或总经理 $Ucpd$。变量设定与第五章一致，其中托宾 Q 和营业现金流 OCF 以期初总资产进行标准化，负债率 Lev 取期初值。

附录三　企业市场势力的测度

下面对第七章中企业市场势力的测度方法作简要概述。

经典产业组织文献中，测度企业市场势力需要用到产品销量、产品价格等微观市场信息，但这些信息通常难以获取，给实证研究带来了困难。德洛克和瓦尔金斯基（De Loecker and Warzynski，2012）提出了一种利用生产要素收入份额（revenue share）[1]对成本份额（cost share）的偏离程度来测度企业市场势力的新方法，大大降低了对数据的要求，便利了实证研究。该方法的核心思路是，假如产品市场完全竞争，企业没有定价能力，则生产要素的收入份额恰好等于其成本份额；而一旦有不完全竞争，两者将不再相等，两者间差异的大小就反映了企业定价能力的强弱。

德洛克和瓦尔金斯基（De Loecker and Warzynski，2012）假定企业 i 在时刻 t 的生产函数形如 $Q_{it} = Q(L_{it}, K_{it}, \omega_{it})$，其中 Q_{it} 代表产量，L_{it} 代表劳动力投入，K_{it} 代表资本投入，ω_{it} 代表企业生产率。则企业在给定最低产量 Q_{it} 情况下的成本最小化问题可写为：

$$\min_{(L_{it}, K_{it})} w_{it} L_{it} + r_{it} K_{it}$$
$$st. Q(L_{it}, K_{it}, \omega_{it}) \geqslant Q_{it} \tag{A4-1}$$

其中，w_{it} 为工资率，r_{it} 为资本的租金价格。式（A4-1）的拉格朗日函数为：

$$L = w_{it} L_{it} + r_{it} K_{it} + \lambda_{it} [Q_{it} - Q(L_{it}, K_{it}, \omega_{it})] \tag{A4-2}$$

鉴于资本投入具有调整成本，无法在当期立即作出调整，因此基于可变要

---

[1]　某种生产要素的收入份额也即该要素的产出弹性。

素劳动力投入来测度市场势力。最优的劳动力投入 L_{it} 应当满足 $\dfrac{\partial L}{\partial L_{it}} = 0$，也即：

$$w_{it} = \lambda_{it} \frac{\partial Q}{\partial L_{it}} \tag{A4-3}$$

式(A4-3)两边同乘 $\dfrac{L_{it}}{Q_{it}}$，可得：

$$\frac{\partial Q_{it}}{\partial L_{it}} \frac{L_{it}}{Q_{it}} = \frac{1}{\lambda_{it}} \frac{w_{it}L_{it}}{Q_{it}} \tag{A4-4}$$

也即：

$$\frac{\partial Q_{it}}{\partial L_{it}} \frac{L_{it}}{Q_{it}} = \frac{P_{it}}{\lambda_{it}} \frac{w_{it}L_{it}}{P_{it}Q_{it}} \tag{A4-5}$$

式(A4-5)中，P_{it} 代表企业生产产品的价格，拉格朗日乘子 $\lambda_{it} = \partial L/\partial Q_{it}$ 恰好是生产的边际成本。按照定义，企业市场势力是产品价格与边际成本之比，也即 $\mu_{it} = P_{it}/\lambda_{it}$。利用式(A4-5)，可将市场势力 μ_{it} 改写为：

$$\mu_{it} = \theta_{it}^{L}/\alpha_{it}^{L} \tag{A4-6}$$

其中，$\theta_{it}^{L} = \dfrac{\partial Q}{\partial L_{it}} \dfrac{L_{it}}{Q_{it}}$ 是劳动力的收入份额(也即产出弹性)，$\alpha_{it}^{L} = \dfrac{w_{it}L_{it}}{P_{it}Q_{it}}$ 是劳动力的成本份额。若市场势力 μ_{it} 大于1，就表明企业所在的产品市场并非完全竞争，企业具有一定的定价能力，且 μ_{it} 越大则表明企业定价能力越强。

式(A4-6)中，劳动成本份额 α_{it}^{L} 即员工薪酬占产出的比例。下面就劳动产出弹性 θ_{it}^{L} 的测度加以说明。由于 Cobb-Douglas 生产函数将要素投入的产出弹性假定为与要素相对密集程度无关的固定常数，会把不同企业生产技术的差异也归结为市场势力的差异(De Loecker and Warzynski，2012)。特别是，我们以上市公司为研究对象，受观测值数量的限制，无法分行业估计企业生产函数，这会加剧 Cobb-Douglas 生产函数的潜在问题。为避免将不同企业生产技术的

差异归结为市场势力的差异,我们使用要素替代弹性可变的 Translog 生产函数:

$$y_{it} = \beta_l l_{it} + \beta_k k_{it} + \beta_{ll} l_{it}^2 + \beta_{kk} k_{it}^2 + \beta_{lk} l_{it} k_{it} + \omega_{it} + \varepsilon_{it} \qquad (A4-7)$$

式(A4-7)中,y_{it}、l_{it}、k_{it} 分别代表产出变量、劳动力投入和资本投入的对数值,$\boldsymbol{\beta} = (\beta_l, \beta_k, \beta_{ll}, \beta_{kk}, \beta_{lk})$ 为待估参数,ω_{it} 代表生产率,ε_{it} 代表扰动项。由此,劳动产出弹性可被表示为:

$$\theta_{it}^L = \beta_l + 2\beta_{ll} l_{it} + \beta_{lk} k_{it} \qquad (A4-8)$$

只要获得参数 $\boldsymbol{\beta}$ 的一致估计,就可依照式(A4-8)计算企业的劳动产出弹性 θ_{it}^L,并进而依照式(A4-6)计算企业市场势力 μ_{it}。

如何获得参数 $\boldsymbol{\beta}$ 的一致估计,是准确测度市场势力的关键。企业生产率 ω_{it} 无法直接观测,由此引发的内生性问题[1]将会导致经典 OLS 方法产生估计偏误。我们按照奥利和帕克斯(Olley and Pakes, 1996)的思路,以投资作为生产率的代理变量,并采用阿克伯格等(Ackerberg et al., 2015)提出的改进策略,进行半参数估计。[2] 下面对估计步骤作简要说明。

第一步,估计生产函数式(A4-7)产出的期望值。

奥利和帕克斯(Olley and Pakes, 1996)建议以投资(对数值)i_{it} 作为生产率

---

[1] 一般而言,生产率高的企业通常会有更多的要素投入。

[2] 奥利和帕克斯(Olley and Pakes, 1996)半参数估计方法采用两步估计策略对 Cobb-Douglas 生产函数加以估计,以缓解内生性问题:第一步估计可变要素劳动力对应的参数(也即产出弹性),第二步估计资本对应的参数。但上述方法仍有一些问题。阿克伯格等(Ackerberg et al., 2015)指出,上述方法第一步估计中可能存在多重共线性问题,导致无法准确识别劳动力的参数。德洛克和瓦尔金斯基(De Loecker and Warzynski, 2012)进一步指出,如果将上述方法运用到 Translog 生产函数的估计中,第二步估计中仍存在内生性问题。为更好缓解内生性问题,阿克伯格等(Ackerberg et al., 2015)在奥利和帕克斯(Olley and Pakes, 1996)经典方法的基础上提出一种改进策略:第一步仅估计产出的期望值而不估计生产函数的任何参数,第二步运用 GMM 方法对生产函数的所有参数一并加以估计。德洛克和瓦尔金斯基(De Loecker and Warzynski, 2012)将阿克伯格等(Ackerberg et al., 2015)的方法引入对 Translog 生产函数的估计。

ω_{it} 的代理变量。他们假定投资是关于资本和生产率的增函数：$i_{it} = i(k_{it}, \omega_{it})$。这样，生产率可表示为 $\omega_{it} = h(k_{it}, i_{it})$，其中 $h(.) = i^{-1}(.)$。由此，式（A4 - 7）可改写为：

$$y_{it} = \phi(l_{it}, k_{it}, i_{it}) + \varepsilon_{it} \qquad (A4 - 9)$$

其中，$\phi(l_{it}, k_{it}, i_{it}) = \beta_l l_{it} + \beta_k k_{it} + \beta_{ll} l_{it}^2 + \beta_{kk} k_{it}^2 + \beta_{lk} l_{it} k_{it} + h(k_{it}, i_{it})$ 是产出的期望值，简记为 ϕ_{it}。

遵循阿克伯格等（Ackerberg et al.，2015）提出的改进策略，利用关于 k_{it} 和 i_{it} 的三阶多项式 $\sum_{m+n \leqslant 3} \delta_{mn} k_{it}^m i_{it}^n$（$m$，$n = 0$，1，2，3，$\delta_{mn}$ 为相应参数）近似刻画 $h(k_{it}, i_{it})$，对式（A4 - 9）进行估计，得到 ϕ_{it} 的一致估计 $\hat{\phi}_{it}$。

第二步，利用 GMM 方法估计生产函数式（A4 - 7）中的参数 $\boldsymbol{\beta}$。

假定生产率 ω_{it} 服从一阶马尔科夫过程：

$$\omega_{it} = g(\omega_{i, t-1}) + \xi_{it} \qquad (A4 - 10)$$

式（A4 - 10）中，ξ_{it} 是扰动项。

对于任意给定的参数 $\boldsymbol{\beta}$，利用第一步估计得到的 $\hat{\phi}_{it}$，可基于下式计算生产率：$\omega_{it}(\boldsymbol{\beta}) = \hat{\phi}_{it} - (\beta_l l_{it} + \beta_k k_{it} + \beta_{ll} l_{it}^2 + \beta_{kk} k_{it}^2 + \beta_{lk} l_{it} k_{it})$。再利用 $\omega_{it}(\boldsymbol{\beta})$ 对其滞后项 $\omega_{i, t-1}(\boldsymbol{\beta})$ 进行非参数估计，可得到给定参数 $\boldsymbol{\beta}$ 情况下 $\xi_{it}(\boldsymbol{\beta})$ 的一致估计。

由于资本 k_{it} 和劳动的滞后项 $l_{i, t-1}$ 均与 ξ_{it} 无关，据此可构造矩条件 $E[\xi_{it}(\boldsymbol{\beta})(l_{i, t-1}, k_{it}, l_{i, t-1}^2, k_{it}^2, l_{i, t-1} k_{it})^T] = 0$。基于该矩条件，可用 GMM 方法得到参数 $\boldsymbol{\beta}$ 的一致估计。

参考文献

［1］白重恩,路江涌,陶志刚.中国私营企业银行贷款的经验研究[J].经济学
(季刊),2005,(2):605－622.

［2］蔡卫星,赵峰,曾诚.政治关系、地区经济增长与企业投资行为[J].金融研
究,2011,(4):100－112.

［3］陈任如,赖煜.高管政治背景与民营企业盈利能力的实证研究[J].南方经
济,2010,(5):60－68.

［4］陈爽英,井润田,龙小宁,邵云飞.民营企业家社会关系资本对研发投资决
策影响的实证研究[J].管理世界,2010,(1):88－97.

［5］陈晓,秦跃红."庄家"与信息披露的质量[J].管理世界,2003,(3):28－33.

［6］陈信元,江峰.事件模拟与非正常收益模型的检验力——基于中国 A 股市
场的经验检验[J].会计研究,2005,(7):25－31.

［7］陈云松,范晓光.定量研究须直面因果判断[N].中国社会科学报,2011－
02－15.

［8］陈钊,陆铭,何俊志.权势与企业家参政议政[J].世界经济,2008,(6),
39－49.

［9］邓建平,曾勇.政治关联能改善民营企业的经营绩效吗[J].中国工业经
济,2009,(2):98－108.

［10］邓新明.我国民营企业政治关联、多元化战略与公司绩效[J].南开管理评
论,2011,(4):4－15.

［11］丁启军.行政垄断行业高利润来源研究——高效率,还是垄断定价?[J].
产业经济研究,2010,(5):36－43.

[12] 杜兴强,郭剑花,雷宇.政治联系方式与民营企业捐赠:度量方法与经验证据[J].财贸研究,2010,(1):89-99.

[13] 杜兴强,郭剑花,雷宇.政治联系方式与民营上市公司业绩:"政府干预"抑或"关系"? [J].金融研究,2009b,(11):158-173.

[14] 杜兴强,雷宇,郭剑花.政治联系、政治联系方式与民营上市公司的会计稳健性[J].中国工业经济,2009a,(7):87-97.

[15] 渡边真理子,柳川范之.商业信用合同的履行概率,其外部性及现金需求——中国案例[J].金融研究,2009,(7):25-37.

[16] 冯天丽,井润田.制度环境与私营企业家政治联系意愿的实证研究[J].管理世界,2009,(8):81-91.

[17] 冯延超.中国民营企业政治关联与税收负担关系的研究[J].管理评论,2012,(6):167-176.

[18] 高勇强,何晓斌,李路路.民营企业家社会身份、经济条件与企业慈善捐赠[J].经济研究,2011,(12):111-123.

[19] 郭剑花.制度环境、政治联系与政策性负担——基于民营上市公司的经验证据[J].山西财经大学学报,2011,(7):33-40.

[20] 郝项超,张宏亮.政治关联关系、官员背景及其对民营企业银行贷款的影响[J].财贸经济,2011,(4):55-61.

[21] 胡旭阳,史晋川.民营企业的政治资源与民营企业多元化投资——以中国民营企业500强为例[J].中国工业经济,2008,(4):5-14.

[22] 胡旭阳.民营企业家的政治身份与民营企业的融资便利——以浙江省民营百强企业为例[J].管理世界,2006,(5):107-113.

[23] 黄亚生."中国模式"到底有多独特? [M].北京:中信出版社,2011.

[24] 贾明,张喆.高管的政治关联影响公司慈善行为吗? [J].管理世界,2010,(4):99-113.

[25] 江雅雯,黄燕,徐雯.政治联系、制度因素与企业的创新活动[J].南方经

济,2011,(11):3-15.

[26] 姜付秀,余晖.我国行政性垄断的危害——市场势力效应和收入分配效应的实证研究[J].中国工业经济,2007,(10):71-78.

[27] 雷光勇,李书锋,王秀娟.政治关联、审计师选择与公司价值[J].管理世界,2009,(7):145-155.

[28] 李稻葵.大胆改革,破解民营经济"老三难"[J].新财富,2010,(7):40-41.

[29] 李捷瑜,江舒韵.市场价值、生产效率与上市公司多元化经营:理论与证据[J].经济学(季刊),2009,(3):1047-1064.

[30] 李金,李仕明,熊小舟.我国上市公司投资—现金流敏感度实证研究[J].管理学报,2007,(6):824-828.

[31] 李胜兰,周林杉,汪耿东.我国民营企业产权法律保护实证研究:以广东民营企业产权纠纷案件为例[M].北京:中国人民大学出版社,2010.

[32] 李维安,邱艾超,古志辉.双重公司治理环境、政治联系偏好与公司绩效——基于中国民营上市公司治理转型的研究[J].中国工业经济,2010,(6):85-95.

[33] 李新春,张书军.家族企业:组织、行为与中国经济[M].上海:上海三联书店,上海人民出版社,2005.

[34] 李悦,熊德华,张峥,刘力.中国上市公司如何制定投资决策[J].世界经济,2009,(2):66-76.

[35] 李志赟.银行结构与中小企业融资[J].经济研究,2002,(6):38-45.

[36] 连玉君,程建.投资—现金流敏感性:融资约束还是代理成本?[J].财经研究,2007,(2):37-46.

[37] 梁建,陈爽英,盖庆恩.民营企业的政治参与、治理结构与慈善捐赠[J].管理世界,2010,(7):109-118.

[38] 梁莱歆,冯延超.民营企业政治关联、雇员规模与薪酬成本[J].中国工业经济,2010,(10):127-137.

[39] 梁莱歆,冯延超.政治关联与企业过度投资——来自中国民营上市公司的经验证据[J].经济管理,2010,(12):56-62.

[40] 廖冠民.政府干预、社会性负担与上市公司高管更换[M].北京:经济科学出版社,2010.

[41] 廖理,沈红波,郦金梁.股权分置改革与上市公司治理的实证研究[J].中国工业经济,2008,(5),99-108.

[42] 林毅夫,李永军.中小金融机构发展与中小企业融资[J].经济研究,2001,(1),10-18.

[43] 刘慧龙,张敏,王亚平,吴联生.政治关联、薪酬激励与员工配置效率[J].经济研究,2010,(9):109-121.

[44] 刘伟.政府不能屡犯"pick winners"的错误[M]//单忠东.未名湖畔看民营经济.北京:经济科学出版社,2009.

[45] 陆铭,潘慧.政企纽带——民营企业家成长与企业发展[M].北京:北京大学出版社,2009.

[46] 罗党论,黄琼宇.民营企业的政治关系与企业价值[J].管理科学,2008,(6):21-28.

[47] 罗党论,刘晓龙.政治关系、进入壁垒与企业绩效——来自中国民营上市公司的经验证据[J].管理世界,2009,(5):97-106.

[48] 罗党论,唐清泉.中国民营上市公司制度环境与绩效问题研究[J].经济研究,2009a,(2):106-118.

[49] 罗党论,唐清泉.政治关系、社会资本与政策资源获取:来自中国民营上市公司的经验证据[J].世界经济,2009b,(7):84-96.

[50] 罗党论,甄丽明.民营控制、政治关系与企业融资约束——基于中国民营上市公司的经验证据[J].金融研究,2008,(12):164-178.

[51] 罗党论,赵聪.什么影响了企业对行业壁垒的突破[J].南开管理评论,2013,(6):95-105.

[52] 马连福,赵颖.国外非财务信息披露研究评述[J].当代财经,2007,(7),123-129.

[53] 潘红波,夏新平,余明桂.政府干预、政治关联与地方国有企业并购[J].经济研究,2008,(4):41-52.

[54] 潘越,戴亦一,李财喜.政治关联与财务困境公司的政府补助——来自中国ST公司的经验证据[J].南开管理评论,2009,(5):6-17.

[55] 平新乔,李自然.上市公司再融资资格的确定与虚假信息披露[J].经济研究,2003,(2):55-63.

[56] 钱颖一.克鲁格模型与寻租理论[J].经济社会体制比较,1988,(5):17-18.

[57] 钱颖一.现代经济学与中国经济改革[M].北京:中国人民大学出版社,2003.

[58] 饶品贵,岳衡,姜国华.经济政策不确定性与企业投资行为研究[J].世界经济,2017,(2):27-51.

[59] 邵敏,包群.政府补贴与企业生产率——基于我国工业企业的经验分析[J].中国工业经济,2012,(7):70-82.

[60] 石晓乐,许年行.公司财务与政治关联研究进展[J].经济学动态,2009,(11):104-109.

[61] 孙铮,刘凤委和李增泉.市场化程度、政府干预与企业债务期限结构——来自我国上市公司的经验证据[J].经济研究,2005,(5):52-63.

[62] 谭松涛,江萍,李涛,詹毅强.政治关联、外部融资约束与企业投资:基于地级市政府换届数据的研究[R].第十一届中国青年经济学者论坛,2011.

[63] 田志龙,高勇强,卫武.中国企业政治策略与行为研究[J].管理世界,2003,(12):98-106.

[64] 汪伟,史晋川.进入壁垒与民营企业的成长——吉利集团案例研究[J].管理世界,2005,(4):132-140.

［65］王庆文,吴世农.政治关系对公司业绩的影响——基于中国上市公司政治影响力指数的研究[R].中国第七届实证会计国际研讨会,2008.

［66］王小鲁,樊纲,胡李鹏.中国分省份市场化指数报告(2018)[M].北京:社会科学文献出版社,2019.

［67］王一江.国家与经济[J].比较,2005,(18):1-26.

［68］王永进,盛丹.政治关联与企业的契约实施环境[J].经济学(季刊),2012,11(3):1193-1218.

［69］王志强,陈培昆.深市买卖价差逆向选择成分的估算与分析[J].证券市场导报,2006,(3):65-70.

［70］卫武,田志龙,刘晶.我国企业经营活动中的政治关联性研究[J].中国工业经济,2004,(4):67-75.

［71］邬爱其,金宝敏.个人地位、企业发展、社会责任与制度风险:中国民营企业家政治参与动机的研究[J].中国工业经济,2008,(7):141-150.

［72］巫景飞,何大军,林炜,王云.高层管理者政治网络与企业多元化战略:社会资本视角——基于我国上市公司面板数据的实证分析[J].管理世界,2008,(8):107-118.

［73］吴敬琏,马国川.重启改革议程:中国经济改革二十讲[M].北京:三联书店,2013.

［74］吴军,白云霞.我国银行制度的变迁与国有企业预算约束的硬化——来自1999—2007年国有上市公司的证据[J].金融研究,2009,(10):179-192.

［75］吴文锋,吴冲锋,刘晓薇.中国民营上市公司高管的政府背景与公司价值[J].经济研究,2008,(7):130-141.

［76］吴文锋,吴冲锋,芮萌.中国上市公司高管的政府背景与税收优惠[J].管理世界,2009,(3):134-142.

［77］吴晓波.大败局 II[M].杭州:浙江人民出版社,2007.

［78］徐莉萍,辛宇,陈工孟.股权集中度和股权制衡及其对公司经营绩效的影

响[J].经济研究,2006,(1):90-100.

[79] 徐龙炳,李科.政治关系如何影响公司价值:融资约束与行业竞争的证据
[J].财经研究,2010,(10):60-69.

[80] 杨其静,杨继东.政治联系、市场力量与工资差异——基于政府补贴的视
角[J].中国人民大学学报,2010,(2):69-77.

[81] 杨其静.企业成长:政治关联还是能力建设?[J].经济研究,2011,(10):
54-66.

[82] 杨其静.政治关联与企业成长[J].教学与研究,2010,(6):38-43.

[83] 袁建国,后青松,程晨.企业政治资源的诅咒效应——基于政治关联与企
业技术创新的考察[J].管理世界,2015,(1):139-155.

[84] 于蔚,汪淼军,金祥荣.政治关联和融资约束:信息效应与资源效应[J].经
济研究,2012,(9):125-139.

[85] 余明桂,回雅甫,潘红波.政治联系、寻租与地方政府财政补贴有效性[J].
经济研究,2010,(3):65-77.

[86] 余明桂,潘红波.政治关系、制度环境与民营企业银行贷款[J].管理世界,
2008,(8):9-21.

[87] 袁敏.资信评级的功能检验与质量控制研究[M].上海:立信会计出版
社,2007.

[88] 张纯,吕伟.信息环境、融资约束与现金股利[J].金融研究,2009,(7):
81-94.

[89] 张建君,张志学.中国民营企业家的政治战略[J].管理世界,2005,(7):
94-105.

[90] 张敏,张胜,王成方,申慧慧.政治关联与信贷资源配置效率——来自我国
民营上市公司的经验证据[J].管理世界,2010,(11):143-153.

[91] 张维迎.企业寻求政府支持的收益、成本分析[J].新西部,2001,(8):
55-56.

〔92〕 张文魁.国企需要新一轮改革〔J〕.中国经济报告,2013,(1):50-53.

〔93〕 张祥建,农卫东.中国民营企业政治关联的成本、收益与社会效率〔J〕.天津社会科学,2011,(3):67-71.

〔94〕 张学勇,廖理.股权分置改革、自愿性信息披露与公司治理〔J〕.经济研究,2010,(4):28-39.

〔95〕 郑京海,胡鞍钢,ARNE BIGSTEN.中国的经济增长能否持续?——一个生产率视角〔J〕.经济学(季刊),2008,(3):777-808.

〔96〕 钟宏武,张旺,张蒽.中国上市公司非财务信息披露报告(2011)〔M〕.北京:社会科学文献出版社,2011.

〔97〕 周其仁."控制权回报"和"企业家控制的企业"〔J〕.经济研究,1997,(5):31-42.

〔98〕 周其仁.可惜了,科龙〔N〕.经济观察报,2005-08-08.

〔99〕 周其仁.体制成本与中国经济〔J〕.经济学(季刊),2017,(3):49-52.

〔100〕 ACEMOGLU D,JOHNSON S,KERMANI A,KWAK J,MITTON T. The value of connections in turbulent times:evidence from the United States〔R〕. MIT Department of Economics Working Paper No. 13-22,2013.

〔101〕 ACKERBERG D,CAVES K,FRAZER G. Identification properties of recent production function estimators〔J〕. Econometrica,2015,83(6):2411-2451.

〔102〕 ADHIKARI A,DERASHID C,ZHANG H. Public policy,political connections,and effective tax rates:longitudinal evidence from Malaysia〔J〕. Journal of Accounting and Public Policy,2006,25(5):574-595.

〔103〕 AGRAWAL A,KNOEBER C R. Do some outside directors play a political role?〔J〕. Journal of Law and Economics,2001,44(1):

179 - 198.

[104] AGRAWAL A, KNOEBER C R. Firm performance and mechanisms to control agency problems between managers and shareholders [J]. Journal of Financial and Quantitative Analysis, 1996,31(3):377 - 397.

[105] AIDT T S. Economic analysis of corruption: a survey [J]. Economic Journal, 2003,113(491):632 - 652.

[106] AIGNER D, LOVELL C A K, SCHMIDT P. Formulation and estimation of stochastic frontier production function models [J]. Journal of Econometrics, 1977,6(1):21 - 37.

[107] AIVAZIAN V A. GE Y, QIU J. Can corporatization improve the performance of state-owned enterprises even without privatization? [J]. Journal of Corporate Finance, 2005,11(5):791 - 808.

[108] ALLEN F, QIAN J, QIAN M. Law, finance, and economic growth in China [J]. Journal of Financial Economics, 2005,77(1):57 - 116.

[109] ALMEIDA H, CAMPELLO M, WEISBACH M S. The cash flow sensitivity of cash [J]. Journal of Finance, 2004,59(4):1777 - 1804.

[110] ALTI A. How sensitive is investment to cash flow when financing is frictionless? [J]. Journal of Finance, 2003,58(2):707 - 722.

[111] AMIHUD Y. Illiquidity and stock returns: cross-section and time-series effects [J]. Journal of Financial Markets, 2002,5(1):31 - 56.

[112] AMIHUD Y, MENDELSON H, LAUTERBACH B. Market microstructure and securities values: evidence from the Tel Aviv Stock Exchange [J]. Journal of Financial Economics, 1997,45(3):365 - 390.

[113] ANDERSON T, HSIAO C. Estimation of dynamic models with error components [J]. Journal of the American Statistical Association, 1981,76: 598 - 606.

[114] ANDVIG J C. The economics of corruption: a survey [J]. Studi Economici, 1991,43: 57 - 94.

[115] ARELLANO M, BOND S. Some tests of specification for panel data: monte-carlo evidence and an application to employment equations [J]. Review of Economic Studies, 1991,38: 277 - 297.

[116] ARELLANO M, BOVER O. Another look at instrumental-variable estimation of error-components models [J]. Journal of Econometrics, 1995,68: 29 - 52.

[117] ARELLANO M. Panel data econometrics [M]. Oxford: Oxford University Press, 2003.

[118] ASHENFELTER O, CARD D. Using the longitudinal structure of earnings to estimate the effect of training programs [J]. Review of Economics and Statistics, 1985,67(4):648 - 660.

[119] ATKINSON A B, STIGLITZ J E. Lectures on public economics [M]. London: McGraw-Hill, 1980.

[120] BAI C, LU J, TAO Z. Property rights protection and access to bank loans [J]. Economics of Transition, 2006,14(4):611 - 628.

[121] BAIN J S. Barriers to new competition. Cambridge [M]. MA: Harvard University Press, 1956.

[122] BANFIELD E. Corruption as a feature of government organization [J]. Journal of Law and Economics, 1975,17: 587 - 605.

[123] BARON R M, KENNY D A. The moderator-mediator variable distinction in social psychological research[J]. Journal of Personality and Social Psychology, 1986,51: 1173 - 1182.

[124] BATTESE G E, COELLI T J. A model for technical inefficiency effects in a stochastic frontier production function for panel data [J].

Empirical Economics, 1995,20: 325 - 332.

[125] BATTESE G E, COELLI T J. Frontier production functions, technical efficiency and panel data: with application to paddy farmers in India [J]. Journal of Productivity Analysis, 1992,3: 153 - 169.

[126] BAUM R J, LOCKE E A, SMITH K G. A multidimensional model of venture growth [J]. Academy of Management Journal, 2001,44: 292 - 303.

[127] BAUMOL W J. Entrepreneurship: productive, unproductive, and destructive [J]. Journal of Political Economy, 1990,98(5):893 - 921.

[128] BECK P J, MAHER M W. A comparison of bribery and bidding in thin markets [J]. Economics Letters, 1986,20(1):1 - 5.

[129] BECK T, LEVINE R. Stock markets, banks, and growth: panel evidence [J]. Journal of Banking & Finance, 2004,28(3):423 - 442.

[130] BECKER G S. A theory of competition among pressure group for political influence [J]. Quarterly Journal of Economics, 1983,98(3): 371 - 400.

[131] BECKER G S, STIGLER G J. Law enforcement, malfeasance, and the compensation of enforcers [J]. Journal of Legal Studies, 1974,3: 1 - 19.

[132] BERTRAND M, KRAMARAZ F, SCHOAR A, THESMAR D. Politicians, firms and the political business cycle: evidence from france [R]. Working Paper, University of Chicago, 2007.

[133] BESLEY T, BURGESS R. Can labor regulation hinder economic performance? evidence from india [J]. Quarterly Journal of Economics, 2004,119(1):91 - 134.

[134] BHAGWATI J N. Directly unproductive, profit-seeking (DUP)

activities [J]. Journal of Political Economy, 1982,90(5):988 – 1002.

[135] BHARATH S T, PASQUARIELLO P, WU G. Does asymmetric information drive capital structure decisions? [J]. Review of Financial Studies, 2009,22(8):3211 – 3243.

[136] BINDER J J. On the use of the multivariate regression model in event studies [J]. Journal of Accounting Research, 1985,23(1):370 – 383.

[137] BLUNDELL R, BOND S. Initial conditions and moment restrictions in dynamic panel data models [J]. Journal of Econometrics, 1998,87: 115 – 143.

[138] BOISOT M, CHILD J. From fiefs to clans and network capitalism: explaining China's emerging economic order [J]. Administrative Science Quarterly, 1996,41(4):600 – 628.

[139] BOND S, MEGHIR C. Dynamic investment models and the firm's financial policy [J]. Review of Economic Studies, 1994, 61 (2): 197 – 222.

[140] BOND S. Dynamic panel data models: a guide to micro data methods and practice [J]. Portuguese Economic Journal, 2002,1(2):141 – 162.

[141] BOTTASSO A, SEMBENELLI A. Market power, productivity and the EU single market program: evidence from a panel of Italian firms [J]. European Economic Review, 2001,45(1):167 – 186.

[142] BOUBAKRI N, COSSET J, SAFFAR W. Political connections of newly privatized firms [J]. Journal of Corporate Finance, 2008,14 (5):654 – 673.

[143] BOUBAKRI N, COSSET J, SAFFAR W. Politically connected firms: an international event study [R]. SSRN Working Paper, 2009.

[144] BOUBAKRI N, GUEDHAMI O, MISHRA D R, SAFFAR W.

Political connections and the cost of equity capital [J]. Journal of Corporate Finance, 2012,18(3):541 - 559.

[145] BOYCKO M, SHLEIFER A, VISHNY R. A theory of privatization [J]. Economic Journal, 1996,106: 309 - 319.

[146] BRAINARD W C, TOBIN J. Pitfalls in financial model building [J]. American Economic Review, 1968,58(2):99 - 122.

[147] BRENNAN M, SUBRAHMANYAM A. Market microstructure and asset pricing: on the compensation for illiquidity in stock returns [J]. Journal of Financial Economics, 1996,41: 441 - 464.

[148] BROADBENT J P. Social capital and labor politics in Japan: coopcration or cooptation? [J]. Policy Sciences, 2000, 33 (3): 307 - 321.

[149] BROADMAN H G. Reducing structural dominance and entry barriers in russian industry [J]. Review of Industrial Organization, 2000, 17 (2):155 - 175.

[150] BROWN J R, FAZZARI S M, PETERSEN B C. Financing innovation and growth: cash flow, external equity, and the 1990s R&D boom[J]. Journal of Finance, 2009,64(1):151 - 185.

[151] BROWN S, WARNER J. Measuring security price performance [J]. Journal of Financial Economics, 1980,8: 205 - 258.

[152] BROWN S, WARNER J. Using daily stock returns: the case of event studies [J]. Journal of Financial Economics, 1985,14: 3 - 31.

[153] BUCHANAN J M, TULLOCK G. The calculus of consent: the logical foundation of constitutional democracy [M]. Ann Arbor: University of Michigan Press, 1962.

[154] BUCHANAN J M. Rent seeking and profit seeking [M] //

BUCHANAN J M，TOLLISON R D，TULLOCK G. Toward a theory of the rent-seeking society. College Station：Texas A&M University Press，1980.（中译本.詹姆斯·布坎南.寻求租金和寻求利润[J].经济社会体制比较,1988(6).）

[155] BUNKANWANICHA P，WIWATTANAKANTANG Y. Big business owners in politics [J]. Review of Financial Studies，2009,22(6):2133 - 2168.

[156] BUSINESS INTERNATIONAL CORPORATION. Introduction to the country assessment service [M]. New York：Business International Corporation，1984.

[157] CAMERON A C，TRIVEDI P K. Microeconometrics using stata [M]. Texax：Stata Press，2009.

[158] CAMERON A C，TRIVEDI P K. Microeconometrics：methods and applications [M]. Cambridge：Cambridge University Press，2005.

[159] CARHART M. On persistence in mutual fund performance [J]. Journal of Finance，1997,52：57 - 82.

[160] CARKOVIC M， LEVINE R. Does foreign direct investment accelerate economic growth? [M] // MORAN T H，GRAHAM E M，BLOMSTRÖM M. Does foreign direct investment promote development? Washington，DC：Institute for International Economics and Center for Global Development，2005.

[161] CAUDILL S B，FORD J M. Biases in frontier estimation due to heteroskedasticity [J]. Economics Letters，1993,41：17 - 20.

[162] CHANEY P K，FACCIO M，PARSLEY D. The quality of accounting information in politically connected firms [J]. Journal of Accounting and Economics，2011,51(1 - 2):58 - 76.

[163] CHANG E C, WONG S M L. Political control and performance in China's listed firms [J]. Journal of Comparative Economics, 2004,32 (4):617 – 636.

[164] CHARUMILIND C, KALI R, WIWATTANAKANTANG Y. Connected lending: Thailand before the financial crisis [J]. Journal of Business, 2006,79(1):181 – 218.

[165] CHE J, QIAN Y. Institutional environment, community government, and corporate governance: understanding China's township-village enterprises [J]. Journal of Law, Economics, and Organization, 1998, 14(1):1 – 23.

[166] CHEN S, SUN Z, TANG S, WU D. Government intervention and investment efficiency: evidence from China [J]. Journal of Corporate Finance, 2011,17(2):259 – 271.

[167] CHEUNG Y-L, RAU P R, STOURAITIS A. Helping hand or grabbing hand? central vs. local government shareholders in Chinese listed firms [J]. Review of Finance, 2010,14(4):669 – 694.

[168] CHENG L, CHENG H, ZHUANG Z Y. Political connections, corporate innovation and entrepreneurship: evidence from the China employer-employee survey (CEES) [J]. China Economic Review, 2019,54: 286 – 305.

[169] CHIRINKO R S. Business fixed investment spending: modeling strategies, empirical results, and policy implications [J]. Journal of Economic Literature, 1993,31(4):1875 – 1911.

[170] CLAESSENS S, TZIOUMIS K. Measuring firms' access to finance [R]. World Bank Working Paper, 2006.

[171] CLAESSENS S, FEIJEN E, LAEVEN L. Political connections and

preferential access to finance: the role of campaign contributions [J]. Journal of Financial Economics, 2008,88(3):554 - 580.

[172] CLEARY S. The relationship between firm investment and financial status [J]. Journal of Finance, 1999,54(2):673 - 692.

[173] COASE R H. The nature of the firm [J]. Economica, 1937,4(16): 386 - 405.

[174] COASE R H. The problem of social cost [J]. Journal of Law and Economics, 1960,3: 1 - 44.

[175] COLANDER D. Neoclassical political economy: the analysis of rent-seeking and DUP activities [M]. Cambridge, Mass.: Ballinger Pub Co., 1984.

[176] COLLINS N R, PRESTON L E. Price-cost margins and industry structure [J]. Review of Economics and Statistics, 1969, 51 (3): 271 - 286.

[177] CULL R, XU L C. Institutions, ownership, and finance: the determinants of profit reinvestment among Chinese firms [J]. Journal of Financial Economics, 2005,77(1):117 - 146.

[178] CUMMINS J C, HASSETT K A, OLINER S D. Investment behavior, observable expectations, and internal funds [J]. American Economic Review, 2006,96(3):796 - 810.

[179] DAVIDSSON P, WIKLUND J. Conceptual and empirical challenges in the study of firm growth [M] // SEXTON D, LANDSTRÖM H. The blackwell handbook of entrepreneurship. Oxford: Blackwell, 2000.

[180] DE LOECKER J, WARZYNSKI F. Markups and firm-level export status[J]. American Economic Review, 2012,102(6):2437 - 2471.

[181] DELMAR F, DAVIDSSON P, GARTNER W. Arriving at the high-growth firm [J]. Journal of Business Venturing, 2003,18,189 - 216.

[182] DEMIRGÜÇ-KUNT A, MAKSIMOVIC V. Law, finance, and firm growth [J]. Journal of Finance, 1998,53(6):2107 - 2137.

[183] DEMSETZ H. Barriers to entry [J]. American Economic Review, 1982,72: 47 - 57.

[184] DEY K, RAY P. VRS and its effect on productivity and profitability of a firm [J]. Indian Journal of Industrial Relations, 2003,39(1):33 - 57.

[185] DINÇ I S. Politicians and banks: political influences on government-owned banks in emerging markets [J]. Journal of Financial Economics, 2005,77(2):453 - 479.

[186] DOMAR E D, EDDIE S M, HERRICK B H, HOHENBERG P M, INTRILIGATOR M D, MIYAMOTO I. Economic growth and productivity in the United States, Canada, United Kingdom, Germany and Japan in the post-war period [J]. Review of Economics and Statistics, 1964,46(1):33 - 40.

[187] DOMBROVSKY V. Campaign contributions and firm performance: the "Latvian way" [R]. SSRN Working Paper, 2010.

[188] DOMBROVSKY V. Do political connections matter? firm-level evidence from Latvia [R]. SSRN Working Paper, 2011.

[189] DOMOWITZ I, HUBBARD R G, PETERSEN B C. Business Cycles and the relationship between concentration and price-cost margins[J]. RAND Journal of Economics, 1986,17(1):1 - 17.

[190] EASLEY D, KIEFER N M, O'HARA M. Cream-skimming or profit-sharing? the curious role of purchased order flow [J]. Journal of

Finance，1996,51(3):811 - 833.

[191] ECKBO B E, MAKSIMOVIC V, WILLIAMS J. Consistent estimation of cross-sectional models in event studies [J]. Review of Financial Studies，1990,3(3):343 - 365.

[192] ERICKSON T, WHITED T M. Measurement error and the relationship between investment and q [J]. Journal of Political Economy，2000,108,1027 - 1057.

[193] EVANS D S. Tests of alternative theories of firm growowth [J]. Journal of Political Economy，1987,95(4):657 - 674.

[194] FACCIO M, PARSLEY D C. Sudden deaths: taking stock of geographic ties [J]. Journal of Financial and Quantitative Analysis，2009,44(03):683 - 718.

[195] FACCIO M. Politically connected firms [J]. American Economic Review，2006,96(1):369 - 386.

[196] FACCIO M. The characteristics of politically connected firms [R]. Working Paper, Purdue University，2007.

[197] FACCIO M, MASULIS R W, MCCONNELL J J. Political connections and corporate bailouts [J]. Journal of Finance，2006, 61 (6): 2597 - 2635.

[198] FAMA E, FRENCH K. Common risk factors in the returns on stocks and bonds [J]. Journal of Financial Economics，1993,33: 3 - 56.

[199] FAMA E F, FISHER L, JENSEN M C, ROLL R. The adjustment of stock prices to new information [J]. International Economic Review，1969,10(1):1 - 21.

[200] FAN J P H, RUI O M, ZHAO M. Public governance and corporate finance: evidence from corruption cases [J]. Journal of Comparative

Economics, 2008,36(3):343 - 364.

[201] FAN J P H, WONG T J, ZHANG T. Politically connected CEOs, corporate governance, and post-IPO performance of China's newly partially privatized firms [J]. Journal of Financial Economics, 2007, 84(2):330 - 357.

[202] FAZZARI S, HUBBARD G, PETERSEN B. Financial constraints and corporate investment [J]. Brookings Papers on Economic Activity, 1988,1: 141 - 195.

[203] FERGUSON T, VOTH H-J. Betting on Hitler — the value of political connections in Nazi Germany [J]. Quarterly Journal of Economics, 2008,123(1):101 - 137.

[204] FIRTH M, FUNG P, RUI O M. Firm performance, governance structure, and top management turnover in a transitional economy [J]. Journal of Management Studies, 2006,43(6):1289 - 1330.

[205] FIRTH M, LIN C, LIU P, WONG S M L. Inside the black box: bank credit allocation in China's private sector [J]. Journal of Banking & Finance, 2009,33(6):1144 - 1155.

[206] FISMAN D, FISMAN R, GALEF J, KHURANA R, WANG Y. Estimating the value of connections to vice-president Cheney [J]. The B. E. Journal of Economic Analysis & Policy, 2012,13(3: 5):1 - 20.

[207] FISMAN R, SVENSSON J. Are corruption and taxation really harmful to growth? firm level evidence [J]. Journal of Development Economics, 2007,83(1):63 - 75.

[208] FISMAN R. Estimating the value of political connections [J]. American Economic Review, 2001,91(4):1095 - 1102.

[209] FRANCIS B B, HASAN I, SUN X. Political connections and the

process of going public: evidence from China [J]. Journal of International Money and Finance, 2009,28(4):696-719.

[210] FRAUMENI B M, JORGENSON D W. Rates of return by industrial sector in the United States, 1948-76 [J]. American Economic Review, 1980,70(2):326-330.

[211] FRYE T, SHLEIFER A. The invisible hand and the grabbing hand [J]. American Economic Review, 1997,87(2):354-358.

[212] GEORGE T, KAUL G, NIMALENDRAN M. Estimation of the bid-ask spread and its components: a new approach [J]. Review of Financial Studies, 1991,4(4):623-656.

[213] GILBERT B A, MCDOUGALL P P, AUDRETSCH D B. New venture growth: a review and extension [J]. Journal of Management, 2006,32:926-950.

[214] GOLDMAN E, ROCHOLL J, SO J. Do politically connected boards affect firm value? [J]. Review of Financial Studies, 2009,22(6):2331-2360.

[215] GOLDMAN E, SO J, ROCHOLL J. Politically connected boards of directors and the allocation of procurement contracts [J]. Review of Finance, 2013,17(5):1617-1648.

[216] GOULD D J, AMARO-REYES J A. The effects of corruption on administrative performance [R]. World Bank Staff Working Paper No.580, Washington, D.C.: World Bank, 1983.

[217] GROSSMAN S J, HART O D. The cost and benefits of ownership: a theory of vertical and lateral integration [J]. Journal of Political Economy, 1986,94:691-719.

[218] HARBERGER A C. Monopoly and resource allocation [J]. American

Economic Review, 1954,44: 77 - 87.

[219] HARBERGER A C. Using the resources at hand more effectively [J]. American Economic Review, 1959,49: 136 - 146.

[220] HASBROUCK J. Empirical market microstructure: the institutions, economics and econometrics of securities trading [M]. New York: Oxford University Press, 2007.

[221] HAYASHI F. Econometrics [M]. NJ Princeton: Princeton University Press, 2000.

[222] HAYASHI F. Tobin's marginal q and average q: a neoclassical interpretation [J]. Econometrica, 1982,50(1):213 - 224.

[223] HILLMAN A L, KATZ E. Risk-averse rent-seekers and the social cost of monopoly power [J]. Economic Journal, 1984,94: 104 - 110.

[224] HITT L M, BRYNJOLFSSON E. Productivity, business profitability, and consumer surplus: three different measures of information technology value [J]. MIS Quarterly, 1996,20(2):121 - 142.

[225] HOU Q, HU M, YUAN Y. Corporate innovation and political connections in Chinese listed firms[J]. Pacific-Basin Finance Journal, 2017,46: 158 - 176.

[226] HOUSTON J F, JIANG L, LIN C, MA Y. Political connections and the cost of bank loans [J]. Journal of Accounting Research, 2014,52: 193 - 243.

[227] HOY F, MCDOUGALL P P, DSOUZA D E. Strategies and environments of high growth firms [M] // Sexton D L, Kasarda J D. The state of the art of entrepreneurship. Boston: PWS-Kent Publishing, 1992.

[228] HUANG Y. Capitalism with Chinese characteristics: entrepreneurship

and the state [M]. Cambridge: Cambridge University Press, 2008.

[229] HUANG Y. Selling China: foreign direct investment during the reform era [M]. Cambridge: Cambridge University Press, 2003.

[230] HUBBARD R G. Capital-market imperfections and investment [J]. Journal of Economic Literature, 1998,36,193 - 225.

[231] HUNTINGTON S P. Political order in changing societies [M]. New Haven: Yale University Press, 1968.

[232] HUSELID M A. The impact of human resource management practices on turnover, productivity, and corporate financial performance [J]. Academy of Management Journal, 1995,38(3):635 - 672.

[233] JAIN A K. Corruption: a review [J]. Journal of Economic Surveys, 2001,15(1):71 - 121.

[234] JAYACHANDRAN S. The Jeffords effect [J]. Journal of Law and Economics, 2006,49(2):397 - 425.

[235] JENSEN M C. Agency costs of free cash flow, corporate finance, and takeovers [J]. American Economic Review, 1986,76(2):323 - 329.

[236] JENSEN M C, MECKLING W H. Theory of the firm: managerial behavior, agency costs and ownership structure [J]. Journal of Financial Economics, 1976,3: 305 - 360.

[237] JOHNSON S, MITTON T. Cronyism and capital controls: evidence from Malaysia [J]. Journal of Financial Economics, 2003,67(2):351 - 382.

[238] JULIO B, YOOK Y. Political Uncertainty and Corporate Investment Cycles [J]. Journal of Finance, 2012,67(1):45 - 83.

[239] KAPLAN S, ZINGALES L. Do financing constraints explain why investment is correlated with cash flow? [J]. Quarterly Journal of

Economics, 1997,112: 169 - 216.

[240] KHWAJA A I, MIAN A. Do lenders favor politically connected firms? Rent provision in an emerging financial market [J]. Quarterly Journal of Economics, 2005,120(4):1371 - 1411.

[241] KIM C, MAUER D, SHERMAN A. The determinants of corporate liquidity: theory and evidence [J]. Journal of Financial and Quantitative Analysis, 1998,33: 335 - 359.

[242] KIM J-S, FREES E W. Fixed effects estimation in multilevel models [R]. Working Paper, University of Wisconsin, 2005.

[243] KLITGAARD R. Controlling corruption [M]. Berkely: University of California Press, 1988.

[244] KLITGAARD R. Gifts and bribes [M] // Richard Z. Strategy of choice. Cambridge, Mass. : MIT Press, 1991.

[245] KNIGHT B. Are policy platforms capitalized into equity prices? evidence from the Bush/Gore 2000 presidential election [J]. Journal of Public Economics, 2006,90(4 - 5):751 - 773.

[246] KOTHARI S, WARNER J. Measuring long-horizon security price performance [J]. Journal of Financial Economics, 1997,43: 301 - 339.

[247] KOTHARI S, WARNER J. The econometrics of event studies [M] // Eckbo B E. Handbook of corporate finance: empirical corporate finance, Volume 1 (Chapter 1). North-Holland, Amsterdam, The Netherlands, 2007.

[248] KRUEGER A O. The political economy of the rent-seeking society [J]. American Economic Review, 1974,64(3):291 - 303.

[249] KUMBHAKAR S C, LOVELL C A K. Stochastic frontier analysis [M]. Cambridge, Mass. : Cambridge University Press, 2000.

[250] KUMBHAKAR S C. Production frontiers, panel data, and time-varying technical inefficiency [J]. Journal of Econometrics, 1990,46: 201 - 211.

[251] LAMBSDORFF J G. How corruption affects productivity [J]. Kyklos, 2003,56(4):457 - 474.

[252] LANG L, OFEK E, STULZ R. Leverage, investment, and firm growth [J]. Journal of Financial Economics, 1996,40(1):3 - 29.

[253] LEE Y H, SCHMIDT P. A production frontier model with flexible temporal variation in technical inefficiency [M] // FRIED H O, LOVELL C A K, SCHMIDT S S. The measurement of productive efficiency: techniques and application. New York: Oxford University Press, 1993.

[254] LEFF N. Economic development through bureaucratic corruption [J]. American Behavioral Scientist, 1964,8: 8 - 14.

[255] LEIBENSTEIN H. Allocative efficiency vs. "X-efficiency" [J]. American Economic Review, 1966,56(3):392 - 415.

[256] LEUZ C, OBERHOLZER-GEE F. Political relationships, global financing, and corporate transparency: evidence from Indonesia [J]. Journal of Financial Economics, 2006,81(2):411 - 439.

[257] LI H, MENG L, ZHANG J. Why do entrepreneurs enter politics? evidence from China [J]. Economic Inquiry, 2006,44(3):559 - 578.

[258] LI H, MENG L, WANG Q, ZHOU L-A. Political connections, financing and firm performance: evidence from Chinese private firms [J]. Journal of Development Economics, 2008,87(2):283 - 299.

[259] LIAO G, CHEN X, JING X, SUN J. Policy burdens, firm performance, and management turnover [J]. China Economic

Review, 2009,20: 15 - 28.

[260] LIN J, CAI F, LI Z. Competition, policy burdens, and state-owned enterprise reform [J]. American Economic Review, 1998, 88: 422 - 427.

[261] LINTNER J. The valuation of risky assets and the selection of risky investments in stock portfolios and capital budgets [J]. Review of Economics and Statistics, 1965,47: 13 - 37.

[262] LU Y. Political connections and trade expansion [J]. Economics of Transition, 2011,19(2):231 - 254.

[263] LUI F T. An equilibrium queuing model of bribery [J]. Journal of Political Economy, 1985,93(4):760 - 781.

[264] LYON J, BARBER B, TSAI C. Improved methods of tests of long-horizon abnormal stock returns [J]. Journal of Finance, 1999, 54: 165 - 201.

[265] MACKINLAY A C. Event studies in economics and finance [J]. Journal of Economic Literature, 1997,35(1):13 - 39.

[266] MAGEE S P, BROCK W A, YOUNG L. Black hole tariffs and endogenous policy theory [M]. Cambridge, Mass.: Cambridge University Press, 1989.

[267] MANN M H. Seller concentration, barriers to entry and rates of return in thirty industries: 1950 - 1960 [J]. Review of Economics and Statistics, 1966,48: 296 - 307.

[268] MAURO P. Corruption and growth [J]. Quarterly Journal of Economics, 1995,110: 681 - 712.

[269] MEEUSEN W, VAN DEN BROECK J. Efficiency estimation from cobb-douglas production functions with composed error [J].

International Economic Review, 1977,18(2):435 - 444.

[270] MÉON P-G, SEKKAT K. Does corruption grease or sand the wheels of growth? [J]. Public Choice, 2005,122(1 - 2):69 - 97.

[271] MOBARAK A M, PURBASARI D P. Corrupt protection for sale to firms: evidence from Indonesia [R]. Working Paper, 2006.

[272] MORCK R, WOLFENZON D, YEUNG B. Corporate governance, economic entrenchment, and growth [J]. Journal of Economic Literature, 2005,43(3):655 - 720.

[273] MUELLER D C. Public choice II [M]. Cambridge, Mass.: Cambridge University Press, 1989.

[274] MURPHY K M, SHLEIFER A, VISHNY R W. The allocation of talent: implications for growth [J]. Quarterly Journal of Economics, 1991,106(2):503 - 530.

[275] MURPHY K M, SHLEIFER A, VISHNY R W. Why is rent-seeking so costly to growth? [J]. American Economic Review, 1993,83(2): 409 - 414.

[276] MUSGRAVE R A. The theory of public finance [M]. New York: McGraw-Hill, 1959.

[277] MYERS S C. Determinants of corporate borrowing [J]. Journal of Financial Economics, 1977,5:147 - 175.

[278] NICKELL S. Biases in dynamic models with fixed effects [J]. Econometrica, 1981,49: 1417 - 1426.

[279] NITZAN S. Modelling rent-seeking contests [J]. European Journal of Political Economy, 1994,10(1):41 - 60.

[280] NORTH D C. Structure and change in economic history [M]. New York: Norton, 1981.

[281] OLLEY S, PAKES A. The dynamics of productivity in the telecommunications equipment industry [J]. Econometrica, 1996, 64 (6):1263 - 1297.

[282] OLSON M J. The logic of collective action [M]. Cambridge, Mass. : Harvard Univeristy Press, 1965.

[283] OLSON M J. The rise and decline of nations [M]. New Haven, Conn: Yale University Press, 1982.

[284] OPLER T, PINKOWITZ L, STULZ R, WILLIAMSON R. The determinants and implications of corporate cash holdings [J]. Journal of Financial Economics, 1999, 52: 3 - 46.

[285] PALEPU K. Diversification strategy, profit performance and the entropy measure [J]. Strategic Management Journal, 1985, 6 (3): 239 - 255.

[286] PÁSTOR L, STAMBAUGH R F. Liquidity risk and expected stock returns [J]. Journal of Political Economy, 2003, 111(3):642 - 685.

[287] PELTZMAN S. Toward a more general theory of regulation [J]. Journal of Law and Economics, 1976, 19: 211 - 240.

[288] PENG M W, LUO Y. Managerial ties and firm performance in a transition economy: the nature of a micro-macro link [J]. Academy of Management Journal, 2000, 43(3):486 - 501.

[289] PENG M W, SUN S L, PINKHAM B, CHEN H. The institution-based view as a third leg for a strategy tripod [J]. Academy of Management Perspectives, 2009, 23(3):63 - 81.

[290] PENG M W, WANG D Y L, JIANG Y. An institution-based view of international business strategy: a focus on emerging economies [J]. Journal of International Business Studies, 2008, 39(5):920 - 936.

[291] POSNER R A. The social costs of monopoly and regulation [J]. Journal of Political Economy, 1975,83: 807 - 827.

[292] PRALAHAD C K, HAMEL G. Core competence of the corporation [J]. Harvard Business Review, 1990,3: 79 - 91.

[293] PUSHNER G M. Equity ownership structure, leverage, and productivity: Empirical evidence from Japan [J]. Pacific-Basin Finance Journal, 1995,3(2 - 3):241 - 255.

[294] RAJAN R G, ZINGALES L. Financial dependence and growth [J]. American Economic Review, 1998,88(3):559 - 586.

[295] RAMALHO R. The effects of an anti-corruption campaign: evidence from the 1992 presidential impeachment in Brazil [R]. Working Paper, MIT, Cambridge, MA., 2004.

[296] RICHARDSON S. Over-investment of free cash flow [J]. Review of Accounting Studies, 2006,11(2):159 - 189.

[297] ROBERTS B E. A dead senator tells no lies: seniority and the distribution of federal benefits [J]. American Journal of Political Science, 1990,34(1):31 - 58.

[298] ROCK M T, BONNETT H. The comparative politics of corruption: accounting for the east Asian paradox in empirical studies of corruption, growth and investment [J]. World Development, 2004,32 (6):999 - 1017.

[299] ROGERSON W P. The social costs of monopoly and regulation: a game-theroetic analysis [J]. Bell Journal of Economics and Management Science, 1982,13: 391 - 401.

[300] ROODMAN D. How to do xtabond2: an introduction to difference and system GMM in Stata [J]. Stata Journal, 2009,9(1):86 - 136.

[301] ROSE-ACKERMAN S. Corruption: a study of political economy [M]. New York: Academic Press, 1978.

[302] ROSE-ACKERMAN S. The economics of corruption [J]. Journal of Public Economics, 1975,4: 187 - 203.

[303] ROSEN S. Authority, control and the distribution of earnings [J]. Bell Journal of Economics, 1982,13: 311 - 323.

[304] ROSS S A. The arbitrage theory of capital asset pricing [J]. Journal of Economic Theory, 1976,13(3):341 - 60.

[305] RUMELT R P. Diversification strategy and profitability [J]. Strategic Management Journal, 1982,3(4):359 - 369.

[306] SAPIENZA P. The effects of government ownership on bank lending [J]. Journal of Financial Economics, 2004,72(2):357 - 384.

[307] SAPPINGTON D, STIGLITZ J. Information and regulation [M] // Bailey E. Public regulation: new perspective on institutions and polices. Cambridge: MIT Press, 1987.

[308] SCHMIDT P, SICKLES R C. Production frontiers and panel data [J]. Journal of Business and Economic Statistics, 1984,2(4):367 - 374.

[309] SCHOAR A. Effects of corporate diversification on productivity [J]. Journal of Finance, 2002,57(6):2379 - 2403.

[310] SCHUMPETER J A. Capitalism, socialism, and democracy [M]. New York: Harper and Brothers, 1942.

[311] SHARPE W. Capital asset prices: a theory of market equilibrium under conditions of risk [J]. Journal of Finance, 1964,19: 425 - 442.

[312] SHARPE W. Portfolio theory and capital markets [M]. New York: McGraw-Hill, 1970.

[313] SHLEIFER A, VISHNY R W. Corruption [J]. Quarterly Journal of

Economics，1993,108(3):599 - 617.

[314] SHLEIFER A，VISHNY R W. Politicians and firms [J]. Quarterly Journal of Economics，1994,109(4):995 - 1025.

[315] SHLEIFER A，VISHNY R W. The grabbing hand: government pathologies and their cures [M]. Cambridge，Mass.: Harvard University Press，1998.(中译本.安德烈·施莱弗,罗伯特·维什尼.掠夺之手——政府病及其治疗[M].赵红军,译,北京:中信出版社,2004.)

[316] SMITH A. The wealth of nations [M]. London: W. Strahan and T. Cadell. Reprinted，Oxford: Clarendon Press，1976.

[317] STEIN J C. Agency，information and corporate investment [M] // CONSTANTINIDES，G M，HARRIS，M，STULZ，R. Handbook of the economics of finance: corporate finance，Volume 1. Amsterdam: Elsevier，2003.

[318] STIGLER G J. The organization of industry [M]. Irwin: Homewood，1968.

[319] STIGLER G J. The theory of economic regulation [J]. Bell Journal of Economics and Management Science，1971,2: 3 - 21.

[320] STIGLITZ J E. Markets，market failures，and development [J]. American Economic Review，1989b，79: 197 - 203.

[321] STIGLITZ J E. On the economic role of the state [M] // Heertje A. The economic role of the state. Oxford: Blackwell，1989a.

[322] STOREY D J. Understanding the small business sector [J]. London: Routledge，1994.

[323] STULZ R. Managerial discretion and optimal financing policies [J]. Journal of Financial Economics，1990,26(1):3 - 27.

[324] TAN J J，LITSCHERT R J. Environment-strategy relationship and its

performance implications: an empirical study of the Chinese electronics industry [J]. Strategic Management Journal, 1994, 15: 1 - 20.

[325] TEECE D J. Economies of scope and the scope of the enterprise [J]. Journal of Economic Behavior & Organization, 1980,1(3):223 - 247.

[326] TIROLE J. The theory of corporate finance [M]. New Jersey: Princeton University Press, 2006.

[327] TOBIN J. A general equilibrium approach to monetary theory [J]. Journal of Money, Credit and Banking, 1969,1(1):15 - 29.

[328] TOLLISION R D, CONGLETON R D. The economic analysis of rent seeking [M]. Aldershot: Edward Elgar Publishing Company, 1995.

[329] TOLLISON R D. Rent seeking [M] // MUELLER B C. Perspectives on public choice: a handbook. Cambridge, UK: Cambridge University Press, 1997.

[330] TSANG E W K. Can guanxi be a source of sustained competitive advantage for doing business in China? [J]. Academy of Management Executive, 1998,12(2):64 - 73.

[331] TULLOCK G. Competing for aid [J]. Public Choice, 1975, 21: 41 - 52.

[332] TULLOCK G. Efficient rent-seeking [M] // BUCHANAN J M, TOLLISON R D, TULLOCK G. Toward a theory of the rent-seeking society. College Station: Texas A&M University Press, 1980.

[333] TULLOCK G. More on the welfare cost of transfers [J]. Kyklos, 1974,27: 378 - 381.

[334] TULLOCK G. Rent-seeking [M]. Aldershot: Edward Elgar Publishing Company, 1994.

[335] TULLOCK G. The cost of transfers [J]. Kyklos, 1971,24: 629 – 643.

[336] TULLOCK G. The welfare costs of tariffs, monopolies, and theft [J]. Western Economic Journal, 1967,5(3):224 – 232.

[337] UNITED NATIONS. Corruption in government [M]. New York: United Nations, 1989.

[338] VAN BIESEBROECK J. Robustness of productivity estimates [J]. Journal of Industrial Economics, 2007,55(3):529 – 569.

[339] VARIYAM J N, KRAYBILL D S. Empirical evidence on determinants of firm growth [J]. Economics Letters, 1992,38: 31 – 36.

[340] VOGT S C. The cash flow/investment relationship: evidence from U. S. manufacturing firms [J]. Financial Management, 1994,23(2): 3 – 20.

[341] WALDER A G. Local governments as industrial firms: an organizational analysis of China's transitional economy [J]. American Journal of Sociology, 1995,101: 263 – 301.

[342] WAN H, ZHU K. Is investment-cash flow sensitivity a good measure of financial constraints? [J]. China Journal of Accounting Research, 2011,4(4):254 – 270.

[343] WANG H-J, SCHMIDT P. One-step and two-step estimation of the effects of exogenous variables on technical efficiency levels [J]. Journal of Productivity Analysis, 2002,18: 129 – 144.

[344] WANG H-J. Heteroscedasticity and non-monotonic efficiency effects of a stochastic frontier model [J]. Journal of Productivity Analysis, 2002,18(3):241 – 253.

[345] WEDEMAN A. Development and corruption: the east asian paradox [M] // GOMEZ E T. Political business in east Asia. London: Routledge, 2002.

[346] WEI S J, XIE Z, ZHANG X. From "made in China" to "innovated in China": necessity, prospect, and challenges[J]. Journal of Economic Perspectives, 2017,31(1):49 - 70.

[347] WINDMEIJER F. A finite sample correction for the variance of linear efficient two-step GMM estimators [J]. Journal of Econometrics, 2005,126(1):25 - 51.

[348] WOOLDRIDGE J M. Econometrics analysis of cross section and panel data [M]. Massachusetts: MIT Press, 2002.

[349] WU W, WU C, RUI O M. Ownership and the value of political connections: evidence from China [J]. European Financial Management, 2012a, 18(4):695 - 729.

[350] WU W, WU C, ZHOU C, WU J. Political connections, tax benefits and firm performance: evidence from China [J]. Journal of Accounting and Public Policy, 2012b, 31(3):277 - 300.

[351] XU H, ZHOU J. The value of political connections: Chinese evidence [J]. SSRN Working Paper, 2008.

[352] XU N, XU X, YUAN Q. Political connections, financing friction, and corporate investment: evidence from Chinese listed family firms [J]. European Financial Management, 2013,19(4):675 - 702.

[353] XU G, YANO G. How Does anti-corruption affect corporate innovation: evidence from recent anti-corruption efforts in China [J]. Journal of Comparative Economics, 2017,45(3):498 - 519.

[354] ZHANG J, J MARQUIS C, QIAO K Y. Do political connections buffer firms from or bind firms to the government? A study of corporate charitable donations of Chinese firms [J]. Organization Science, 2016,27(5):1307 - 1324.

当代经济学创新丛书

第一辑

《中国资源配置效率研究》(陈登科　著)

《中国与全球产业链:理论与实证》(崔晓敏　著)

《气候变化与经济发展:综合评估建模方法及其应用》(米志付　著)

《人民币汇率与中国出口企业行为研究:基于企业异质性视角的理论与实证分析》(许家云　著)

《贸易自由化、融资约束与中国外贸转型升级》(张洪胜　著)

第二辑

《家庭资源分配决策与人力资本形成》(李长洪　著)

《资本信息化的影响研究:基于劳动力市场和企业生产组织的视角》(邵文波　著)

《机会平等与空间选择》(孙三百　著)

《规模还是效率:政企联系与我国民营企业发展》(于蔚　著)

《市场设计应用研究:基于资源配置效率与公平视角的分析》(焦振华　著)

图书在版编目(CIP)数据

规模还是效率:政企联系与我国民营企业发展/于蔚著.—上海:上海三联书店,2023.4
(当代经济学创新丛书/夏斌主编)
ISBN 978 - 7 - 5426 - 7967 - 3

Ⅰ.①规… Ⅱ.①于… Ⅲ.①民营企业-企业发展-研究-中国 Ⅳ.①F279.245

中国版本图书馆 CIP 数据核字(2022)第 234686 号

规模还是效率

政企联系与我国民营企业发展

著　　者／于　蔚

责任编辑／李　英
装帧设计／徐　徐
监　　制／姚　军
责任校对／王凌霄

出版发行／上海三联书店
　　　　　(200030)中国上海市漕溪北路 331 号 A 座 6 楼
邮　　箱／sdxsanlian@sina.com
邮购电话／021 - 22895540
印　　刷／苏州市越洋印刷有限公司

版　　次／2023 年 4 月第 1 版
印　　次／2023 年 4 月第 1 次印刷
开　　本／640 mm×960 mm　1/16
字　　数／220 千字
印　　张／16.5
书　　号／ISBN 978 - 7 - 5426 - 7967 - 3/F·881
定　　价／58.00 元

敬启读者,如发现本书有印装质量问题,请与印刷厂联系 0512 - 68180628